बम संकर

टन गनेस

बम संकर टन गनेस

राकेश कुमार सिंह

ISBN: 978-93-81394-35-9

प्रकाशक:
हिन्द-युग्म
1, जिया सराय, हौज खास, नई दिल्ली-110016
मो.- 9873734046, 9968755908

मुद्रक : विकास कम्प्यूटर ऐंड प्रिंटर्स, दिल्ली-100032
फ़ोटोग्राफ़ : राकेश कुमार सिंह
रेखाचित्र : प्रमोद सिंह
कला-निर्देशन : विजेंद्र एस विज | www.vijendrasvij.com

पहला संस्करण : 2013
दूसरा संस्करण : 2016
मूल्य : ₹ 150, $ 8

Bam Sankar Tan Ganes by *Rakesh Kumar Singh*

Published By
Hind Yugm
1, Jia Sarai, Hauz Khas, New Delhi- 110016
Mob: 9873734046, 9968755908
Email: sampadak@hindyugm.com
Website- www.hindyugm.com

First Edition : 2013
Second Edition : 2016
Price : ₹ 150, $8

किलकारी
तुम्हारे लिए

पेश-लफ़्ज़

राकेश की तहरीर की सबसे अनूठी चीज़ उसका मीठापन है, जो शुरू से आख़िर तक आपको बाँधे रखता है। मुझे अहसास है कि गाँव के साथ मीठेपन को जोड़ना बहुत बड़ा क्लिशे है, मगर उनका तरियानी छपरा वैसा मीठा गाँव नहीं है जिसकी झाँकी हम 'आदर्श ग्रामीण' जीवन जैसी हज़ारों तहरीरों में कई बार देख चुके हैं। उनके तरियानी छपरा में गंदगी है, नाले हैं, ग़रीबी है, जात-पात है, शोषण है, ऊँच-नीच है, आला जात वालों का वर्चस्व है, यानी वो तमाम बुराइयाँ हैं, जिन्हें हम पिछड़ेपन से मंसूब कर सकते हैं। गाँव के बारे में लिखना और उसके पिछड़ेपन को अंकित करना, ये रिवायात हमारे यहाँ तक़रीबन नापैद हो चुकी हैं। राकेश का कमाल ये है कि वो जिस दुनिया की तस्वीर हमारे लिए खींच रहे हैं वो अपने आप में मुकम्मल है। वो कोई ऐसा गाँव नहीं जो विकसित होने के इंतज़ार में अपनी ज़िंदगी और अपनी रंगारंगी को रोके हुए बैठा है, एक तरह के परमानेंट सस्पेंशन में। और इसलिए जब वो इस दुनिया की संपूर्णता को पूरी तरह बरतते और समझते हुए उसका नक़्शा खींचते हैं तो उसमें अलग तरह का ख़ुलूस पैदा होता है और यही वो ख़ुलूस है जो तहरीर में मिठास पैदा करती है।

राकेश का तरियानी छपरा कोई पीछे छूटा हुआ मासूम बचपन नहीं है, जो एक दिन बड़ा होके एक समृद्ध क़स्बा बन जाएगा और न ही वो उसे शहर में आ गए एक परदेसी की तरह याद करते हैं। उनके नज़रिए में अपने देस के लिए जो कशिश है उसमें कोई आदर्शीकरण नहीं है। जिस माहौल में उन्होंने आँख खोली, जिन शख़्सियतों को उन्होंने जाना, जिस तरह की कारगरदियों से उनकी ज़िंदगी गुज़री वो उसका नज़ारा खींचते हैं, सीधे और सपाट तरीक़े से। और उनका यही तरीक़ा उनकी तहरीर को अनहोनियत बख़्शता है।

जो ख़ाक़े उन्होंने खींचे हैं लोगों के, जगहों के, रिवाजों के- वो सादे हैं मगर ज़िंदा हैं। उनमें एक गहमागहमी है, जिससे ताज़गी का अहसास पैदा होता है। ये ताज़गी इसलिए हमें पसंद आती है क्योंकि हम गाँव के साथ हमेशा एक अपूर्णता जोड़ते आए हैं, जबकि ये दुनिया अपने-आपमें पूरी तरह जीवंत है। यहाँ चुनाव भी है, ठेकेदारी भी है, रंगबाज़ी भी है, 'विकास' योजनाएँ भी हैं, घोटाले भी हैं और पलायन भी है। ये

इलाक़ा पूरी तरह से मुख्यधारा की तमाम गतिविधियों से जुड़ा हुआ है और वो तमाम तब्दीलियाँ जो उसके इर्द-गिर्द हो रही हैं, उनसे मुतास्सिर है, कोई अलग-थलग पड़ी हुई इकाई नहीं। मगर उसके बावजूद उसकी अपनी एक अलग शख़्सियत है, उसकी अपनी रिवायतें हैं, अपनी कहानियाँ हैं, अपने मिथक हैं। एक साथ दोनों पहलुओं का अहाता कर लेना कोई मामूली बात नहीं और ऐसा करते हुए समाजशास्त्री होने का ज़रा भी भान न देना ये वाक़ई एक कारनामा है।

राकेश जिस मिट्टी को अपनी अक़ीदत से महकाते हैं उसमें हमें हज़ार तरह के गोनगो इंसान मिलते हैं। बूढ़े हो गए बदमिज़ाज इंसान, ग़रीबी की मार खाए हुए ख़ुशमिज़ाज इंसान, अकेली रह गई बूढ़ी माएँ, ख़ुशगप्पियाँ करते जवान हैं, जिनके ख़ाक़े राकेश ने खींचे हैं। दरअसल राकेश उन इंसानों को नमन कर रहे हैं जिन्होंने उन पर स्नेह बरता और जिन्हें उन्होंने स्नेह दिया। आम, सादा लोगों को और उनकी ज़िंदगियों को राकेश इतने प्यार से अपनी तहरीर में लाते हैं कि हमें वो लोग, वो ज़िंदगियाँ बहुत मानूस लगने लगती हैं। ये ख़ाक़े तस्वीर भी खींचते हैं और उस दुनिया को वक़अत भी बख़्शते हैं। और चूँकि वो अपनी बोली में हमसे बात करते हैं इसलिए उनमें एक अलग तरह की सजीवता पैदा होती है। ये किताब तरियानी छपरा की एथनॉग्राफ़ी भी है, बायोग्राफ़ी भी और उसको एक नज़राना-ए-अक़ीदत भी। मैंने इसे विस्मय, शौक़ और रवानी से पढ़ा क्योंकि इस तरह की कोई चीज़ मैंने उर्दू या हिंदी में नहीं पढ़ी अभी तक, जो एक नामानूस दुनिया को मानूस बना दे। मुझे यक़ीन है कि बाक़ी तमाम पढ़ने वाले भी इन्हीं जज़्बों से दो-चार होंगे।

महमूद फ़ारूक़ी

दूसरी छपाई पर

हे सुधी पाठको, आपका अथाह आभार! आपने किताब खपाई लिहाज़ा इस संस्करण की जगह बनी। पहले संस्करण पर आपकी प्रतिक्रियाओं से बड़ा हौसला मिला। कुछ सुधी पाठकवृंदों की राय रही कि इसकी हिंदी को समझना टफ़ है। इज़ी बनाई जाए। आपके सुझाव सिर-माथे। इस दफ़ा बज्जिका शब्दों के हिंदी मानी देने तथा अन्य भाषाई अशुद्धियों को दुरुस्त करने की भरसक कोशिश रही। मुमकिन है और त्रुटियाँ उजागर हों और हम फिर ठीक करें। करते रहें। इरादा था इस संशोधित संस्करण में तरियानी छपरा के कुछ अपडेट्स शामिल कर पाता। लेटलतीफ़ी, अलसाहट, अनदेखापन और तात्कालिकताओं के आगे घुटनाटेक प्रवृत्ति के कारण फ़िलहाल संभव नहीं हो पाया। अबकी मरतबा बड़े भाई प्रमोद सिंह के सौजन्य से नये रेखाचित्र भर शामिल हो पाए हैं। भाई विजेन्द्र एस विज की मदद से किताब को आकर्षक आवरण ज़रूर मिल सका है। आप दोनों भाइयों का हार्दिक आभार!

नई वाली हिंदी के बाज़ार में कमज़ोर माल साबित हुई इस किताब को दोबारा उतारने का जोखिम उठाने के लिए हिंदयुग्म का शुक्रिया! भाई शैलेश भारतवासी, हमार एतने मंगलकामना बा कि राउर करेजा आउर बरिआर होखो!

राकेश कुमार सिंह

जो है सो कि...

'मगज पर लागल रहई सुरिंदर चमार के गोली। बाप रे बाप! पन्डह-पन्डह हाथ कूदई उ! गोली जेनाहिए लगलई, तेनाहिए भूपन सिंह के कपार कटोरा लेखा उलीट गेलई। जयमंगल सिंह के जाँघ के छेदइत गोली एह पार से ओह पार हो गेल रहई। बड़की छेद नऽ हो गेल रहई! ओहि गोलिए लगला से नऽ मुक्ति सिंह के अउँरी मरे के बेर ले टेंढ़ रहलई। बिकाउ के घुट्टी में लागल रहई। नौजदो सिंह के रहई लागल गोली। एनाहिए-एनाहिए वंशी तत्मा, बुधन कहार : नौ गोटे गोली लगला से मरलक ओह दिन तरियानी छपरा में। घवाहिल तऽ अस्सी-नब्बे गो लोग भेल रहई। बड़का त्यागी नऽ रहई सब (*सुरेन्दर चमार के सिर पर गोली लगी थी। बाप रे बाप! पंद्रह-पंद्रह हाथ कूद रहे थे वो! जैसे ही गोली लगी वैसे ही भूपन सिंह का सिर कटोरी की तरह उलट कर बाहर आ गया। जयमंगल सिंह की जाँघ को छेदती हुई गोली आर-पार हो गई। उसी गोली लगने के कारण मुक्ति सिंह की उँगली मरते वक़्त तक टेढ़ी रही। बिकाऊ के घुटने में लगी थी गोली। नौजद सिंह को भी लगी थी गोली। ऐसे-ऐसे वंशी तत्मा, बुधन कहार समेत नौ लोग गोली लगने से मरे उस दिन तरीयानी छपरा में। घायल तो अस्सी-नब्बे लोग हुए थे। बहुत त्यागी थे सब*) !'
9 अगस्त 1942 को तरियानी छपरा में बरतानी फ़ौज ने किस तरह गोलियाँ बरसाई थीं, उसी का क़िस्सा सुनने बैठे हैं गिरजानंदन सिंह के पास। वैसे भी गाँव में तब का क़िस्सा सुनाने वाले इक्के-दुक्के लोग ही बचे हैं। उनमें से भी ज़्यादातर शैय्या पर पड़े रहते हैं। आज़ादी के बाद पैदा हुए 'स्वतंत्रता सेनानी' भी अब स्वस्थ नहीं रहते। रिश्ते के बाबा गिरजानंदन सिंह की उम्र अब 85-86 साल के क़रीब होगी। कहानी सुनाते-सुनाते, समय निकाल कर बीच-बीच में वे बिना दाँत वाला अपना मुँह चलाने लगते हैं।

महात्मा जी ने 'करो या मरो' का आह्वान किया था। 8 अगस्त को रामवरण सिंह कुर्ते की जेब में तिरंगा लेकर पहुँच गए बेलसंड की रजिस्ट्री ऑफ़िस। न जाने किधर

से चढ़ गए छत पर और फहरा दिया तिरंगा। पुलिस ने तभी उनको गिरफ़्तार कर लिया। मुख़ालफ़त में आसपास के ग्रामीण एकत्र हुए। जाकर सबने लगा दी रजिस्ट्री ऑफ़िस में आग। पलक झपकते बड़ी-बड़ी लपटें उठने लगीं। धू-धू कर जलने लगा ऑफ़िस। अगले दिन ख़बर उड़ी कि तरियानी छपरा में बरतानी पलटन आ रही है। कुछ लोगों को लगा कि किसी फ़ितुरी ने अफ़वाह उड़ाई है। गर्म लहू वाले कुछ छपरिए जुट गए बेलसंड के रास्ते में, गाँव से सटे पुल को तोड़ने में। उनको यह भरोसा था कि पुल न होने की अवस्था में गोरे गाँव में दाख़िल नहीं हो पाएँगे। 9 अगस्त को दो बजते-बजते अंग्रेज़ी फ़ौज ने तरियानी छपरा पर धावा बोल दिया। सच में तब्दील हो चुकी अफ़वाह अब आंदोलनकारियों पर गोलियाँ बरसाने लगी। जिस जगह पर यह हुआ, उस स्थान को छपरिए शहीद स्मारक कहते हैं। बाँध किनारे एक स्थान पर मिट्टी का एक टीलानुमा आकार, उस पर गड़ा बाँस का एक खंभा और चारों ओर से बाँस का घेरा। विशेष देख-रेख नहीं। मुन्ना सिंह शहीद स्मारक को लेकर बहुत भावुक थे। रिटायर्ड फ़ौजी थे। कुछ बरस पहले उनकी असामयिक मौत हो गई। मुमकिन है, हमारी पीढ़ी के कुछ छपरियों को इसका भान न हो। हमसे बाद वालों को भी नहीं।

हमारे बाबा हमें उस क़िस्से को कुछ यूँ सुनाया करते थे, 'बउआ हो बउआ, उ तऽ तेहन नऽ मलेट्री रहौ कि कि कहिऔ! तनिके देर में न तख्ता-उख्ता लगा के पुल खड़ा

कऽ लेलकौ। आ एन्ने, सउँसे छपरा के लोग चला अबइत रहे नासी ओरिया। लाठी, भाला ले के। एँह, खालियो हाथों हजारो लोग रहई! उ जे चारो ओरिया से गाँड़ में गाँड़ सटा के अंग्रेजवा सऽ लागल गोली चलावे, सबके अँगना में नऽ काना-रोहट शुरू हो गेलई! जनी-जात सऽ काँख में लड़िका जँतले भागल सरेह ओरि! चारो ओरिया हरबर-दरबर लाग गेलई। अपनो अँगना के जनी-जात स भाग के ओई पार चल गेल रहई। (*अरे बच्चा, वो तो ऐसी मिलिट्री थी कि क्या बताएँ! थोड़ी ही देर में लकड़ी के पटरों के सहारे पुल खड़ी कर ली उसने। और इधर समस्त छपरा के लोग नासी की ओर चलते चले आ रहे थे। लाठी-भाला लेकर। ख़ाली हाथ भी हज़ारों थे। वे चारों ओर से चूतड़-में-चूतड़ सटाकर जब लगे गोली बरसाने तो सबके आँगन में हाहाकार मच गया। अपने आँगन की औरतें भी भागकर उस पार चली गई थीं।*)' नासी, गाँव की सीमा पर जो नदी बहती है, उसी का नाम है। ओई पार अर्थात् हमारे डेरे की ओर।

स्वाधीनता के उस संघर्ष में तरियानी छपरा के सुखदेव सिंह, बच्चन महतो, छठू साह तथा बलदेव साह ने भी अपने प्राण न्यौछार किए। एक दिन में, एक गाँव में 9 शहादतें, आज के 'विकसित' बिहार के अत्यंत पिछड़े, शिवहर जिले के तरियानी छपरा में 9 अगस्त 1942 को एक साथ 9 लोगों ने शहादत दी! चन्नर और पुन्नर सिंह के अँगना के रघुवंश सिंह गर्वपूर्वक कहते हैं, 'जाओ बेटा, इतिहास पलट के देख लो कि बिहार में पटना के अलावा कहीं और 9 अगस्त को एतना आदमी अंग्रेज के गोली से मरा! तरियानी छपरा का 9 जवान शहीद हुआ था उस दिन। बड़का-छोटका सब। हे जा नऽ, देखऽ गऽ न, अपना गाँव के सब शहीद के नाम मुज़फ़्फ़रपुर में सरैयागंज टावर पर लिखल हौ (*जाओ न, जाकर देखो न, सरैयागंज टावर पर अपने गाँव के शहीदों के नाम दर्ज हैं*)।' उसी दौरान गाँव के श्यामनंदन सिंह बक्सर जेल में अनशन करते हुए 21वें दिन शहीद हुए।

9 अगस्त के उस गोलीकांड के चौबीस घंटे के अंदर हुकूमत की ओर से समूचे गाँव से जबरन प्री नोटिस टैक्स वसूला गया। उधर उसकी फ़ौज गाँव में खुलेआम लूट-पाट करती रही, तबाही मचाती रही। गिरजा बाबा का क़िस्सा बढ़ता है, 'दूरे-दूरे घूम के परवा के खोंप उतार लेलकई! दूरा पर बान्हल बकरी स उठा लेलकई! ए गो बुढ़िया बकरी तक न छोड़लकई! बोका तहात धऽ लेलकई! टरक पर लाद लेलकई! ढेरी-के-ढेरी अनाज जियान कऽ देलई! दूरे-दूरे पझावा पर लउका लटकल रहई, सार सब दबिया से काट-काट के नऽ ले गेलई लउका, आ नून जौरे बोर-बोर के काँचे खाई जाई! राते-दिन गाँव में गश्ते लागल रहई (*दरवाज़े-दरवाज़े जाकर कबूतर के बसेरे उतार लिए! दरवाज़ों पर बंधी बकरियाँ उठा ली! बूढ़ी बकरी तक नहीं छोड़ी! बोका तक पकड़ लिया! ट्रक पर लाद लिया! ढेर-के-ढेर अनाज बर्बाद कर दिए! कद्दू और लउकी तक दाब से काट-काट*

कर नमक के साथ कच्चे खाए सबने! रात-दिन गाँव में गस्त लगी रहती थी)।'

अल्पविराम के बाद गिरजानंदन बाबा का क़िस्सा फिर रफ़्तार पकड़ने लगता है, 'सार सऽ मिडिल इस्कूल खोलवा लेलकई। ओहि में लगलई रहे सऽ। इंग्लैंड के रहे आएल, उज्जर आ लाल केश वाला स, जाए बिना पानिए के, आ मिडिल इस्कूल के पुरूब, अखनी जेने हो गेल हई बस्कित, धान के खेत में खड़ा होके झाड़ा फिड़े। हम लड़िका सऽ मिथलेश के घर माहे घूम के जाई आ दूर से देखि, मर तोरि के! गाँड़ उघाड़वे न करे, आ खड़े-खड़े हगे, आ एगो तनिका गो के कागज से गाँड़ पोछ लेवे! *(सालों ने मिडल स्कूल का ताला खुलवा लिया। उसी में रहने लगे सब। इंग्लैंड से आए थे स.फ़ेद और लाल बाल वाले, बिना पानी के ही जाते थे मिडल स्कूल के पूरब जिधर अब आबादी रहने लगी है। धान के खेत में खड़े-खड़े शौच करते थे। हम बच्चे मिथलेश सिंह की घर की ओर घूमने जाते थे और देखते थे। अरे, चूतड़ पर से कपड़े उतारते भी नहीं थे और खड़े-खड़े हगते थे और एक छोटे से का.ग़ज़ से पोंछ लेते थे!)'*

जयमंगल सिंह कुश्ती लड़ते थे। जवार[1] के नामी ख़ली.फ़ा थे। पुराने लोग कहते हैं कि उनके जाँघों की गोलाई तीन हाथ थी। उनकी एक जाँघ में गोली लगी थी। उस बरतानी पलटन में एक हिन्दुस्तानी हाकिम थे। गिरजानंदन बाबा के मुताबिक़ राजपूत रेजिमेंट के बड़े अ.फ़सर। जयमंगल सिंह को गोली लगने की ख़बर से वे बहुत आहत हुए। निकल पड़े अकेले गाँव के अंदर, उन्हें खोजने। गाँव का कोई व्यक्ति मारे डर के उनके सामने नहीं जा रहा था। किसी तरह पता करके उन हाकिम ने जयमंगल सिंह के भाई को बुलवाया और उन्हें दवा का एक बोतल पकड़ाया और बाबा के मुताबिक़ उन्होंने कहा- 'देखो, सरसों के तेल अपने से तेली के यहाँ पेड़वाना, आ ले आकर नौ बोतल में इसको मिलाना। आ इसका गंध कहीं नहीं आना चाहिए। देखो मलेट्री घूम रहा है, हम भी फाँसी पड़ेंगे आ तुम भी! बउआ हो उ तेल न रहई, संजीवनी बुटी रहई! पन्डह दिन के अंदर उ अतना बड़का घाव भर देलई! नऽ त उ न बचतिअई! उ औफिसर बड़ा अफसोस करई! ईहाँ से जाइते रिजाइन क देलकई! कहलकई कि अपना भाई-बंधु को इंग्लैंड पहुँचाता है आ हमसे अपना भाई-बंधु पर गोली चलवाता है *(बच्चा वो तेल नहीं था, संजीवनी बूटी थी! पंद्रह दिन के अंदर इतने बड़े ज़ख़्म को भर दिया, नहीं तो वो बचते भी नहीं। वो ऑ.फिसर बहुत अफसोस कर रहे थे! यहाँ से जाते ही इस्ती.फ़ा दे दिया उन्होंने! कहा कि अपने भाई-बंधु को इंग्लैंड पहुँचाता है और हमसे अपने भाई-बंधुओं पर गोली चलवाता है!)।'*

जगत सिंह के पिता रामदेव सिंह की पीठ में गोली लगी थी। सन् 1942 के आंदोलन के बाद वे क्षेत्र में कांग्रेस के बड़े धाकड़ नेता बन कर उभरे थे। रुतबा था उनका। उस

1. इलाक़ा

ज़माने के बचे-खुचे लोग उन्हें आज भी नेताजी कह कर याद करते हैं। गिरजानंदन बाबा की कहानी में एक प्रसंग आता है- 'नेताजी के अपरेशन भेलई। पाँच गो हड्डी काट के बानर के हड्डी लगलई। बहुते दिन बाद जाके उ ठीक भेलथिन। श्री बाबू होए चाहे अनुग्रह बाबू, सीधे न घुस जाथिन सबके चेम्बर में! कलक्टर के कालर धऽ के झुलावे लगथिन! ऐ, काम काहे नहीं किया? पचासों लोग के उ एमएलए-एमपी बनवा देलथिन, लेकिन कतनो श्री बाबू कहईत रह गेलई, अलेक्शन लड़े ला, लेकिन कहलथिन – न, हम न। कांग्रेस के एक ढेउआ न खलथिन कहियो! बड़का त्यागी रहथिन! बड़का त्यागी! (*नेताजी का ऑपरेशन हुआ। पाँच हड्डिया काटकर बंदर की हड्डियाँ लगाई गईं। बहुत दिनों में ठीक हुए वो। श्री बाबू (बिहार के प्रथम मुख्यमंत्री श्रीकृष्ण सिंह को प्यार से जनता श्रीबाबू कहती थी) हो या अनुग्रह बाबू, सीधे सबके चैंबर में चले जाते थे! कलेक्टर को कॉलर पकड़कर झुलाने लगते थे! ऐ काम क्यों नहीं किया? पचासों लोगों को उन्होंने एमएलए-एमपी बनवा दिया, लेकिन श्री बाबू इतना ज़ोर डालते रहे इलेक्शन लड़ने के लिए, बोले- न, हम नहीं। कांग्रेस का एक पैसा नहीं खाए। सभी बड़े त्यागी थे! बहुत बड़े!*)'

तत्कालीन छपरा की छवि कुछ इस तरह आती है उनके क़िस्से में, 'अपने गाँव तऽ असली गढ़ रहई। नेताजी अपने गाँव में रहई। बाक़ी अबई जाई, लेकिन असली नेता तऽ तोरे गाँव के रहौ! जेतना मिनिस्टर सऽ रहौ अनुग्रह बाबू, श्री बाबू, ..., आ ओन्ने तोहर ... सुधाकर ओकिल, अख्तर ओकिल, जोगिन्दर सुकुल, रामबहादुर सुकुल ..., कोन दो, कोन दो, कोन दो ... बहुते नेता अबौ तोरा गाँव में। सबके देखले छिऔ। तोरा इहाँ राजेन्दर बाबू आएल रहथुन, बल्लभ भाई पटेल आएल हथुन। सुभाषो बाबू जानु आएल हौ ..., हमरा ठीक से न इयाद है हुनकरा आबे के दिया (*अपना गाँव ही तो असली गढ़ था। नेताजी अपने गाँव के ही थे। बाक़ी आते-जाते थे, असली नेता तो अपने गाँव के ही थे। जितने मिनिस्टर थे, अनुग्रह बाबू, श्री बाबू, उधर सुधाकर वकील और अख़्तर वकील, जोगिन्दर सुकुल, रामबहादुर सुकल... कौन-कौन ... और भी बहुत से नेता आए थे अपने गाँव में। सबको देखा हमने। तुम्हारे गाँव में राजेन्द्र बाबू आए थे, बल्लभ भाई पटेल आए हैं। शायद सुभाष बाबू भी आए हुए हैं। उनके आने के बारे में हमके ठीक-ठीक याद नहीं*)।'

10 अगस्त सन् 1942 के तरियानी छपरा पर गिरजानंदन सिंह, बस शुरू चुके थे। उम्र उनकी तब थी ही कितनी! फ़क़त पंद्रह बरस! एक-एक घटना, एक-एक दृश्य को गिरजानंदन सिंह ऐसे बयाँ करते हैं, मानो सबकुछ उनकी आँखों के आगे अभी नाच रहे हैं। ग़ज़ब की याद्दाश्त पाई है गिरजा बाबा ने। मुँह में दाँत न होने के चलते उनकी कई बातें फुसफुसाहट बनकर वायुमंडल में विलीन हो जाना चाह रही थीं। जिसे हमने उनसे दोबारा-तिबारा सुना। क़िस्सा सुनाते-सुनाते अचानक जज़्बाती होकर वे छेड़ देते हैं राग-स्वराज :

गोरा आया गोली लेकर
छपरा भर में शोर हुआ
चलें झुंड के झुंड छपरिया
किया प्राण का मोह नहीं
मस्तक फटा उधर भूपन का
वंशी तत्मा गिरा कहीं
नौजद सिंह के सीने में लगी गोली
धरती क्षण में लाल हुई ....

दिमाग़ पर बहुत ज़ोर देने के बावजूद आगे की पंक्तियाँ उनकी स्मृति में न आ पा रही हैं। बार-बार ऊपर वाली पंक्तियों को ही दोहराए-तिहराए जा रहे हैं। सौ-सवा सौ सेकेंड के एक विराम के बाद 'अंत में एन्ना रहई ...

सचमूच समझो
इन नवों को स्वराज मिला'

कहकर वे बोले, 'हो बउआ, रहे हमरा जौरे पूरा लिखल। नगेन्दर सिंह के पूरा इयाद रहई। हमरा उहे देले रहे। रखले रही कि छपवाएब मजफ्फरपुर से। ईश्वर के देले रहिअई धरे ला। ओकरे से कहुँ हेरा गेलई (*हे बबुआ, हमारे पास पूरा लिखा हुआ था गाना। नागेन्द्र को समूचा याद था। रखे थे कि मुज़फ़्फ़रपुर से छपवाएँगे। ईश्वर को दिए थे रखने के लिए। उसी से कहीं खो गया*)।' ईश्वर सिंह गिरजानंदन बाबा के पुत्र हैं।

गिरजानंदन बाबा से क़िस्सा सुनने के लिए चाहिए सर्दी का मौसम। सुहानी धूप, एक चटाई और तीन घंटों वाली कम-से-कम आठ-दस दोपहरिया। ध्यान इस बात का रखना ज़रूरी है कि बाबा की तबीयत ठीक है या नहीं। उम्र के आख़िरी पड़ाव पर बुज़ुर्गों को जिन परेशानियों का सामना करना पड़ता है, बाबा भी उनमें से कुछ से परेशान रहते हैं। बहुत सारी शर्तों को मैं पूरा नहीं कर पाया, इसलिए बाबा से विदा लेना पड़ रहा है। अचानक ये जानकर आपको अजीब लग रहा होगा। अफ़सोस मुझे भी है बाबा के क़िस्से के इस तरह थम जाने का। मगर अपने पास उपाय भी तो नहीं है। वैसे, ऐसे क़िस्से चंद्रशेखर सिंह के पास भी हैं। उनसे भी बतियाया। उनकी आवाज़ इतनी धीमी है कि कुछ समझ में ही नहीं आ सका। आप तैयार हों तो एक उपाय है अपने पास। कुछ पल बाद मैं आपको एक दूसरे तरियानी छपरा में ले चल सकता हूँ। गिरजानंदन बाबा वाले में नहीं, आज के तरियानी छपरा में। वर्तमान का ताज़ा-तरीन इतिहास! एकदम टटका! बम संकर टन गनेस!

11 दिसंबर 1972 से पहले तरियानी छपरा मुज़फ़्फ़रपुर ज़िले का अंग था। 11 दिसंबर 1972 को मुज़फ़्फ़रपुर से अलग सीतामढ़ी जिला घोषित किया गया। बड़े आहत

हुए थे छपरिये। सुविधा के लिए यहाँ स्पष्ट किया जाता है कि तरियानी छपरा का 'आरा हिले छपरा हिले, बलिया हिलेला ...' से कुछ लेना-देना नहीं है। अर्थात् छपरा ज़िला से इसका कोई संबंध नहीं है। यहाँ के निवासियों के लिए इस पुस्तक में जगह-जगह छपरिया संबोधन का इस्तेमाल किया गया है। आज भी छपरिये प्रदेश के बाहर ख़ुद को मुज़फ़्फ़रपुर का बताते हैं। छपरिये नहीं, आसपास के गाँव वाले भी! इसकी सबसे बड़ी वजह है कि पुराना मुज़फ़्फ़रपुर पूरी तरह 'बज्जिका भाषी' क्षेत्र है। जो समग्र तिरहुत की बोली है। दूसरी ये कि मुज़फ़्फ़रपुर उत्तर बिहार का सबसे बड़ा और पुराना रेलवे स्टेशन है। तीसरा ये कि मुज़फ़्फ़रपुर बहुत बड़ा बाज़ार है। आख़िरी और सबसे महत्त्वपूर्ण ये कि मुज़फ़्फ़रपुर तमाम क़िस्म के आंदोलनों का केंद्र हुआ करता था। आज भी है।

नए ज़िले में जीने की आदत डाल रहे थे छपरिये, कि 6 अक्टूबर 1994 को तरियानी छपरा को शिवहर के हवाले कर दिया गया। नया ज़िला बन चुका था शिवहर। छपरा को बेलसंड थाना और प्रखंड से काट कर तरियानी प्रखंड और थाने में तो सन् 1980 के दशक में ही साट दिया गया था। छपरा वाले अब इन काट-छाँट और बाँट-बखरों के बीच जी रहे हैं। भविष्य में कोई काट-साट होगी, तो देखी जाएगी। तरियानी प्रखंड जहाँ स्थित है वह तरियानी चौक के नाम से जाना जाता है। आसपास दस-पंद्रह वर्ग किलोमीटर क्षेत्र तरियानी कहलाता है। इस क्षेत्र में अवस्थित लगभग प्रत्येक गाँव के नाम के आगे तरियानी एक उपसर्ग के तौर पर जुड़ा है। सन् 1992 में इस चौक पर 'संत प्रेम भिक्षू दास जी महाराज' की एक प्रतिमा स्थापित की गई। सुना, छतौनी वाले प्रेमभिक्षू दास जी को गुजरात के जामनगर या भावनगर में ज्ञान की प्राप्ति हुई थी। मुज़फ़्फ़रपुर के बालूघाट मोहल्ला में, एक हाते में, प्रेमभिक्षू दास जी के नाम पर सालों से 'श्री राम जय राम जै-जै राम' का गायन जारी है। स्कूल के दिनों में कभी-कभी मैं भी वहाँ दोस्तों के साथ बैठ जाया करता था।

तरियानी प्रखंड से सात किलोमीटर पूरब स्थित तरियानी छपरा की दक्षिणी सीमा से सटकर एक धार बहती है। कुछ लोगों के हिसाब से वह 'बागमती' है कुछ के हिसाब से 'कमला'। वैसे वह नासी के नाम से प्रचलित है। बेलसंड की ओर से गाँव में प्रवेश करने से पहले इस धार को पार करना पड़ता है। मुज़फ़्फ़रपुर से तरियानी चौक की दूरी कोई 40-45 किलोमीटर होगी। तक़रीबन दस-पंद्रह साल पहले तक तरियानी छपरा पहुँचने का सबसे सरल रास्ता तरियानी चौक होकर था। बाद में, बलुआ बाज़ार होकर आना-जाना शुरू हुआ। लगभग दस किलोमीटर की दूरी कम हो गई। समय की बचत होने लगी। हालाँकि बलुआ बाज़ार के बाद लगभग डेढ़ किलोमीटर रास्ता बहुत ख़राब है। पतला, टेढ़ा-मेढ़ा और छोटे-बड़े गड्ढों से भरा हुआ। ज़्यादातर लोग अब छोटे रास्ते का उपयोग करते हैं। बसें भी इस रास्ते आती-जाती हैं। कुछ लोग पुराने रास्ते भी

गाँव आना-जाना करते हैं।

आइए, हम थोड़ी लंबी कातते हैं। तरियानी चौक होकर चलते हैं तरियानी छपरा। पूरब, पहला गाँव 'तरियानी औरा' है। कई पीढ़ियों से छपरियों की ससुराल। राजपूत बहुल एक छोटा-सा गाँव। लगातार आने वाले बाढ़ के चलते, औरा में सड़क कई जगह टूट-फूट चुकी है। जिन दिनों औरा होकर बस आती-जाती थी, लोग कहते थे, उन दिनों स्थानीय लोग बस-स्टाफ़ के साथ 'रंगबाज़ी' करते थे। अर्थात् अपनी मर्ज़ी से बस रुकवाना और चलवाना। औरा के पूर्वी छोर पर ही ऐसी एक जगह है, जहाँ एक क़दम औरा में रहता है और दूसरा दाख़िल होता है तरियानी छपरा में। उस जगह से दो-चार डेग[1] पर ही है नवल डाक्टर का डेरा। यानी गाँव का पहला ठिकाना। नवल डाक्टर अर्थात् नवल किशोर सिंह। कुछेक बरस पहले उनकी हत्या हो गई। डाक्टर साहब के डेरा से ही लगा है डोरा टोला।

डोरा होकर ही रास्ता था सोनबरसा मेला के लिए। श्री फुल्गेन मध्य विद्यालय, तरियानी छपरा में संक्षिप्त विद्यार्थी-जीवन के दरम्यान एक बार सोनबरसा मेला देखने का अवसर मिला। ख़ूब घूमा-फिरा। बालुशाही और चमचम खाई। लौटते वक़्त एक चाँपी ख़रीद ली। क्लास की एक लड़की को भेंट करने के लिए। लंबे समय तक मेरे पास रहने के बाद वो पीली चाँपी कहीं खो गई। कुछ स्कुलिया दोस्तों ने तब यह कहकर मेरे उत्साह में बट्टा लगा दिया था, 'रे सार, तुहो मोहा गेले ओई छौड़ी के फेर में। तोरा से लमहर-लमहर जुआन स पहिलहिए हई ओकरा पिछारी। सब सार रात में ओकरे जौरे रहई जाईऽ सपना में (*अबे साले! तुम भी उस लड़की से मोहित हो गए। तुम से बड़े-बड़े जवान पड़े हैं उसके पीछे। रात को सपने में सब उसी के साथ रहते हैं*)'! यह भी मालूम हुआ कि कुछ सुबह-सुबह उठकर अपने स्वप्न को सच में बदल डालने की उम्मीद लिए उसके टोले का चक्कर लगा आया करते थे। वो समय जल्दी आ गया जब विभिन्न उम्र समूहों के उसके आशिक़ों में से कुछ किसी 'पगलाहट' का शिकार होकर अपने जीवन-पथ पर अग्रसर हो गए। कॉलेज के दिनों में एक बार वो लड़की मुज़फ़्फ़रपुर में अपने मोहल्ले में दिख गई थी। तब साथ में उसकी एक बेटी भी थी।

देश के अन्य हिस्सों में मैंने डोरा बराबर गाँव देखे हैं। मल्लाह और दुषाद बहुल डोरा टोला के बारे में आजकल सुनने में आता है, 'मोआबाद के अड्डा हई डोरा। मार मीटिंग-सिटिंग होईत रहई छई। बड़का-बड़का माओबादी सऽ रहई छई डोरा पर (*माओवाद का अड्डा है डोरा। बहुत मीटिंग-सीटिंग होती रहती है। बड़े-बड़े माओवादी रहते हैं डोरा पर*)।' जब माताजी सरपंची का चुनाव लड़ीं, तब प्रभु दयाल ने अपनी जाति का वोट दिलाने के लिए इस टोले का विशेष रूप से दौरा किया। डोरा की ज़मीनें पारंपरिक

1. क़दम

रूप से धान की खेती के लिए उपयुक्त मानी जातीं। हमारे संयुक्त परिवार की भी कुछ ज़मीनें हैं डोरा पर।

अभी थोड़ी देर पहले डेरा का ज़िक्र आया। अगले पन्नों पर भी डेरा आना-जाना लगा रहेगा। बेहतर है डेरे की डोर खोल दी जाए। सामान्य भारतीय ग्रामीणों की तरह छपरिए भी जीने-खाने के लिए कृषि पर आधारित थे। 95 फ़ीसदी से अधिक हिंदू आबादी वाले इस गाँव में थोड़े से मुसलमान भी रहते चले आ रहे हैं। जातियाँ तो लगभग सारी हैं यहाँ। जिसमें आबादी के हिसाब से बराबर हैं चमार और राजपूत। आबादी के हिसाब से ही! छियासठ साल के वयस्क हिन्दुस्तान में! सन् 1942 में लहू देने के बाद! तक़रीबन पाँच वर्ग किलोमीटर में पसरे छपरा में कृषि-कार्यों के निष्पादन के लिए छपरियों ने एक व्यवस्था ईजाद की। गाँव के विभिन्न दिशाओं में फैले खेतों के आसपास ठिकाना बनाया। जिसे डेरा की संज्ञा दी उन्होंने। उस स्थायी कच्चे ठिकानों से खेती-गृहस्थी के कामों में सुविधा होने लगी। खेत-मज़दूरों की अधिकतर आबादी अब भी इन्हीं डेरों के इर्द-गिर्द बसती है।

डोरा टोला से आगे बढ़ने पर, सालों पहले, बरसात में बर्बाद हो चुके दो डायवर्ज़न हैं। छपरिए उसे नवल डाक्टर के डेरा के पास वाला, बड़का और छोटका टुट्टा कहते हैं। इधर से बस लाने वाले ड्राइवर, डायवर्ज़न में बस ढुलाने से पहले सवारियों को उतार देते। इनसे लगभग छह-सात सौ मीटर आगे, दाईं ओर है बिनोद राम का घर और सत्यनारायण राम का मकान। जबकि मुख्य सड़क बाएँ मुड़ जाती है। जहाँ दो चमटोली हैं। एक चंदर सिंह के डेरा से पहले और दूसरा उनके डेरा से आगे। उनके डेरा के पहले वाली चमटोली के साथ ही लगा है एक और टोला। आगे वाली चमटोली के बग़ल में है हमारा ख़ानदानी डेरा। कहने वाले उसे 'तीन घरवा' का डेरा भी कहते हैं। इसलिए कि हमारे ख़ानदान के तीनों भाईयों के वंशजों का डेरा वहीं है। हमारे डेरे से पश्चिम है भुआ और दक्षिण पश्चिम है फतिया टोला। फतिया के पीछे विश्वंभरपुर गाँव ।

मुख्य सड़क से आगे बढ़ने पर एक पुल है बागमती की मरी हुई धार पर। मरी हुई, क्योंकि अब उसमें सिर्फ़ बाढ़ के दिनों में ही पानी होता है। पुल से पहले दाईं तरफ़, नदी के तीरे-तीरे एक कच्ची सड़क जाती है सुभईगढ़। पुल पार, चंद मीटर आगे दाईं तरफ़ है गाँव का रेफ़रल हॉस्पिटल। जिसका उद्घाटन तत्कालीन मुख्यमंत्री श्री लालू प्रसाद यादव ने फरवरी 1992 में किया था। राजकिशोर सिंह 'महंतजी' ने हॉस्पिटल के लिए भू-दान किया था। दो शब्दों में मंटू मुखियाजी के देयाद[1] हैं महंतजी। हॉस्पिटल किस स्थान पर बनेगा, इस बात को लेकर काफ़ी बतंगड़ हुआ तरियानी छपरा में। कुछ प्रभावशाली लोग बीच गाँव में चाह रहे थे। कुछ लोगों की दलील थी कि जिस स्थान

1. फ़रीक़, कुनबे के सदस्य

पर अभी हॉस्पिटल है, वहाँ होने से आसपास के ग्रामीण भी लाभान्वित होंगे। दोनों पक्षों ने एक-दूसरे पर राजनीति करने का आरोप लगाया। तमाम सरकारी औपचारिकताओं के बाद सवाल आया कि कौन ठेकेदार इसका निर्माण करेगा। सुना गया कि बाहरी ठेकेदारों से दबंग छपरिए रंगदारी टैक्स माँग रहे थे। आख़िरकार, मामला अधर में लटक-सा गया। कहा-सुना जाने लगा कि अब अस्पताल तरियानी छपरा की सीमा से बाहर चला जाएगा। मेरे पिताजी तब अरुणाचल प्रदेश में गवर्न्मेंट कॉन्ट्रैक्टर थे। रेफ़रल हॉस्पिटल का ठेका ले लेने का विचार मेरे पिता के मन में स्थापित करवा देने के लिए कुछ वरिष्ठ छपरियों ने बड़ी मशक़्क़त की। यह भी समझाया पिता को कि ऐसा कर वे गाँव के उद्धार में ऐतिहासिक भूमिका अदा करेंगे।

उन दिनों बिहार में ठेकेदारी करने वालों के कँधों पर सफ़ेद अँगौछे बहुत फबते थे। लाल या काले इंफ़ील्ड पर सवारी करते वक़्त वही सफ़ेद अँगौछा उनका मुरेठा[1] बन जाता था। लू से हिफ़ाज़त में अँगौछे के दूसरे सिरे की बड़ी अहम भूमिका होती थी। वही उजरका[2] गमछा आवश्यकता पड़ने पर उनकी पहचान छुपाने के काम आ जाती थी। कुछ ठेकेदारों को सिर्फ़ इसी अँगौछे के चलते कुछ और दिन, महीने या साल का जीवनदान मिल गया। ठेकेदारों के बुलेट को सलाम कर गौरवान्वित महसूस होने वाली पीढ़ी पनप चुकी थी। बेशक, किसी एक का नाम लेकर ठेकेदारी होती थी, ठेकेदारों का मुकम्मल ग्रुप होता था। उनके पास प्रशासनिक शस्त्रागारों की अपेक्षा ज़्यादा आधुनिक और असरदार असलहे होते थे। जिनके परिचालन और रख-रखाव के लिए उनके पास वैसे लड़कों का दस्ता होता था, जो नाक और ऊपरी होंठ के बीच के सख़्त होते रोएँ पर उंगलियाँ फेर कर ख़ुश हुआ करते थे। जिनमें से कुछ शार्प-शूटर बन जाते थे और कुछ हो जाते थे माहिर रणनीतिज्ञ। थोड़े समय बाद वे बाज़ार-उजार में रंगदारी टैक्स वसूलना भी शुरू कर देते थे। मुकम्मल मूँछ आते-आते उनमें से कुछ लड़कों ने अपना अलग ग्रुप बना लिया, कई पुलिस या विरोधी गुटों द्वारा ठिकाने लगा दिए गए और कुछने 'समाज सेवा' की ख़ातिर राजनीतिज्ञों की बॉडीगार्डी संभाल ली। 'टेंडर' प्राप्ति हेतु ऐसे 'प्रोफ़ाइल' युक्त ठेकेदारों के बीच अमूमन 'फ़ायरिंग' हो जाया करती थी। कभी-कभी किलिंग भी। शस्त्र और धड़ प्रदर्शन सामान्य था। इसके बिना माहौल नहीं बनता था। सन् 1990-92 में ठेकेदारी से संबंधित एक वारदात में ही लालगंज के तत्कालीन विधायक हेमंत शाही पर पितरियों की बौछार हुई थी। तब मुज़फ़्फ़रपुर के किसी बड़े सर्जन ने उन्हें बचाने की बड़ी कोशिश की थी। अंत-अंत तक...

इस पृष्ठभूमि में, मेरे पिता जैसे इंसान के लिए ठेकेदारी के बारे में सोच पाना भी दुश्कर था जो अपने भारतीय फ़ौज के संक्षिप्त सेवाकाल में भी शस्त्रों के आसपास

1. पगड़ी, 2. सफ़ेद

फटकने के बजाय वॉलीबॉल-कोर्ट पर अभ्यास का मौक़ा ढूँढ़ते रहते थे। गाँव वालों की सलाह और परिवार के साथ रहने की चाहत के चलते उन्होंने मन बनाया। अरुणाचल से आकर ज़रूरी रजिस्ट्रेशन वग़ैरह करवाया। टेंडर भरा। काम मिल गया। गाँव में एक बड़ा निर्माण कार्य आरंभ हुआ। लगभग चार साल तक गाँव में तक़रीबन दो-तीन दर्जन लोगों को रोज़गार मिलता रहा। कोई उद्योग-धंधा लगा होता, तो आज तरियानी छपरा का नक़्शा कुछ और होता। पिताजी को संतोष है कि उन्होंने गाँव के नवनिर्माण में एक भूमिका अदा की। हालाँकि कुछ छपरिए पिताजी पर काम ठीक न करने का आरोप लगाते हैं। तरियानी छपरा में रेफ़रल हॉस्पिटल आने का सारा श्रेय बेलसंड के तत्कालीन विधायक प्रो. रघुवंश प्रसाद सिंह को जाता है। वही रघुवंश बाबू जो यूपीए पार्ट वन में ग्रामीण विकास मंत्री की भूमिका अदा कर चुके हैं।

इतने अवरोधों के बाद निर्मित अस्पताल की हालत ये है कि आज तक वहाँ कभी कोई रोगी नहीं रुका। रुकता तब न जब व्यवस्था होती। वार्ड, जाँचघर, शौचालय, प्रसूतिगृह ऑपरेशन थिएटर, स्टाफ़ क्वार्टर वग़ैरह के नाम पर कमरे तैयार हो गए। सबकी पट्टियाँ टँग गईं लेकिन शौचालय छोड़कर कभी कोई सुविधा आरंभ नहीं हो पाई। बल्कि, दो-तीन साल पहले सबको शौचालयों के रूप में प्रयुक्त पाया। गाँव-घर के लोगों का कहना है कि अस्पताल में डॉक्टर के आने की ख़बर अनेक बार सत्य सिद्ध हो चुकी है। बरामदे पर बैठ कर डॉक्टर साहब रोगी जाँच लिया करते हैं। उसकी दीन-हीन अवस्था पर तरस खाकर कुछ छपरियों ने भुसुल्ले के तौर पर उसका उपयोग करना शुरू कर दिया। निर्माण-काल के कुछ मास उपरांत ही अस्पताल ने पशुओं के लिए विश्रामगृह की भूमिका निभाना आरंभ कर दिया था, जो अब भी जारी है। एक छपरिया बरबरा रहा था, 'तवगरो लोग सऽ के गाँड़ फाटे लगई छई साँझ में होस्पिटल ओरी जाए में। ओई जग्गह छिनोछोर होई छई। आ एन्ने जब से मोआबादी सऽ के हल्ला सुरू भेलई, तब से आउरो पुर-पुर्री निकलईत रहई छई (*हिम्मती छपरियों की भी डर के मारे हालत ख़राब होने लगती है शाम को हॉस्पिटल की तरफ़ से गुज़रने में। उस तरफ़ छीन-झपट होती है। इधर जब से माओवादियों का हल्ला हुआ है तब से और पुर्र-पुर्री निकलती रहती है।*)' रेफ़रल हॉस्पिटल से थोड़ा आगे तरियानी छपरा की उत्तर-पूर्वी सीमा समाप्त हो जाती है। शुरू हो जाता है सरोपट्टी। बेलसंड थाने का सीमावर्ती गाँव। सरोपट्टी से डेढ़-दो किलोमीटर आगे है बलुआ बाज़ार।

रेफ़रल हॉस्पिटल वाले मोड़ से आगे, गेट से थोड़ा पहले था सुरदेव डाक्टर का डेरा। लोग कहते थे सुरदेव डाक्टर। हमारे बाबा लगते थे। सबसे पहले घुड़सवारी करते मैंने उन्हें ही देखा। हर बीमारी का इलाज था उनके पास। सुइयाँ[1] सीधे भोंक देते थे।

---

1. सुई, इंजेक्शन

उनके आँगन में थे चंदर सिंह। जिन्हें लोग चंदर भगता कहते थे और 'हो बियाह न करबऽ ?' बोल कर उन्हें कुढ़ाते[1] थे। उनके डेरा से आगे, बाईं ओर, गेट पर दर्ज है 'श्री राम जानकी सूर्यदेव उच्च विद्यालय, तरियानी छपरा, मुज़फ़्फ़रपुर, स्थापित 1952'। गेट से सीधा, ढाई सौ मीटर आगे बढ़ने पर है तरियानी छपरा का यह हाईस्कूल।

धर्मनाथ सिंह के ज़माने में सिर पर केसरिया टोपी धारण किए लड़के सड़क पर ऐसे लगते थे जैसे कोई रैली निकल रही हो। लड़कियाँ भी होती थीं। टोपी उनके यूनीफॉर्म का हिस्सा नहीं थी। वे स्कूल पहुँच कर, क्लास में घुसने से पहले सिर पर रूमाल रख लेती थीं। उन दिनों आँगन से मधु भैया, दीदी, गोल्हा दीदी और सुद्धु भैया हाईस्कूल जाते थे। चारों एक ही कक्षा के विद्यार्थी थे। किसी लड़के की 'हिम्मत' नहीं होती थी, हमारी बहनों से 'बात' करने की। धर्मनाथ सिंह की हेडमास्टरी में हमारे पापा भी कुछ समय स्कूल के विद्यार्थी रहे। तब हॉस्टल भी था। सेंटअप कैंडिडेट अर्थात् मैट्रिक का इम्तहान देने वाले विद्यार्थियों के लिए छात्रावस-प्रवास अनिवार्य था। हाईस्कूल के नाम ठीक-ठाक संपत्ति कर गई थीं श्रीमती दुर्गा देवी। खेत, तालाब, आम का बाग़ीचा इत्यादि। कुछ लोग धर्मनाथ सिंह को लंगड़ा भी कहते थे। स्थापना या उसके कुछ समय बाद से रिटायरमेंट तक, धर्मनाथ सिंह छपरा हाईस्कूल के प्रधानाध्यपाक रहे। पूरे सीतामढ़ी ज़िले में हाईस्कूल की साख थी। इसमें काफ़ी कुछ धर्मनाथ सिंह का था। गाँव वालों का सहयोग लगातार बना रहा। पहली बार अभय-निर्भय में से किसी को लेकर उनके पिता दरोगाजी चंदेश्वर सिंह हेडमास्टर साहब से उलझ पड़े। तब उनके साथ मारपीट भी की गई। बहुत से छपरियों ने उस घटना का प्रतिवाद किया था। ये तरियानी से उनका लगाव ही था कि उन्होंने अपने बच्चों के नाम में सरनेम की जगह 'तरियानी' लगाया।

हम फ़िलहाल, सीधा चलते हैं। दस-बारह क़दम आगे, बाईं ओर पुराना मठ[2], दाईं तरफ़ है 'मुन्दिरका नककट्टा[3]' का डेरा और उसके पीछे सेढा टोला। सेढा के सामने सरपोट्टी। मुख्य सड़क पर, थोड़ा आगे नन्हकू घाट है। आजकल उसी के पास नरेश बाबा का डेरा है। हमारे परिवार की भी कुछ ज़मीन है वहाँ। 'बाघ' और 'बकरी' जौरे पानी पीते थे उस घाट पर[4]। बाढ़ के दौरान कुछ मौतें भी हुईं वहाँ। आगे, बाईं तरफ़ है एक धानुक-बस्ती। सीधे, कुछ दूर आगे भी, सड़क किनारे आठ-दस घर हैं। वहीं, बाईं तरफ़ है नवनिर्मित विश्वकर्मा मंदिर। मंदिर के आगे एक पुल। पुल से चालीस-पचास डेग आगे, बाईं तरफ़ है दो-तीन लोहार के घर। दाईं तरफ़, कभी एक परिवार के अलावा किसी और छपरिए के काम न आया अर्द्धनिर्मित, अर्द्धढहित लेकिन पूर्णतः भुगतान पाइत सामुदायिक भवन। जिसमें अलग-अलग समय पर पले चूजे बने चिकन, जहाँ बँधी

1. चिढ़ाना , 2. मंदिर, 3. जिनकी नाक कटी है, 4. अर्थात- दबंग और लाचार बाढ़ के दिनों में एक साथ पार करते थे

भैंसों ने दिया दूध। जिन्हें पचाया छपरियों ने। 'सामुदायिक भवन' के पीछे दूर-दूर तक है ख़ाली ज़मीन। जहाँ कभी आम के बड़े-बड़े बाग़ आबाद थे। इन्हीं बाग़ों से होकर पंडिजी लोग आते थे हंसौर से और पैदल सरोपट्टी जाने वाले मुड़ जाते थे दाँए। सूअर लेकर इसी रास्ते आया-जाया करते थे बिजुरी मल्लिक और उनके परिवार वाले।

बिजुरी मल्लिक को देखकर दूर से ही रास्ता काट लिया करते थे छपरिए। एक बार उन्होंने बताया था कि 'लालबाबू सिंह बसैले हथिन हमरा स के पाँच कट्ठा में। हम सऽ मठ के असामी हती। हमर चच्चा रहथिन हुलास मलिक आ गरीब मल्लिक। हुलास मल्लिक समूच्चा सीतामढ़ी जिला में टॉप आएल रहथिन गीत गावे में' *(लालबाबू सिंह ने हमलोगों पाँच कट्ठे (कट्ठा ज़मीन मापने का एक पैमाना होता है) को बसाया है। हमलोग मठ के आदमी है। हुलास मल्लिक और गरीब मल्लिक मेरे चाचा थे। हुलास मल्लिक गीत गाने में सीतामढ़ी जिले में अव्वल आए थे)*। चौथी कक्षा तक पढ़े हैं बिजुरी। वे सरोपट्टी में ही रह गए, छोटे भाई मेघु चले गए सलेमपुर और रुदल गिद्धा। बिजुरी के बाबा रुचा मल्लिक भी जजमानी सँभालते थे। उनके चचेरे बाबा खेलावन भी। आज बिजुरी भी यही कर रहे हैं। उनकी छह बेटियाँ हैं ललिता, मुन्नी, हुरन, सविता, पूजा और चंचल। एकमात्र बेटा का नाम है भोला। भोला आठ बरस का है। दो बड़ी लड़कियों की शादी हो चुकी है। ललिता का ससुराल जानीपुर में है। पिछली मर्तबा हिचकिचाते हुए बिजुरी ने बताया था, 'गाँव के मठ में जाए के मन करई अ, लेकिन न कहियो गेली हऽ आई ले। देकुली धाम जाइले जल चढ़ाबे *(गाँव के मंदिर में जाने का मन होता है लेकिन आज तक कभी नहीं गए हैं। देकुली धाम जाते हैं जलाभिषेक करने)*।'

पारंपरिक रूप से बाँस की टोकरी, डलिया, बेना, डाला, पौती, पेटी वग़ैरह बुनने वाले बिजुरी के समुदाय के लोगों की शादी-ब्याह के मौसम में बड़ी व्यस्तता रहती है। जजमानों के यज्ञ का ख़याल रखना पड़ता है। उसी में कभी-कभी सिंघा[1] बजाने का साटा[2] हो गया, तो उसे भी सँभालना पड़ता है। शेष दिनों में रोज़ी-रोटी की खींच-तान रहती है। मौक़े-बे-मौक़े ज़रूरत पड़ने पर घिरस की 'ख़रीद-बिक्री' भी कर लेते हैं। वैदिक व्यवस्था ने बिजुरी की जाति 'डोम' को सबसे नीचे रखा है। सवर्णों के दरवाज़ों पर अब खड़ा होने लगे हैं बिजुरी मल्लिक। सामुदायिक रस्मो रिवाज में सहभागिता अत्यंत सीमित है। इनका नक़ली भाव चढ़ाने के लिए जाति-व्यवस्था के सूत्रधारों ने एक व्यवस्था ईजाद कर ली कि अंत्येष्ठि 'डोम' के दिए आग से की जाएगी। आवश्यकतानुसार जिसकी चर्चा धार्मिक प्रवचनों और चुनावी भाषणों में परंपरावादी करते रहते हैं।

'सामुदायिक भवन' से पचास-साठ डेग आगे, दाईं ओर है रामईश्वर सिंह का होटल। हाल-हाल तक इसके बग़ल में हमारे टोले के मोहन बाबा की आटा-चक्की

---

1. एक किस्म का वाद्य यंत्र, 2. बुकिंग

थी, जिसमें उनके छोटे भाई सुनील और सोहन सिंह भी हाथ बँटाया करते थे। रामईश्वर के होटल के पीछे हजामटोली है। उसके पीछे गोआरटोली। गोआरटोली के वोट चुनाव में निर्णायक भूमिका निभाते हैं। इसलिए उस मौसम में प्रत्याशियों का इस पर विशेष 'स्नेह' बना रहता है। रामईश्वर के होटल के आगे है तरियानी छपरा का मुख्य बाज़ार। सड़क के दोनों तरफ़। अवधेश सिंह, राणा सिंह, सुद्धु सिंह तथा गाँव के कुछ अन्य लोगों की ज़मीन पर खड़ा यह बाज़ार तरियानी छपरा का फ़क्शनल केंद्र है। तमाम तरह के गतिविधियों की धूरी।

तक़रीबन दो दशक पहले इस बाज़ार के एक कोने पर महात्मा गाँधी की प्रतिमा स्थापित की गई। जिसके नीचे एक शिलापट्टी लगाई गई, और उस पर खोदे गए तरियानी छपरा के शहीदों के नाम। उस प्रतिमा की हिफ़ाज़त के लिए लोहे का एक सुंदर घेरा लगाया गया। जिसके आसपास फूल-पत्तियाँ रोपी गईं। ये सब विधायक कोष से हुआ था। एक-आध बरस पहले कुछ लोगों ने उस प्रतिमा को खंडित कर दिया। सिर 'जीत' कर साथ ले गए। इस स्थान पर महाविष्णु और महामृत्युंजय जैसे अनेक विशाल यज्ञ हुए। जितनी बार यज्ञ संपन्न हुआ, उतनी बार मेले सजे। तरियानी छपरा का सर्वाधिक कमाऊ मंदिर यहीं है। कई गोलीकांडों का गवाह रहे इस स्थान पर तरियानी छपरा के सबसे बड़े हत्याकांड को अंजाम दिया गया। सतन राम यहीं मारे गए। अमरूल को यहीं लगी गोली। तरियानी छपरा का सबसे पुराना बस अड्डा यहीं है।

ये टी प्वाइंट है। जिस सड़क के बीचोबीच आप खड़े हैं, उसी पर चलकर आप तरियानी चौक से यहाँ तक पहुँचे हैं। यह सड़क आगे जंघी सिंह के फ़रीक़[1] के बाज़ार के सामने से बाबा टोला, मनिया देवी, पुरना बाज़ार होते हुए बाँध पर पहुँचती है। बाँध के बाएँ सड़क जाती है शैलेंद्र सिंह 'मुखियाजी' के टोला में। उसके आगे छोटी छपरा, कुंडल, बेलहिया, वग़ैरह। छोटी छपरा तरियानी छपरा का हिस्सा है। बाँध के दाईं ओर है एक चमटोली और उसके आगे हंसौर और डुमरा। बाँध से आगे सड़क सीधे पहुँचती है नासी। नासी पार है मारड़, मधकौल, धनकौल और फिर बेलसंड। आम दिनों में बेलसंड आने-जाने वाले पैदल नासी पार करते हैं। बरसात के दिनों में नाव से पार उतरना होता है। जल्द ही नासी पर एक बड़ा पुल शुरू होने वाला है। नासी के उस पार, लगभग एक किलोमीटर पूरब स्थित है कंसार। आसपास के गाँवों में होने वाली शादियों में कंसार से बाजा वाले आते हैं। अंग्रेज़ी बाजा वाले। 'जिया बैंड' माफ़िक़। पहले जब कंसार का बैंड आता था तो उनके साथ मोर-मयूर के लिए दो अतिरिक्त पात्र होते थे। बाजे की धुन पर मोर-मयूर नाचते थे। हम दूर-दूर तक उस बाजे के पीछे चलते रहते थे।

कंसार में हुसैनी राय साहब रहते हैं। भाटों के ख़ानदान से ताल्लुक़ रखने वाले हुसैनी राय बड़े साफ़ और ज़िंदादिल हैं। सुबह नौ-दस के आसपास अपने घर पर

डिट्टु के साथ मुझे देखकर जिगर से ख़ुशी उड़ेलते हुए बोल पड़े, 'ओह मालिक! आहाँ काहेला कस्ट उठइली, समाद भेजवा देती तऽ हम दूरे पर चल अइती! आहाँ सऽ पहुँचू दूरा पर, हम अबइले साँझ में ओतही (*ओह मालिक! आप क्यों कष्ट उठाए! ख़बर भिजवा दिए होते तो हम ख़ुद दरवाज़े पर आ जाते! आप लोग पहुँचिए, हम शाम को वहीं आ रहे हैं।*)' असल में, ड्टिटु के साथ समय तय करते वक़्त 'तड़कुलारिष्ट'[2] के प्रभाव में उन्होंने हमें अपने घर पर बुला लिया था। प्रभावमुक्त होते ही भोरे-भोरे किसी के साथ उनका 'मीट' और 'इंगलिस' का 'प्लान' बन गया था। अगल-बग़ल के किसी घर से खस्सी[3] के माँस पकने की ख़ुशबू आ रही थी। होली, छठ, चौरचंद जैसे त्यौहारों के बाद दूरा[4] पर भाट आया करते थे। तरन्नुम में सुनाया करते थे लंबी-लंबी कहानियाँ। जिसका श्री गणेश और समापन होता था साँस रोक कर गहागड, गहागड, गहागड, गहागड, गहागड, गहागड, गहागड, गहागड, गहागड, गहागड, गहागड, गहागड ... के उच्चारण से। फिर ईया उन्हें घर से लाकर पकवान दिया करती थीं। 'हो भाट, हो, एगो खिस्सा आओर सुनाबऽ नऽ (*हो भाँट! एक और कहानी सुनाइए न!*)' की रट लगाते हुए बच्चे दूर तक उनका पीछा किया करते थे।

बाज़ार वाले टी प्वांयट से बाएँ, तीन-चार डेंग[5] आगे है 'सुरेश बाबा का स्थान'। सुरेश बाबा में छपरियों की बड़ी आस्था है। इनके सामने से निकलने वाली सड़क अवधेश सिंह, भूषण सिंह उर्फ़ छील मोहम्मद, शैल सिंह वग़ैरह के दरवाज़ों से होते हुए सुसीला सिंह मास्साब के घर के पिछले कोण पर उस रोड में मिलती है, जो गाँव के 'रिंग रोड' को मुख्य मार्ग से जोड़ती है। तक़रीबन आठ-दस बरस पहले, सुसीला सिंह मास्साब की उनके आँगन में ही गला रेत कर हत्या कर दी गई थी। सुना था कि ज़मीन-जायदाद हड़पने के लिए आस-पड़ोस में से ही किसी ने उस हत्या को अंजाम दिया था। मालूम नहीं कोई केस-वेस हुआ था या नहीं। हुआ तो नतीजे के बारे में नहीं मालूम। उनके पति कृष्णा सिंह बहुत पहले किसी सड़क दुर्घटना का शिकार हो चुके थे। उनके घर के पीछे वाली सड़क शिवशंकर बाबाजी की दुकान के पास रिंग रोड से मिलती है। शिव शंकर बाबा जी के घर से पहले ही थे एक पंडिजी, जिनको लोग माझी पतिया कहते थे। वृद्ध थे माझी पतिया। 'हो पंडिजी, राउड़ ननतनी हमरा कनखी मारईत रहलख हऽ ...पंडिजी अपना नतनी से हमर बियाह करा न दिऊ ... आँहाँ के नतनी से बियाह कऽ लेब हो पंडिजी ... (*पंडितजी, आपकी नातिन मुझे आँख मार रही थी... पंडितजी, अपनी नातिन से मेरी शादी करवा दीजिए न... पंडितजी, आपकी नातिन से हम शादी कर लेंगे...*)' कह कर बच्चे ज़ोर से भागते उनके दरवाज़े से। उसके बाद पंडिजी गालियाँ बरसाते हुए उसी रफ़्तार में बच्चों का पीछा करने की कोशिश करते और चार-पाँच क़दम बाद हाँफ

---

1. रिश्तेदार, 2. ताड़ी, 3. बकरा, 4. दरवाज़ा, 5. क़दम

कर दोनों घुटनों को पकड़ कर बैठ जाते। बैठ–बैठे कुछ देर में मुँह भी थका लेते।

शिव शंकर बाबाजी की दुकान के आगे से रिंग रोड गुरुचरण, सुबोध पंडिजी, हरिहर साह, नेवी सिंह, वग़ैरह के दरवाज़ों से होते हुए अशोक बैठा के घर से थोड़ा आगे, बाएँ मुड़ जाती है। और सीधी सड़क थोड़ा दक्षिण–पश्चिम होते हुए चली जाती है एतबारी देवी के मोहल्ला 'बाबा फुले टोला' में। उसी टोले से सटा है 'बुढ़िया–मइया[1]' का स्थान है। शादी–बियाह और नवरात्रों के दौरान महिलाएँ उनको पूजती हैं। नेवी सिंह के दूरा के पास इस सड़क में दायाँ मोड़ भी आता है। जो आगे जाकर नवीन सिंह के घर के पास मुख्य सड़क में मिल जाता है। इसी सड़क पर आगे, दाईं ओर है लोहार टोली। बाबा के साथ बचपन में जाया करता लोहसारी। बाबा वहाँ अपने हँसुआ–खुर्पी में धार लगवाया करते। लोहासारी में भाँती[2] चलती रहती थी। सामने कोई बँसुली, हथौड़ी से हल का पालो[3] बना रहे होते तो कोई गाड़ी का पहिया। मोती ठाकुर के परिवार से हमारे परिवार का काम का पुराना नाता था। आज तरियानी छपरा में रामाशीष और मुंद्रिका लकड़ी के जाने–माने कारीगर हैं। दोनों भाई साथ काम करते हैं। काम का बोझ हमेशा रहता है इन पर।

एतबारी छपरा के जागरूक नागरिकों में से एक हैं। कर्मठ और संवेदनशील! उन्हें तरियानी छपरा की वैसी प्रथम दलित माँ होने का गौरव प्राप्त है जिनकी सारी संतानें पढ़ी–लिखी हैं। जिनके बेटों ने आरक्षण का लाभ लेने की योग्यता 'जीत' ली है। नरेश और राम प्रवेश अध्यापक बन चुके हैं। ये सब हुआ एतबारी की बदौलत। शिक्षा के प्रति उनके समर्पण के कारण। उन्होंने अपने बच्चों को औक़ात से बढ़ कर पढ़ाया। उनके पति तो मज़दूरी ही करते रहे। वे मेरे पिताजी के साथ एक बार अरुणाचल भी गए। एतबारी देवी के ससुर श्री सोमन राम जवार के माने हुए पिपही वादक थे। पिपही बजा कर ही डुमराँव वाले बाबा बिस्समिल्लाह ख़ाँ बन गए विश्वप्रसिद्ध शहनाई वादक। सोमन राम ने उत्तर बिहार के विभिन्न गाँवों और शहरों में जाकर शहनाई बजाई। कुछेक दफ़े पिपही समेत उन्होंने बिहार की सीमा भी पार की। ज़्यादातार शादी–ब्याहों में। दो–चार और वादकों को उन्होंने अपने साथ जोड़ा; जो ढोल, ढोलक तथा अन्य यंत्र बजाया करते थे। आगे चलकर उनका ढोल–पिपही वाला समूह 'सोमन बैंड' के तौर पर विख्यात हुआ। 'अबरार', 'सुपर अबरार' जैसे अंग्रेज़ी बैंडों के ज़माने में भी सोमन बैंड का भाव बना रहा। बेटी की विदाई के समय सोमन की शहनाई में माँ की रुलाई से कम करुणाबोध नहीं होता था। उन्हें कोई सरकारी सम्मान भी मिला था। घरवालों को याद नहीं, कौन सा! एतबारी के पति भी कभी–कभी बाजा बजाने जाते थे। अब भी उनके घर में शहनाई रखी है। वो वाली भी जिसे सोमन बजाते थे। अब बच्चों को अपने पिता का शहनाई बजाना पसंद नहीं है। ख़ासकर बड़े बेटे नरेश को बिल्कुल नहीं। उन्हें लगता है

कि बाजा–उजा बजाना नीच काम है। वे इससे किसी भी प्रकार का अपना संबंध हरगिज़ ख़ारिज कर देना चाहते हैं। एतबारी देवी 2005 में मुखिया का चुनाव लड़ीं। जीत नहीं पाईं। सम्मानजनक मत मिला था उन्हें।

एतबारी देवी के घर की दाईं तरफ़ है एक ताड़ी की गद्‌दी। जिससे सटा है एक सामुदायिक भवन जो समुदायिक कम, व्यक्तिगत ज़्यादा इस्तेमाल हो जाता है। तरियानी छपरा के ज़्यादातर सामुदायिक भवनों का दुर्भाग्य यही है, वे समुदायों के काम नहीं आ पा रहे हैं। इसी टोले में है फगुनी और बइनाथ राम का घर। दोनों भाई। फगुनी बड़े थे और बइनाथ छोटे हैं। दोनों रंग के पक्के। हँसते तो उनके दाँत मोतियों से चमक उठते। दोनों का हमारे परिवार में आना–जाना था। फगुनी की लंबी–छरहनी पत्नी से आँगन की औरतें देह बहुत टहरवाही[4] थीं। उनके बेटे बिनोद शायद काठमांडू कमाते हैं। बइनाथ को पिछली मर्तबा देखा था तब उनकी गोद में आठ–नौ महीने की एक बच्ची थी। पूछने पर उन्होंने उसे अपनी नतनी बताया और 'एकर मतारी मर नऽ गेलई' कह कर फफक पड़े थे।

उधर रिंग रोड सोनारों और कुम्हारों के मोहल्लों से होते हुए, आगे माली के घर के पास, बच्चा के घर के बग़ल से एक बार फिर बाएँ मुड़ जाती है। और सीधी सड़क मुक्ति सिंह के दरवाज़े से होते हुए आगे निकल जाती है रामदेव सिंह 'नेताजी' के घर की ओर। जाने–माने स्वतंत्रता सेनानी रुद्रदेव सिंह का पारिवारिक आवास इधर ही है। कुछ बरस पहले रुद्रदेव सिंह चल बसे। इधर ही है मेरी दीदी की सहेली प्रतिभा का घर। प्रतिभा के पिता साहेब सिंह दरोगा थे। इसी सड़क पर मुक्ति सिंह के दूरा के समीप एक सड़क दाएँ फूटती है जो सुरेश सिंह, ललन सिंह मास्साब वग़ैरह के दरवाज़ों से होते हुए आगे राजू और राधानंदन सिंह उर्फ़ 'काला पहाड़' के घर की तरफ़ से जाकर बाँध में मिल जाती है। बाँध पर दो–तीन सौ मीटर पूरब चलने पर दाएँ हाथ पर है सेठजी का टोला। नाम ध्यान नहीं। सुनते रहे हैं कि गाँव का सबसे धनाढ्य टोला यही है।

रिंग रोड आगे फिर नवल सिंह मास्साहब, सुरेश बैठा, रामइक़बाल, सुनील इत्यादि के दरवाज़ों से होते हुए रामअनुग्रह सिंह के दरवाज़े के पास एक टी प्वाइंट बनाती है। रामअनुग्रह सिंह तीन भाई थे। सीताराम सिंह बड़े और रामेश्वर सिंह छोटे। पहले उनकी एक दुकान हुआ करती थी किराने की। जिस पर अब्दुल अज़ीज़ बीड़ी का कैलेंडर लहराता रहता था। सीताराम सिंह की मूँछे बड़ी–बड़ी थीं। यहाँ नवल किशोर सिंह के दरवाज़े पर बाएँ मुड़कर रिंग रोड शिवशंकर बाबाजी के दुकान के पास चक्कर पूरा

---

1. गाँव की देवी, शक्तिरूपा, 2. आग की छोटी भट्‌टी, 3. हल का अगला सिरा, जो दोनों बैलों के गले पर होता है, 4. मालिश करवाना

करती है। सीधी सड़क नगेंद्र भगता उर्फ़ बिलइया के घर के आगे से मुड़ कर जनक बाबा के इनार के आगे से देवी बाबा, अरुण सिंह, चित्तू सिंह, पलटन बाबा, लोहा सिंह, उमा शंकर सिंह, नंद किशोर सिंह, मुंद्रिका सिंह 'मीठा मसल्ला' और मुखिया जी के घर से होते हुए पहले धनुकटोली और फिर अलोरा पहुँचती है। धनुकटोली के सामने मंटू सिंह की पोखरी है। और पीछे एक चमटोली। अलोरा वाली सड़क, बलिराम सिंह के डेरा के आगे, राजदेवी माई के सामने से कन्हैया सिंह और बइनाथ सिंह के डेरा होते हुए सीधी हाईस्कूल पहुँचती है। जो स्कूल के पीछे होकर निकल जाती है हमारे डेरा की ओर। हाईस्कूल के पीछे है बढ़म-बाबा का स्थान। कन्हैया चाचा के डेरा की बग़ल में है उनके .फ़रीक़ अरुण सिंह का डेरा। बचपन में आँगन के भाई-बहनों के साथ डेरा आते-जाते देखा करता था, बच्चे उनके कल पर पानी पीने का अभिनय करते हुए हैंडल हिचकाते और बोलते, 'बाबा हो, तोरा कल में तऽ अंडा हौ'। उसके बाद एक बूढ़े बाबाजी गालियाँ बोलते हुए बाहर निकलते थे।

मंटू सिंह की पोखरी के पास, मुंद्रिका बाबा के घर के बग़ल से एक सीधी सड़क किशोरी कुरकुट और गोविंदा मास्टर साहब के घर की ओर निकलती है। किशोरी कुरकुक, असली नाम किशोरी सिंह। मेरी याददाश्त में वे बूढ़े ही रहे थे। अत्यंत आत्मीय। हमेशा गाँधी जैसी मुस्कान। मटमैली-सी धोती, कँधे पर कुर्ता और सिर पर गमछे का मुरेठा। सादा लिबास। अक्सर मिल जाते भोज-भात में। खाना बनाने का अंदाज़ा था उन्हें। गोबिंदा मास्टर साहब थोड़ा झुककर चलते थे। जब मैं छोटा था तब वे शेषा फूआ के दालान में सुबह-शाम ट्यूशन पढ़ाने आया करते। मैं भी लालटेन और बस्ता लेकर कुछ रात उनके ट्यूशन में शामिल हुआ। उनके घर के थोड़ा आगे चौर[1] शुरू हो जाता है। जिधर बरसात के दिनों में दूर तक पानी ही पानी दिखाई देता। उधर ही, वन में है कामेश्वर सिंह का मकान। कामेश्वर सिंह बिहार पुलिस में हैं।

उधर रामअनुग्रह सिंह और बिंदा सिंह के दरवाज़ों के बीच से एक सड़क बिचला पट्टी में प्रवेश करती है। इसी टोले में इन दिनों तरियानी छपरा का डाकघर है। यह सड़क आगे शंकर सिंह के घर के पास जाकर समाप्त हो जाती है। बड़ा महीन परिवार है शंकर सिंह का। सरल लोग हैं। उनके घर के पीछे मुसलमानों का एक छोटा-सा मोहल्ला है। तरियानी छपरा में मस्जिद के नाम पर एक मात्र ढाँचा उसी मोहल्ले में है। इस टोले के दाईं ओर है एक छोटी-सी धनुकटोली और पीछे छोटी छपरा।

इस मुक़ाम पर आकर ये विचार आ रहा है कि क्यों न लेखक और पाठक अब अलग-अलग हो जाएँ। आप बढ़ें 'बम संकर टन गनेस' के सफ़र पर और मैं यहाँ ठहरकर आपके तजुर्बे का इंतज़ार करूँ। उससे पहले चंद ज़रूरी बातें। ये वो बातें हैं जो

1. खेती की ज़मीन

आपकी आगे की यात्रा सरल और रोचक बनाएँगी। वहाँ के रंगों में आपको डूबोएँगी। आपको तरियानी छपरा की माटी की गंध बताएँगी।

तरियानी छपरा में मिडल स्कूल की स्थापना सन् 1947 से पहले हो गई थी। गर्ल्स और हाईस्कूल की स्थापना भी अगले दस बरसों में हो गई थी। डाकघर साठ के दशक में आरंभ हो गया था। अपने ढंग से कुछ आँगनबाड़ियाँ भी चल रही हैं। खुल-बंद कर प्राथमिक स्वास्थ्य केंद्र अब मलबे में तब्दील हो चुका है। 'बचे' हैं अभी तरियानी छपरा में दो पुस्तकालय। श्री बाल पुस्तकालय और श्री महावीर पुस्तकालय। एक अठघरवा में। दूसरा मिडल स्कूल से सटे। जहाँ यदा-कदा लाठी के आगे क्षमा-वत्सले... टाइप का कुछ स्वर सुनाई पड़ता है। दुर्गापूजा के नाम पर प्रति वर्ष पुस्तकालयों में समितियाँ गठित की जाती हैं। जिनके सौजन्य से सालाना दुर्गा पूजा का आयोजन होता है। बचपन में दुर्गा पूजा के दौरान रामलीला और नाटक देखे हैं। मेले की भी कुछ-कुछ याद है। अब पूजा का ख़र्च ही जैसे-तैसे जुट पाता है। क़रीब 30-35 बरस पहले, दुर्गा पूजा के उपरांत, प्रतिमा विसर्जन को लेकर दोनों समितियों में भयानक झगड़ा हुआ था। तब विसर्जन के दौरान, समितियों की ओर से भारी जुलूस निकला करते थे। लाठी, भाला और फरसा वाला। लोग भाँजते थे। उसी शस्त्र-क्रीड़ा में किसी दुर्गाजी की कोई बाँह कट गई। जिनकी दुर्गाजी ज़ख़्मी हुई थीं, उनकी ओर से दूसरी समिति के सदस्यों पर मुक़दमा ठोक दिया गया। दोनों एक ही समुदाय के थे, वर्ना दंगे का कलंक भी लग सकता था छपरा पर। कई साल चला मामला। उस फेर में तरियानी छपरा के कुछ नौजवानों का सीतामढ़ी ज़िला कारागार की यात्रा का सुयोग बन गया। हमारे छोटे चाचा को भी 'लाइफ़टाइम' अनुभव मिला था। उनको इसकी सूचना देने सुबोध भैया अरुणाचल गए थे। पुस्तक के इन आलयों में कोई किताबी क्रीड़ा मेरी याद्दाश्त में संपन्न नहीं हुआ।

'बम संकर टन गनेस' में पन्ना-दर-पन्ना बज्जिका के नितांत देशज शब्दों से आपका पाला पड़ेगा। कहीं-कहीं मैथिली, भोजपुरी और अंगिका के भी। मसलन, लौका, घिउरा, परोड़, बेढी, रमतोरई, लउका, भंटा, मुरई, चौर, सरेह, जन-बन, घिरस, परवा, गठुल्ला, डेग, डेंग, जग-जाप, भगता, बाकस, लल्ला, खोंप, जनी-जात, कंटर, घइला, कटिया, खुर्पी, हँसुआ, हँसेरियाँव, इनार, डोरा, बद्धी, जंघिया, बरेसियर, चाँपी, भोरे-भोरे, अन्हार, दतुअन, मटिया तेल, नलकटुआ, जौरे, कुटमैता इत्यादि। इनमें से ज़्यादातर से गुज़रते हुए संभवत: आप ये महसूस करें कि 'इसी से मिलता-जुलता कोई शब्द हमारी बोली में भी है' या ये सवाल ही कौंध जाए कि 'जब इतना लिखा ही तो क्यों न इन शब्दों के मानी भी कोष्टक में लिख दिया' या ये सलाह भी हो सकती है कि 'अंतिम पृष्ठ पर ग्लॉसरी ही दे देता'। मैं आपके मन में उमड़ने-घुमड़ने वाले

विचारों की तहे दिल से क़द्र करता हूँ और उस पर अमल न कर पाने की गुस्ताख़ी भी। क्यों न एक बार अंदाज़ा लगाया जाए। क्यों न इनके मानी समझने के लिए थोड़ी-सी माथापच्ची कर ली जाए। वैसे भी समूचे भारत पर हमारी दावेदारी होती है। यहाँ की बहुरंगी संस्कृति एवं परंपराओं के साथ अपना एका हम बार-बार सबूत समेत पेश करते रहते हैं। अपने सामने थोड़ी अलग ढंग से लिखी हिंदी ही तो है!

आपके सफ़र में अठघरवा, अलोरा, चौधरी पट्टी, बाबा टोला, कोम्हरवा पट्टी, बिचला पट्टी, कुम्हरटोली, धनुकटोली, चमटोली, नुनियाटोली, गोअरटोली, हजमटोली, सोनर टोली, मियाँ टोली, बाबा फुले टोला, डोरा, सझिलावा, भूआ, सेढा, फतिया, बन, धोबिया मोहाल वग़ैरह पड़ाव भी आएँगे। ये तरियानी छपरा के अलग-अलग टोलों के नाम हैं। जातियों के आधार पर बँटे-बसे टोलों के। इनमें से ज़्यादातर में सड़कें मिट्टी की है। इक्के-दुक्के सड़कों पर सोलिंग है। कुछ कॉन्क्रिट की भी बनी हैं। कुछ टोलों के लिए क़ायदे से पगडंडी भी नहीं है। बिजली के खंभे भी नहीं। ऐसे ज़्यादातर टोले ग़ैर राजपूत जातियों के हैं।

जो है सो, थोड़ा लंबा हो गया। यक़ीन है, आप अन्यथा न लेंगे। अब आप निकलें अपने सफ़र पर। अरे हाँ, मैं यह घोषणा करना भूल ही गया था कि जिस तरह तरियानी छपरा और यह लेखक वास्तविक हैं, उसी प्रकार 'बम संकर टन गनेस' के सभी लोकेशन्स और किरदार असली हैं। इस किताब का ताल्लुक़ तरियानी छपरा के जीवित या मृत व्यक्तियों से ही नहीं, अपितु यहाँ के जीवित और मृत इतिहास से भी है।

प्रणाम!

छपरियों के स्नेह और आशीर्वाद से,
राकेश कुमार सिंह
22 दिसंबर 2012

शुक्रिया

जन्मभूमि तरियानी छपरा। तुमसे 'बम संकर टन गनेस' लिखने का सउर मिला। माई-पप्पा, आपने जनम ही नहीं दिया, उँगली से सूरज भी दिखाया। 'बम संकर टन गनेस' के प्रेरणास्त्रोत समस्त जीवित व मृत छपरावासी।

बाबा, ईया, छोटका बाबा, मौसी दइया, दइया, बनारसी फूआ, बड़की चाची, छोटकी चाची, बाबू, लाल चच्चा, चाची, दीदी, लल्ला, मुन्ना भैया, भाभी, फूआजी, ममता दीदी, विभा, मधु भैया, सुद्धु भैया, लल्लू भैया, अनिता दिदिया, गोल्हा दिदिया, निभा, अंजू, मामूनी, विक्रम, सुधांशु, राजा, गोलू, छोटू, मिंटू, सोनू, मिनी, प्रियंका, गगन, धनबीर, अनुपिया, लछमन, रामप्रवेश, असर्फी, नथुनी, कैलाश, शंकर समेत उन तमाम अपनों का जिनके साथ मैंने तरियानी छपरा जिया।

डिट्टू, तुमने तथ्य जुटाने में मदद की। सिंटू, फ़ोन पर पूरी किताब सुनी तुमने। सुशांत चाचा, आपने अत्यंत महत्त्वपूर्ण स्त्रोत बताए।

भुटकुन, याद है हँसकर तुमने बोला था, 'भइया, हम्मर नाम जरूर होए के चाहि अइमें', 'इ सब छाप के तू तऽ छपरा के नाम कऽ देबहू हो राजू भैया', कहके बड़ा हिम्मत बढ़ैलऽ हो राजीव भाई। अमित, तुमने पते की बात बताई। खदन भैया, तू कहलऽ, 'प्रेमोचंद एनाहिए लिखई। असल जिंदगी आ आदर्सवादी जिंदगी में बहुत फरक होता है।'

ननिहाल वालों का, विशेषकर नाना-नानी और मामा-मामियों। मेरी परवरिश और स्वभाव के अलावा इस किताब में भी बहुत कुछ आपका है।

वकील बाबू, इस पुस्तक का बड़ा हिस्सा आपके मकान में रहकर लिखा गया। वेल्स्पन एनर्जी और एम बी पॉवर का, दाना-पानी का जुगाड़ चलता रहा।

गिरींद्र, विनीत, प्रकाश के रे, आइदा, दीप्ति, अनामिका, ललिता मीणा, सुष्मिता गौड़, अंशु पांडे, मोनी, भूषण, नीलम, भागीरथी, सुशील चोकर, नेहा, सरिता और रश्मि,

आप सबने मनोबल बढ़ाया।

भाई नरेंद्र, आशु और अमोल, वरुणा-प्रदीप और अजीता-नोवा, आपका साथ मददगार रहा। संजीव, तुम्हारा सहयोग हमेशा याद रहेगा।

भाई शीतल और राजन, तुमने सीरियसली सुना! नए लेखकों के मित्र ऐसे ही हौसला आफ़ज़ाई करते हैं यार!

स्वतंत्र, अमितेश, अवनीश कुमार, अवनीश गौतम, नरेश गोस्वामी, सत्येंद्र, रवि, ज़फ़र इक़बाल, अनुपम पचौरी और अनीता भारती जी, आपके सुझावों से बड़ा लाभ मिला।

मुन्ना, ऋचा, रिंकू और मीनू, अब एक बेरा आउर लिटी चोखा हो जाओ!

अरविंद शेष, 'दुनिया मेरे आगे' हेतु विचारार्थ लेख पर आपने कहा, 'शब्द में न बान्हु, चले दिऊ। सोचू किताब के बारे में'। लिऊ, सोच लेली!

नरेश, पता नहीं तूने इसे कौन-सी हिस्ट्री का 'माइलस्टोन' घोषित कर दिया था! ये ले अपना माइल स्टोन!

फ्रैंक हुजूर, आपने विलायत से और विशाल भाई, आपने अपने रेजिमेंट से फ़ेसबुक और फ़ोन के ज़रिए मुझे चढ़ाए रखा।

उदय प्रकाश और कुमकुमजी, सीतापुर में सोन किनारे की चर्चा सार्थक रही।

याद है गौरव, उस रात अनूपपुर में 'गोविंदम' के कमरा नं. 210 में तुमने बोला था 'अब तुम उम्मीद से हो गए हो'! 'मैं भी, मैं भी' कहकर शुभेंदू ने हामी भरी थी!

प्रो. लाल बहादुर वर्मा और श्रीमती रजनीगंधा वर्मा जी से हमेशा अभिभावकीय स्नेह मिला। बड़े भाई यश मालवीय, आपका स्नेह मेरे लिए ताउम्र आरक्षित है। भाभी और मिट्ठू, आपकी सराहना से बल मिला। मन्नु रेखाचित्र बनाकर तुम आधा किताब का हक़दार हो गए। मंजू आंटी, आपने वैसे सुझाव दिए जो आमतौर पर छूट जाते हैं। ज़फ़र, शूबी, अवनीश, विशाल, जितेंद्र, प्रभा, ज्ञान, फूलचंद, अनुराधा, राजेश, सरिता समेत तमाम इलाहाबादी यार-दोस्तों का!

उत्पला शुक्ला और अंशु मालवीय, जब नौकरी छोड़ी तो कहा, 'सीधा इलाहाबाद आ जाओ।' दर्जनों उपयोगी सुझाव दिए। अब इलाहाबाद में मेरे सेटलमेंट की जद्दोजहद में लगे पड़े हो।

सराय-सीएसडीएस का असर जीवनपर्यंत रहेगा। रविकांत, आशीष, आशुतोष, संजीव कुमार, राहुल पंडिता, प्रभात रंजन, सदन झा और रवीश कुमारः दोस्तो, आपकी वजह से किताब का यह स्वरूप मुमकिन हो पाया।

आपने ज़बरदस्त हौसला बढ़ाया महमूद फ़ारूक़ी। आपके सुझाव किताब को मानीख़ेज़ बना गए। प्रो. शाहिद अमीन, मेरे लिए वो क्षण सचमूच रोमांचकारी था, जब घर पर आपने इसके कुछ अंश सुने और कहा कि आप कुछ लिखेंगे।

अंतर्जाल पर हिंदी के विस्तार के लिए आपकी सक्रियता का मैं भी क़ायल हूँ शैलेश भाई। ब्लॉग हम सबने शुरू किए, मिसाल आपने क़ायम की! 'हिंद-युग्म' के साथ जुड़ के जिया जुड़ा गईल!

बाबू, तुम्हारे साथ से हमेशा हिम्मत मिली। किताब का बड़ा हिस्सा तुम्हारा है। किकलू, बेटू पूरी किताब तुम्हारी है।

तरतीब

अनुपिया

डोरा से आने में चंदर सिंह के डेरा के बाद एक टोला है। डेरे पर काम करने वाले मज़दूरों का। एक भी ग़ैर–दलित परिवार नहीं है वहाँ। वहीं सझिलावा से लगे अपनी ज़मीन पर कुछेक बरस ललन बाबा ने दुकानदारी की। जिन दिनों उन्होंने दुकानदारी शुरू की थी उन दिनों उन्हें मुंशीजी की उपाधि मिल चुकी थी। उन्होंने कुछ साल तरियानी छपरा में रेफ़रल अस्पताल के निर्माण कार्य में मुंशीगिरी की थी। शादी के बाद बच्चा बाबा ने भी वहाँ आटा–चक्की लगाई। गाँव के इस हिस्से में वह पहली आटा–चक्की थी। पहले वे गौहाटी में नंदकिशोर सिंह 'सेठ' के पास नौकरी करते थे। दशकों पहले ख़ाली हाथ गौहाटी गए थे नंदकिशोर सिंह के पिताजी। आज वहाँ के बड़े उद्यमियों में गिनती होती है उनकी। सेठ कहलाते हैं। उसी टोले में सड़क की दाईं ओर पहला घर बिरीछ राम का है। उसके बग़ल वाला धनबीर का। धनबीर के बग़ल में अनुपिया का। अनुपिया गाँव की बेटी हैं। रिश्तेदारी होती तो फूआ होतीं हमारी। लेकिन बहुत साफ़ वजहों से हमारे गाँव में ऐसी रिश्तेदारियाँ नहीं विकसित हो पाईं। नहीं मालूम कि उनकी शादी कब, किनसे और किस गाँव में हुई थी। जब से होश संभाला, उन्हें छपरा में ही देख रहा हूँ। एक ही जगह पर। पहले घर अपेक्षाकृत छोटा था।

अनुपिया डेरा पर खेती–बाड़ी में रोपनी–सोहनी, कटाई–पिटाई वग़ैरह करती थीं। बारी–झाड़ी का काम भी संभालती। घास भी गढ़ती। अपने माल–जाल के लिए। कई बार डेरे के लिए भी। शाम के वक़्त अकसर उनको डेरा पर बारी में लगी सब्ज़ियों और अमरूद की रखवाली करते भी देखा है। छोटा क़द। सामान्य चेहरा। दोनों आँखों में हमेशा काँची[1] लगी होती थी। बोलती रेघा–रेघा[2] कर थीं। समझने में समय लगता था। उन्हें हमेशा चिप्पी लगे मटमैले लूगे[3] में ही देखा। उनके बदन पर झुल्ला[4] कब देखा था, याद नहीं। हमेशा लूगा के अँचरा[5] वाले हिस्से को मोड़कर, काँख से होते हुए पीछे कमर में खोंसे। नंगे पाँव। दोनों तर्जनियों में ठेले[6] थे।

1. कीचड़ 2. लय में और अस्पष्ट, 3. साड़ी, 4. थोड़ी ढीली ब्लाउज़, 5. आँचल, 6. गाँठ,

अब भी अनुपिया खैनी खाती हैं। अँचरा के एक कोर में बँधी होती है उनकी चुनौटी। माँगने पर वे औरों को भी एक-दो जुम खैनी दे दिया करती हैं। बन[1] लेने के लिए अनुपिया हर दूसरे-तीसरे दिन, तीसरे पहर गाँव जाया करती। घर में प्रवेश था। आँगन तक नहीं, मुहार तक। हद से हद दोगल्ली भर। वहीं बैठकर अनुपिया ईया से देर तक बतिआया करती। खेती-बाड़ी की कम, घर-परिवार या टोला-पड़ोस का ज़्यादा। जैसे कि लड़िका-फरिका कैसा है, हारी-बीमारी तो नहीं लगी किसी को, किसी की बेटी की शादी तो नहीं आ रही, किसकी बकरी ब्याई है, वग़ैरह-वग़ैरह। एक तरह से कहें तो तब अनुपिया ईया के लिए डेरा और उसके आस-पास के ख़बरों का स्रोत हुआ करती। समदिया। ईया के लिए ही क्या, आँगन में मेरी माई और चाचियों के लिए भी। घंटे-डेढ़ घंटे बातचीत के बाद अनुपिया का बन जोखा जाता। जिसे साथ लाए किसी टुकड़े में बाँधकर वे सिर पर रख लेतीं। कभी-कभी बन लेकर खोराकी ख़रीदने सीधा शिवशंकर बाबाजी की दुकान या फिर बाज़ार चली जातीं। बन में मकई, गेहूँ, धान, या हद से हद केरइया या खेसारी दी जाती। रहड़ी, मसूरी, सरसों, तोड़ी या मूँग कभी नहीं तौली गई। खेसारी के बारे में कहा जाता है कि उसे खाने से पोलियो हो जाता है। पर खेसारी के हरे पत्तों का साग बड़ा स्वादिष्ट हुआ करता है। नून और खोंटकर मिलाई गई हरी मिर्च के साथ। दो बूँद कडुआ तेल डालकर तो लाजवाब।

किसी-किसी दिन अनुपिया दिन में भी बन लेने आ जाती। तब माई या कोई चाची उनसे तेल मलवाती। जिसे वे टहराना कहती। असोरा[2] पर अरगन्नी से ओत करके औरतें साया की डोरी ढीली कर, लेट जाती चटाई पर। ब्लाउज़ के हुक लेटे-लेटे खोल लेती। अनुपिया बग़ल में रखे मलिए से कडुआ तेल लेकर पहले अपने तरत्थियों पर दो बार रगड़तीं और उसके बाद चटाई पर लेटी औरत के बदन पर अउँसा[3] करती। तब तक अनुपिया लगी रहतीं जब तक कि पोर-पोर में तेल न समा जाए। कभी-कभी दोपहर में शुरू हुआ टहराई का यह काम तीसरे पहर तक जाकर समाप्त होता। इस बीच मालिश करवाने वाली औरत एक नींद ले चुकी होती। ऐसा भी होता कि एक की मालिश ख़त्म होते ही आँगन की कोई दूसरी औरत निहोरा[4] करने लगतीं, 'हे अनुपिया, तनिका हमरो टहरा न दिऊ *(हे अनुपिया, थोड़ी हमारी भी मालिश कर दीजिए न)*'। फिर अनुपिया कहतीं, 'आई न हे दुलहिन, देखू न कतेक अबेर हो गेलई। आएब नऽ फेरू बन ला ओई दिन, त टहरा देब *(आज नहीं हे दुल्हिन! देखिए न कितना ज़्यादा समय हो गया! फिर आएँगे न उस दिन मज़दूरी लेने तो कर देंगे मालिश)*।' इसके बावजूद कभी-कभी उन्हें मालिश करनी पड़ जाती। बदले में उन्हें कोई मज़दूरी नहीं मिलती। कभी किसी ने खाना खिला दिया या फिर बीड़ी-खैनी के लिए चवन्नी-अठन्नी दे दी। बस। कभी-कभार आँगन की कोई औरत इस्तेमाल से बाहर हो चुकी साड़ी दे देती। जिसे बाद में अनुपिया पेओन लगा

कर पहना करती।

अकेले तीन-तीन बच्चों को कैसे सँभाला होगा उन्होंने। बड़े बेटे का नाम भोंमला यानी असर्फी राम है। मेहनती, पर अक्षर ज्ञान से परे। उस निरक्षता का मूल उनकी जाति और ग़रीबी थी। अचरज होता है कि इतना 'मानवीय' बनने वाले अनुपिया के घिरस लोगों ने उन्हें ये क्यों नहीं बताया कि बच्चों की पढ़ाई-लिखाई महत्त्वपूर्ण है। जबकि अपने बच्चों की शिक्षा को लेकर वे हमेशा सजग रहे। कम उम्र में बच्चों को हॉस्टलों में डालने में भी उन्हें परेशानी नहीं हुई। दसवीं करते आगे की पढ़ाई के लिए मुज़फ़्फ़रपुर भेज दिया। नियमित रूप से चाउर, दाल और आलू की मोटरी[5] पहुँचाते रहे। गैलन में दूध और हर हफ़्ते कपड़े में बाँध कर दही भेजना नहीं भूले। उन्हें ये क्यों नहीं समझ आया कि अनुपिया के बच्चों को भी पढ़ना चाहिए। उल्टा अनुपिया या अनुपिया जैसों के छोटे-छोटे बच्चे चाउर-दाल की मोटरी माथे पर लाद कर बस तक पहुँचाते। कई बार चार किलोमीटर दूर तरियानी चौक तक भी। यदा-कदा आज भी ऐसी स्थिति देखने को मिल जाती है।

मेरे हिसाब से अनुपिया के घिरस लोगों के इस रुख़ की दो वजहें थीं। वे घनघोर व्यक्तिवादी हैं। और जातिवादी भी। आज भी हैं। ख़ुद और परिवार के अलावा किसी और के बारे में सोचने का समय नहीं था उनके पास। था तो सोचना नहीं चाहा। जाने-अनजाने उनके अंतर्मन में ये बात गहरे बैठी थी कि अनुपिया जैसों के बच्चे पढ़-लिख गए तो उनका काम-काज कौन करेगा। धर्मग्रंथ और कुलपुरोहित, हँसौर के अदिकलाल मिश्र और उनके ख़ानदान के बाबाजी लोग थे ही जातीय तरतमता की व्याख्या और उसके अनुरूप व्यवहार का ज्ञान देने के लिए। आज आवरण बेशक बदला दिख रहा हो, मानसिकता बरक़रार है। कहने के लिए असर्फी या उन जैसों को घरों में प्रवेश मिला है। मगर विभिन्न स्तरीय सीमाओं और पाबंदियों के साथ।

असर्फी निरक्षर थे। मेरे होश संभालने तक चरवाही का प्रभार उनके छोटे भाई चिकरना यानी कैलाश राम ने संभाल लिया था। 'प्रोमोट' होकर डेरा के अन्य कामों में जुट गए असर्फी। हरवाही, दउनी, ओसाई वग़ैरह जैसे खेती-बाड़ी के कामों में उनकी अहम भूमिका होने लगी। तैयार अनाज, जलावन, इत्यादि बैलगाड़ी पर लाद कर घर पहुँचाना उनकी ज़िम्मेदारी का हिस्सा बन चुकी थी। वे बहलवान बन गए थे। कई मर्तबा जब वे डेरा से गाँव के लिए गड़ी[6] जोतते[7] तो मैं भी उस पर सवार हो जाता। आगे बैठता। बिल्कुल जुए[8] के पास। दोनों ओर गोड़ लटका के। ज़िद करता कि वे पगहा मुझे पकड़ा

---

1. मज़दूरी 2. बरामदा, 3. मालिश, 4. निवेदन, 5. गट्ठर, 6. बैलगाड़ी, 7. आरंभ करना, 8. जिससे बैलों के पाल जुड़े होते हैं,

दें, 'हमहुँ गड़ी हाँकऽब। हमरा हाथ में पगहा दऽ *(हम भी गाड़ी हाँकेंगे। मुझे भी पगहा (रस्सी) पकड़ाइए)*।' असर्फी प्यार से मना करते। मुझे इधर-उधर की बातों में उलझाने की कोशिश करते। फिर भी जब मैं नहीं मानता, तब खुली सड़क देख कर वे एक-आध मिनट के लिए पगहा हाथ में थमा देते। मैं उनकी नक़ल की कोशिश करने लगता, 'ठाँव-ठाँव' की आवाज़ निकालकर। साथ ही बैलों के जाँघों और पूँछ के अगल-बग़ल डंडे घुसेड़ने की नक़ल भी।

कैलाश अनुपिया के दूसरे बेटे का नाम है। बचपन में चिकरना पुकारते थे लोग उसे। हमउम्र है कैलाश। जैसी क़द-काठी बचपन में थी, अब भी वैसी है। दुबली-पतली। कैलाश भी खींच-खाँच कर नाम लिखना सीख पाया, बस। पढ़ाई करता भी कैसे, स्कूल जाने के समय पर घिरस ने चरवाही-घसवाही में उलझाए रखा था उसे। किशोरपन से बाहर आया भी नहीं था कि एक रोज़ कैलाश बाहर कमाने जाने वाले एक समूह में शामिल हो कर पंजाब चला गया। आबो-हवा बदली। पता चला कि तरियानी छपरा और डेरे के बाहर भी एक दुनिया है। बड़ी। आज़ाद। अवसरों से परिपूर्ण। कैलाश कुछ नक़द कमा कर घर लौटा। नक़दी का स्वाद और महत्त्व कैलाश को अच्छा लगा। उसके चेहरे पर वैसी ख़ुशी और होंठों पर मुस्कुराहट पहले कभी नहीं आई थी। आठ-आठ आने के लिए उसकी माँ को लोगों की चिरौरी करनी होती। कैलाश को याद था। कैलाश ने डेरे के काम-काज से ख़ुद को पूरी तरह काट लिया।

बाहर आते-जाते कैलाश ने राजमिस्त्री[1] का काम सीख लिया। अपने घर का पहला स्किल्ड लेबर बना। काम की दिक़्क़त नहीं रही। शुरुआत में दिल्ली-पंजाब के कुछ चक्कर लगाए। बाद में सासाराम जाने लगा। पाँच-सात घंटे की दूरी पर है। अब भी जाता है। सासाराम में काम करते हुए कैलाश ने कुछ पैसे जोड़े। गाँव में थोड़ी-बहुत ज़मीन ले ली। कम उम्र में ही कैलाश की शादी हो गई थी। पिता भी जल्दी बन गया। बच्चे अब बड़े हो गए हैं। स्कूल जाते हैं। कैलाश की अनुपस्थिति में, खेती-बाड़ी के काम में अपनी माँ का हाथ भी बँटा लिया करते हैं। कैलाश का आना-जाना लगा रहता है। हालाँकि गाँव में उसके पास पर्याप्त काम रहता है। मज़दूरी कम मिलती है। अनियमित भी। कई बार उधार रह जाती है। पिछली बार कैलाश धनुकटोली और अलोरा के बीच पुल जोड़ता मिला था। बताया था, 'राजू घिरस, समुच्चा काम के ठीका हमरे मिलल है *(राजू गृहस्थ, समूचे काम का ठेका हमको ही मिला है)*।' तब से मुलाक़ात नहीं हो पाई। मालूम नहीं, मज़दूरी पूरी मिली कि नहीं।

नथुनी अनुपिया का सबसे छोटा लड़का है। असर्फी और कैलाश की अपेक्षा लंबा और चेहरे-मोहरे से सुंदर। अपेक्षा कृत साक्षर भी। कैलाश के बाद नथुनी ने चरवाही

---

1. ईंट गारे के उस्ताद

संभाली। पर ज़्यादा दिन चली नहीं। खेती-बाड़ी का काम ढलान पर था। हमारे पापा और चाचाओं में बाँट-बखरे हो गए थे। सबने खेती बटाई पर दे दी। नथुनी के व्यक्तिगत जीवन के लिए अच्छा हुआ। बंधुआ मज़दूरी से मुक्ति की शुरुआत हुई। कुछ समय तक उसने तरियानी चौक पर किसी दुकान पर सेल्समैनी की। बाद में वहीं एक साइकिल दुकान पर रिपेयरिंग का काम सीखने लगा। काम सीख कर उसने काफ़ी समय इधर-उधर रोज़गार किया। एक-आध दफ़े बाहर भी गया। हमारे एक चाचा की किसी रिश्तेदारी में पूणे भी गया। कुछ साल वहाँ घरेलू कामों में उलझा रहा। लौट कर गाँव आया। अब घर पर ही साइकिल मरम्मत करता है। साथ में बटाई-उटाई पर थोड़ी-बहुत खेती-बाड़ी भी। दस बरस से ज़्यादा हुए शादी हुए। तीन बच्चों का पिता नथुनी राम तरियानी छपरा में बंधुआ मज़दूरी से स्वरोज़गार तक के सफ़र का दुर्लभ उदाहरण है।

अनुपिया के तीनों बेटों का परिवार अलग-अलग हो गया है। आँगन भी तीन हो गए हैं। असर्फी के छह बेटों में से दो-तीन कमाने के लिए बाहर जाने लगे हैं। चौथे नंबर का बेटा श्री रामजानकी उच्च विद्यालय, तरियानी छपरा से मैट्रिक पास करने के बाद तरियानी चौक पर ठाकुर जुगुल किशोर सिंह महाविद्यालय में इंटर का छात्र है। वह अपने परिवार का पहला व्यक्ति है जिसने जाति-प्रमाणपत्र के आधार पर नौकरी पाने का सपना देखना शुरू कर दिया है। असर्फी ने अपनी गाढ़ी कमाई और उधार-पैंचे के सहारे कुछ ज़मीन ख़रीद ली थी। हल-बैल का इंतज़ाम कर लिया था। बटाई पर भी कुछ खेती-बाड़ी कर लेते थे। क़रीब दस-बारह साल पहले उनका एक बैल मर गया। वे भयानक सदमे का शिकार हो गए। काम-धंधा, बातचीत, कहीं आना-जाना सब छोड़ दिया उन्होंने। भाइयों ने मिल-जुल कर इलाज करवाया। ख़र्च की परवाह नहीं की। स्थिति थोड़ी बेहतर हुई लेकिन असर्फी अब पहले की तरह नहीं रहे। सुस्त हो गए हैं। सुना है, उनकी पत्नी सुशील हैं। व्यावहारकि भी। बच्चों के बड़े होने के बाद उन्होंने

बाहर-भीतर करना शुरू कर दिया। असफर्री जब से बेमत हुए हैं तब से घर-गृहस्थी की ज़िम्मेदारी वे ही संभाल रही हैं।

'भाक! हम कि जाने गेलिअई कि कतेक उमिर है हम्मर। हम न जनई छिअई कुछिओ *(हट, हमको क्या मालूम कि कितनी उम्र है हमारी। हम नहीं जानते हैं कुछ)*', अपनी उम्र के बारे में अनुपिया की यही राय है। चाचा लोगों का कहना है कि अनुपिया सत्तर के आसपास होंगी। चेहरे की झुर्रियाँ बताती हैं कि अनुपिया थक चुकी हैं। अब उन्हें आराम की ज़रूरत है। वैसे भी उनकी उम्र में आते-आते खाते-पीते घरों की औरतें बिस्तर पकड़ लेती हैं। बहुएँ सेवा-टहल में लगी रहती हैं। उनके लिए रामायण और भागवत का विशेष पाठ होने लगता है। अनुपिया को अब भी चैन नहीं है। 'कि कहई छी राजू बउआ, इ दु गो बकरी हई, खसियो-पाठी हई। छोर देबई तऽ के देखतई। छौंरा सऽ के अढ़ाबे के हिम्मते न होई छई। कहियो कुछ कह दई छिअई तऽ सोझे कहई जाई छई सऽ कि हम न करबऊ, हमरा पढ़े के है। जे निम्मन-बेजाए अनाजे-पथार हई, ओकरो घर-बाहर करही के होई छई। पतोहिया सऽ अपना-अपनी में लागल रहई छई। दिन-रात छौंरा सऽ तिरी-बिरी लगौले रहइऽ। नथुनिया के धिया-पुता छोट हई। न करबई तऽ कहतई कि सबके कएले आ हमरा के न करई छे। कहाँ कोनो देवता-पित्तर हम्मर बात सुनई छथीन! हर दिन हुनका कल जोड़ई छिअइन कि जल्दी से उठा लथ हमरा *(क्या कहते हैं राजू बउआ, ये दो बकरी है, खसी-पाठी भी है। छोड़ देंगे तो कौन देखेगा! इन लड़कों को किसी काम के लिए कहने की हिम्मत नहीं होती। कभी कुछ कह देते हैं तो सीधा जवाब देते हैं सब कि हमसे नहीं होगा। हमको पढ़ना है। जो भी भला-बुरा अनाज है, उसको अंदर-बाहर करना ही होता है। बहुएँ अपने-अपने कामों में लगी होती हैं। बच्चे दिन-रात खींच-तान किए रहते हैं। नथुनी के बच्चे छोटे हैं। नहीं देख-रेख करेंगे तो उलाहना देगा कि सबका किए और हमारा नहीं करती हो। कहाँ कोई देवता-पितर मेरी सुनते हैं! हर दिन करबद्ध प्रार्थना करती हूँ कि मुझे जल्दी उठा लें)*।'

पहले केमिस्ट

असोरा पर लकड़ी का एक बड़ा बाकस[1]। बराबर में एक चौकी, चौकी पर लुंगी और गंजी में एक तीस-बत्तीस बरस की काया। सामने प्लास्टिक का एक डिब्बा, फैले अंग्रेज़ी दवाइयों के कुछ पत्ते और बाकस पर पड़ी सूई की शीशियाँ। अग़ल-बग़ल खड़े कुछ औरत-मर्द। लाख धकेलने के बाद भी स्मृति इसके पीछे नहीं जा पाती। यही राणा सिंह थे। असली नाम शम्भू सिंह। कम ही लोग पुकारते थे। हम राणा बाबा कहते थे। मेरे पहले केमिस्ट। बाकस ही उनका गोदाम था। बाकस ही शो रूम। अलस्सुबह से देर रात तक। चार में टँगी लालटेन की रौशनी में राणा बाबा लोगों को दवाइयाँ दिया करते थे। ऊँच-नीच और जात-धरम का कोई फेर नहीं। सुरदेव बाबा गाँव में न हुए तो इमरजेंसी में उन्हें कभी-कभार सूई भी लगानी पड़ती।

उन दिनों रेणू के पूर्णिया में, लाइन बाज़ार से पहले, फारबिसगंज मोड़ तिराहे से दाएँ एक 'आश्रम' हुआ करता था। 'बाल विद्या मंदिर'। कोई औपचारिक नामपट्टी नहीं। न लेटर हेड। न मोहर। बच्चे आया करते शहर भर से। सरकारी अध्यापकी से रिटायरमेंट के बाद सच्चिदा बाबू यानी सच्चिदानंद सिंह ने घर पर ही अपने शिष्यों के सगे-संबंधियों को पढ़ाना शुरू किया। धीरे-धीरे, देखा-सुनी बच्चे बढ़ते गए। मैं 1982-83 में कभी उनके आश्रम में दाख़िल हुआ। कमरे में उनकी मेज़ पर फ्रेम में जड़ी एक तस्वीर रखी होती थी। जिसमें सच्चिदा बाबू डॉ. सर्वपल्ली राधाकृष्णन के हाथों पुरस्कार ग्रहण करते दिखते थे। बच्चे उनके घर पर ही बने कुछ कमरों में रहते थे। जिसे हम हॉस्टल कहा करते। शुल्क में अठारह किलो चावल, चार किलो दाल और पच्चीस रुपए या फिर सवा सौ रुपए। ग़रीब और मेधावी विद्यार्थियों के लिए इसमें भी रियायत। मेरा चचेरा भाई सुधांशु और मैं छठी कक्षा तक आश्रमवासी रहे। हमारे घर वालों ने शुल्क अदायगी के लिए बाद वाला विकल्प चुना था।

छुट्टियों की क़िल्लत रहती। सबसे लंबी होती गर्मी की। पंद्रह दिनों की। 'स्टेट

---

1. बक्सा

ट्रांसपोर्ट' या 'एतियाना ट्रेवल्स' की बस से हम मुज़फ़्फ़रपुर आते। हॉस्टल में देवेंद्र झा से दोस्ती हो गई थी। देवेंद्र हमारे सहपाठी थे। उन्हें हम झाजी कहते। उनसे दोस्ती की दो प्रमुख वजहें थीं। पहली, वो मेरे ननिहाल के पास के रहने वाले थे। दरभंगा रोड में सिंघवाड़ा से। गोनु झा वाले सिंघवाड़ा से। गोनु झा के क़िस्से लोक-कथा का अंग बन घर-घर में बाँचे जाते हैं। दूसरी उनकी माँ की शक्ल मेरी माई से काफ़ी मिलती-जुलती थी। देवेंद्र के पिता बस में कंडक्टर थे और बरसों से सपरिवार पूर्णिया में रहते थे। ज़िला स्कूल के पीछे। देवेंद्र से मिलने हर हफ़्ते उसके माता-पिता हॉस्टल आया करते। आने पर मुझसे ज़रूर मिलते। मैं भी देवेंद्र के साथ उसके परिवार वालों से मिलने जाया करता था। देवेंद्र के पिताजी की बड़ी धाक थी। बस-मालिक भी उनसे अदब से पेश आते थे। इसलिए भी कि वे मैथिल पंडिजी थे। मैं उन्हें चाचाजी कहा करता था।

कुछ समय के लिए चाचाजी ने सरदार दिलवाड़ा सिंह की 'एतियाना ट्रेवेल्स' में कंडक्टरी की। तब मैं दो-तीन बार उनके साथ मुज़फ़्फ़रपुर आया। वे रास्ते में ख़ूब खिलाते-पिलाते लाते। बाढ़-बड़हिया के लाइन होटल का तड़का और वहाँ की खीर आज भी याद है। तब सुबोध भैया मुज़फ़्फ़रपुर में 'घाट' के ट्रांसपोर्ट में नौकरी करते थे। रहते थे डेरा पर। हम रात को उनके पास रुकते। वे नहीं मिलते, तब बाज़ार समिति में नवल बाबा के डेरा पर। अगले दिन घाट के बस से ही अपने गाँव पहुँचते। उन दिनों दो-तीन लंबी-लंबी बसें गाँव जाया करती थीं। एक का नाम 'जानकी एक्सप्रेस' था। बाद में मिनी बसें चलने लगीं। अब तो माइक्रो मिनी चलने लगी हैं। फेरी की गिनती बेशक बढ़ी है लेकिन समग्रता में देखने पर महसूस होता है कि परिवहन व्यवस्था पहले के मुक़ाबले कमज़ोर हुई है।

घर पर ईया, माई और चाचियाँ हमारा इंतज़ार कर रही होती थीं। संयुक्त परिवार था। कुल छह चाचियाँ। दो दर्जन भाई-बहन। सबसे बड़े सुबोध भइया और नीलम दिदिया अब बाबा-नाना और दाई-नानी बन चुके हैं। सुबोध भैया की शादी केदार बाबा ने तब करवा दी थी जब वे सिर्फ़ अठारह बरस के थे। परिवार में इतने कम उम्र में किसी लड़के की शादी न पहले हुई थी और न अब हो रही है। नीलम दिदिया की शादी में तिलक में जाने के लिए मैं बहुत रोया था। अपने घर की बेटियों में सबसे पुरानी उनकी ही शादी याद है। केसरिया के नज़दीक सिसवाँ में ब्याही गईं वो। मेहमान बने शर्माजी।

सबके पास खिलाने के लिए कुछ ख़ास होता उस दिन। माई पेड़ा खिलातीं। चाचियों की ओर से दही, खोआ, लड्डू, वग़ैरह मिलते। मुझे सबसे प्यारा लगता था ईया के साथ डलिया में चाउर ले के भंसारी जाना। घिऊ[1], नून[2] और मरीच[3] वाला भुजा ईया के साथ ही चला गया। चंद्रशेखर सिंह के घर से आगे जाने पर, पंडिजी की दुकान

से पहले कोने पर, जगेसरी के घर के ठीक सामने था भंसारी वाली का घर। जगेसरी तरियानी छपरा के गर्ल्स स्कूल में मास्टरनी थीं। पहली ग़ैर-राजपूत मास्टरनी।

भंसारी भंसा से बना होगा। बज्जिका और मैथिली में रसोई को भंसा कहते हैं। भंसारी माने कई मुँह वाला बड़ा-सा चूल्हा। भंसारी वाली उसे रोज़ाना तीसरे पहर धनकातीं। चइला[4] कम, उसमें पत्ते ज़्यादा झोंकतीं। किसी पर बालू गर्म कर रही होतीं और किसी पर नून। चाउर, मकई, चिउड़ा, चना वग़ैरह लेकर बच्चे या बुज़ुर्ग औरतें उनके पास जाया करती थीं। भंसारी वाली तुरंत भूज[5] देती थीं। भूजने से पहले अनाज में से एक मुट्ठी भार वो ज़रूर निकाल लिया करती थीं। भार यानी शुल्क। प्यारी व्यवस्था थी। अब नहीं रही। भंसारी वाली के पति का नाम याद नहीं। एक बेटे का नाम याद है। ललन। ललन ने हलवाई का काम सीख लिया था। तरियानी छपरा में जिनिस के बाद गुलाब जामुन और बालुशाही के अच्छे कारीगर माने जाते हैं ललन। शादी-ब्याह और जग-जाप में ललन की तिरी-बिरी[6] लगी रहती है।

शेषा फूआ से लेकर रूप बाबा, कृपाल बाबा, रामा बाबा, अंदामा वाली दाई, बिंदा बाबा, सुकेसर बाबा, सपाटू वाली दाई, बच्चा बाबा, पिपरा वाली दाई, जमदार साहब, शिवजी बाबा, रामदेव बाबा और कोठा फूआ तक। सबके आँगन में जाता था। आज भी बाबा-दाइयों का चरणस्पर्श करके एक अजीब-सी आध्यात्मिक शांति की अनुभूति होती है। हमउम्र चाचाओं और फूआओं के साथ घंटों खेला करता। नेपाल वाली दाई के दूरा पर नारियल तेल के दो डिब्बों के बीच रस्सी लगाकर लाउडस्पीकर बनाता। छोटे से फट्ठे में छोटा डिब्बा टाँगकर माइक बनाया करता और बड़े डिब्बे को लाउडस्पीकर की तरह छप्पर पर टाँगता और खेला करता था पाठ। जोकर की एक्टिंग बहुत पसंद थी मुझे।

राणा बाबा के पिता बिंदा बाबा थे बड़े मेहनती। गंजी कभी उनके बदन पर नहीं देखी। हमेशा कंधे पर अँगौछे के साथ रहती। खेत-पथार कम ही थे। परिवार में हर तरह का संकट व्याप्त रहता था। चुन्नू और मुन्नू बाबा उनके छोटे भाई हैं। तब दोनों हाईस्कूल जाया करते थे। डोरी वाली पैंट पहन कर। जिसे बड़े लोग पैंट या धोती के अंदर पहनते हैं। स्कूल से लौट कर चुन्नू बाबा राणा बाबा की मदद किया करते। बाद में दोनों दवा दुकानदारी में राणा बाबा के साथ जुड़ गए। राणा बाबा ने अब्दुल अज़ीज़ बीड़ी की एजेंसी भी ले ली थी। उनके दरवाज़े पर हमेशा अब्दुल अज़ीज़ बीड़ी कंपनी के नए-पुराने कैलेंडर दीवार के सहारे फरफराते रहते। गाँव-जवार के छोटे-छोटे फेरी वाले उनसे ही बीड़ी ले जाया करते।

---

1. घी, 2. नमक, 3. काली मिर्च, 4. लकड़ी के टुकड़े, 5. भुन, 6. खींचतान

क़रीब पच्चीस–छब्बीस बरस पहले राणा बाबा ने गाँव के बाज़ार पर एक दुकान बनवा ली। दवाइयों के अलावा घरेलू ज़रूरत की अन्य छोटी–मोटी चीज़ें भी रखने लगे दुकान में। बाद में राजकिशोर सिंह के साथ साझेदारी में उन्होंने एक किराना स्टोर शुरू किया। साझेदारी अच्छी चली। विस्तार देते हुए दोनों संयुक्त रूप से मुज़फ़्फ़रपुर में 'तरियानी जेनरल स्टोर्स' का संचालन करने लगे। शंभू सिंह की ज़मीन पर। शंभू सिंह को दुकान बनवाने का ख़र्च राणा सिंह और राजकिशोर सिंह ने ही दिया था। राजकिशोर सिंह शहर के एक सरकारी हाईस्कूल में बड़ा–बाबू[1] थे। छुट्टी के बाद वे सीधे दुकान पर आ जाते। जबकि बाक़ी समय चुन्नू बाबा दुकान संभालते। नाम में तरियानी जुड़ा होने का व्यावसायिक लाभ मिला। जल्दी ही बड़े होल–सेलर हो गए। शिवहर, सीतामढ़ी और दरभंगा रोड के खुदरा व्यवसायी आँख मूँद कर तरियानी जेनरल स्टोर्स पर ऑर्डर लिखवाने लगे। आगे चलकर किसी मतभेद के कारण साझेदारी थम गई। राजकिशोर सिंह ने तरियानी जेनरल स्टोर्स से ख़ुद को अलग कर लिया। दुकान चुन्नू बाबा के साला शिवजी बाबू संभालने लगे। ग्राहक पहले की तरह टूट पड़ने के बजाय टूटने लगे।

हमारे छोटे, सुशांत चाचा की अच्छी उठ–बैठ थी राणा बाबा के साथ। दोनों एकतुरिया[2] थे। लंगोटिया यार। नौजवानी में अपने संगतियों के साथ मिलकर उन्होंने गाँव में एक पुस्तकालय की स्थापना की थी। महावीर पुस्तकालय। रचनात्मक काम हुए थे तब। ग्रामीण राजनीति में भी उनकी दख़ल थी। उनके लिए राजनीति का अर्थ पुस्तकालय के लिए कुछ सुविधा जुटा लेना होता। जैसे अलमारी, बेंच, कुर्सी, पत्र–पत्रिकाएँ, इत्यादि। अब पुस्तकालय के नाम पर ज़मीन भर रह गई है। अगल–बग़ल वाले हर साल एक–आध बित्ता पुस्तकालय की ओर खिसक जाते हैं। सुनते हैं, बाद में कुछ विवाद हुआ। लोगों ने अलमारियों, किताबों तथा अन्य संपत्तियों का बंदरबाँट कर लिया। अब महावीर पुस्तकालय का नाम लेकर जैसे–तैसे दुर्गा पूजा का आयोजन हो जाता है। बमुश्किल चंदा जुट पाता है।

मेहनत और आत्मीयता के अद्‌भुत मिसाल थे राणा बाबा। कुछेक अपवादों को छोड़कर गाँव की अर्थव्यवस्था कलकत्ता, गोहाटी, डिमापुर और पासीघाट से आए मनीऑडर पर टिकी। अब मनीऑडर दिल्ली, लुधियाना, जालंधर, चेन्नई, बैंगलुरू, गुड़गाँव, फ़रीदाबाद समेत देश के कुछ अन्य शहरों से भी आते हैं। तब 'संपन्नता' का मतलब था- दाल–भात–तरकारी। 'ख़ानदानी' परिवारों में भी पैसों की क़िल्लत रहती थी। विपन्न तो थे ही विपन्न। राणा बाबा ने कभी भी पैसे न होने पर किसी को दवा देने से इंकार नहीं किया। जातियों के बंधन को जिस हद तक अनजाने में तोड़ा जा सकता था, राणा बाबा का उद्यम उसमें सफल रहा। वे समाज सुधारक या प्रबुद्ध विचारक नहीं

1. प्रधान लिपिक/हेड कलर्क, 2. एक उम्र के/हमउम्र

थे। उनका काम सेवा से कम नहीं था। गाँव में कभी-कभी खुलने वाले एक प्राथमिक स्वास्थ्य केंद्र और दूर-दूर तक स्वास्थ्य सुविधाओं के अभाव के बीच राणा बाबा की दुकान छपरियों के अलावा बेलहियाँ, डुमारा, सरपट्टी, हंसौर, कुंडल, मारड़, विशंभरपुर, ननौरा गिद्धा, फुलवरिया जैसे आस-पड़ोस के ग्रामीणों के लिए भी एक वरदान थी।

क़रीब दस-बारह साल पहले राणा बाबा ने बाज़ार पर थोड़ी ज़मीन ले ली। कुछ और दुकानें बनवाई। ख़ुद दवा दुकान चलाते रहे। उनका बेटा धनंजय उनकी मदद करने लगा। मुन्नू बाबा के लिए किराने की दुकान शुरू की। चुन्नू बाबा को पंचायत-सेवक की नौकरी मिल गई थी। धनंजय और उनकी बहनों की शादी हो गई थी। बदहाली के बाद ख़ुशहाली का एक टुकड़ा उनके घर भी आया। दो साल पहले, सर्दियों की एक शाम, बाज़ार पर बीस-पच्चीस लोगों का झुंड आया। राणा सिंह की पहचान तस्दीक़ कर लेने के बाद उन पर ताबड़तोड़ गोलियाँ बरसा दीं। राणा बाबा वहीं ढेर हो गए। ज़मीन पर आलू की फेरी लगाने वाले अमरूल को भी निशाना बनाया गया। लंबे इलाज के बाद अमरूल बच गए। नहीं मालूम, उनका शरीर अब कितना कारगर रह गया है। उस दिन बाज़ार पर एक और जान गई थी। राणा सिंह की हत्या के बाद उनके परिवार वालों ने गाँव छोड़ दिया। चुन्नू बाबा पहले से बाहर रह रहे थे। मुन्नू बाबा ने ससुराल वालों की मदद से मुज़फ़्फ़रपुर में परचून की दुकान शुरू कर ली है। धनंजय ने राणा सिंह के साथ दवा दुकानदारी में पर्याप्त निपुणता हासिल कर ली थी। उसने मुज़फ़्फ़रपुर ज़ीरो माइल के पास 'प्रताप मेडिकल हॉल' आरंभ कर लिया। छपरावासी जब भी बाज़ार से गुज़रते हैं, उनकी निगाहें राणा सिंह को एक बार ज़रूर ढूँढ़ती है।

पनभरनी

तब अठघरवा के किसी भी आँगन में चापाकल नहीं था। दो थे दरवाज़ों पर। एक हमारे दूरा पर और दूसरा महादेव बाबा के दूरा पर। इनार भी दो थे। एक कृपाल बाबा के दूरा पर। चारों तरफ़ से गोल। ख़ूबसूरत पक्का चबूतरा वाला। किनारे–किनारे क़िस्म–क़िस्म के करोटन, दसबजिया यानी लक्ष्मण–बूटी, बेला, और गुलाबी गुलाब क़रीने से सजे। अब निशान भी नहीं बचा। दूसरा इनार था सपाटू वाली दाई के घर के पीछे, शिवजी

सिंह के दूरा पर। कुछ लोग अब भी नहाने आते हैं वहाँ। शिवजी बाबा कोठा फूआ के फ़रीक़ थे।

हमारा घर टोले के एक छोर पर था। पिच रोड से आने पर, अवधेश सिंह के बाज़ार से ठीक पहले, बाएँ मुड़ने पर, मठ के बग़ल से टोले में घुसने पर हमारा घर सबसे पहले आता है। दक्षिण में पुन्नर सहनी और उनके फ़रीक़ का घर है। डेरा से गाँव की ओर खुरपैरिए[1] आने-जाने वाले लोग हमारे दरवाज़े होकर ही आया-जाया करते थे। अब भी आते-जाते हैं, लेकिन कम। पहले की तरह बेधड़क रास्ता नहीं रहा। एक-एक घर से कई-कई आँगन फूट पड़े हैं। जगह उतनी ही है। किसी का मुहार[2] रास्ते पर है तो किसी का पिछवाड़ा। बड़ी बेतरतीबी पसर गई है। आत्मीयता तब जैसी नहीं रही। सड़क से गुज़रने वाले किसी बड़े-बुज़ुर्ग को उसी हौसले और शिद्दत से 'गोड़ लागी' कह देने का रिवाज मर-सा गया।

संयुक्त परिवार था। दोनों बाबा के परिवार और मौसी दइया एक ही आँगन में रहते थे। मौसी दइया, हमारे सबसे बड़े दादा स्वर्गीय कोदई सिंह की मुसमात थीं। हम सारे भाई-बहन उन्हें मौसी दइया कहा करते थे। हमारा दलान दस-पंद्रह क़दम हट कर था। धनदेव बाबा के घर के सामने। दालान के बग़ल में ही था कल। जिस पर पक्का चबूतरा बना था। उसी से सटे घिउऽहवा[3] आम का विशालकाय गाछ छाते की माफ़िक़ डाढ़ छितराए सालों तक खड़ा रहा। सुनते हैं बदमाशी करने पर बाबू सुशांत चाचा को उसी घिउऽहवा के गाछ में बाँध कर पीटते। सड़क किनारे होने के कारण कल दिन भर चलता रहता। बग़ैर किसी बदबू या गंदगी के। तब गंदगी या बदबू शायद ही कहीं मिलती। गाँव के हर कोने, हर टोले में आध्यात्मिक शांति छायी रहती।

कल[4] चलने और चलाने तथा कल के इर्द-गिर्द होने वाली गतिविधियों की एक दिनचर्या बन गई थी। किरण-फूटने[5] के साथ ही पानी भरने वाली औरतें आने लगती थीं कल पर। हमारे कल पर हमारे पूरे परिवार के अलावा, नागेंद्र बाबा, केशर बाबा, सुकेशर बाबा, चंदर बाबा, बिंदा बाबा, प्रभु बाबा और कभी-कभार सपाटू वाली दाई और इधर जगदेव सहनी के पूरे परिवार के लोगों के लिए पानी भरा जाता था। टूना बाबा के आँगन के लिए भी हमारे कल से ही पानी जाता था। हालाँकि, केदार बाबा ने अपने आँगन के पीछे, गबरे[6] के पछियारी[7] कोण पर कल हलवाया। टूना बाबा केदार बाबा के ही फ़रीक़ हैं। गबरा के दूसरे छोर पर भुट्टा[8] बइनाथ यानी बैजनाथ बाबा का कोठा वाला घर[9] है। केदार बाबा के कल के पानी से बेहिसाब बदबू आती थी। मन नहीं मानता था पीने में।

---

1. पैदल, 2. प्रवेश, 3. आम की एक क़िस्म, 4. हैंडपंप, 5. सूर्योदय, 6. गंदे पानी का जमाव, 7. पश्चिमी, 8. ठिकाना, 9. छतवाला मकान

मैं कभी-कभी दीदी के साथ उस कल पर नहाने जाता था।

हमारे आँगन में लगभग चालीस घइले[1] पानी की ज़रूरत पड़ती थी। दो-दो, तीन-तीन चाचियों और उनके परिवारों के लिए और बाक़ी खाना बनाने और छोटा-मोटा छिपली-छिपा[2], कटोरी, कटोरा वग़ैरह धोने के लिए। घर की औरतों को नहाना-धोना भी होता था। खोपी वाली को इन ज़रूरतों का ध्यान भी रखना होता था। अन्यथा इस बात की प्रबल संभावना रहती थी कि अगले रोज़ उन्हें आँगन की किसी भी महिला के कोप का प्रकोप झेलना पड़ जाए। जो आम तौर पर शुरुआती चीख के बाद सीधे मुँह बात नहीं करने के रूप में फलीभूत होता।

बाथरूम नहीं थे घरों में। गठुल्ला[3] के नीचे, बारी में टाट-पट्टी से घेर कर कुछ ओत[4] कर लिया गया था। वहीं नहाया करतीं औरतें बारी-बारी से साया सीने पर बाँध कर। साबून का प्रयोग वे सप्ताह में एक-आध बार ही कर पाती थीं। एक-एक घइला इया, दइया और मौसी दइया के लिए भी चाहिए होता था। अन्य घरों में भी प्रति परिवार अमूमन तीन-चार घइले पानी की ज़रूरत पड़ती थी। पनभरनियाँ अर्थात् पानी भरने के लिए औरतें धनुकटोली से आती थीं। हमारे घर से पाँच-सात मिनट की दूरी पर है धनुकटोली। चंद्रिका सिंह की पोखरी[5] के पश्चिम। सड़क की दाईं ओर। अब लोग उसे मंटू सिंह की पोखरी कहते हैं।

चंद्रिका सिंह दो भाई थे। बड़े थे चंद्रमा सिंह। पिता का नाम जुगुल सिंह था। ख़ानदानी ज़मींदार थे। गाँव के कुछ आने[6] पर उनकी भी चलती थी। आसपास के कई गाँवों में उनका मौजा[7] था। सुना है, जुगुल सिंह का घोड़ा 'चेतक' समान दौड़ता था। वे कोस भर पहले ही उसकी लगाम ढीली छोड़ देते थे। पच्चीस-छब्बीस बरस पहले किसी वजह से चंद्रिका सिंह ने मिट्टी का तेल छिड़क कर ख़ुद को फूँक लिया। कुछ ही दिनों बाद दक्षिण बिहार में बड़े भाई चंद्रमा सिंह की भी मृत्यु हो गई। चंद्रमा सिंह की दो शादियाँ हुई थीं। पहली पत्नी का देहांत हो चुका था, जिससे उनको एक बेटी है, शशिबाला। दूसरी निःसंतान विधवा हैं। चंद्रिका सिंह की बड़ी बेटी और बेटे के अलावा बाक़ी बच्चे तब छोटे-छोटे थे। काफ़ी कष्ट में पाला था मधौल वाली दाई अर्थात् चंद्रिका सिंह की पत्नी ने।

तब गाँव के कुछ फ़ितूरी क़िस्म के लोगों ने दोनों गोतनियों[8] को जमकर लड़ाया था। बड़ी यानी विश्वंभरपुर वाली दाई के घर में लूटपाट की थी। उधर मधौल वाली दाई को भी ख़ूब चढ़ाया था यह कह कर कि 'उ स त निपुत्तर आ निरबंसिया है। आहाँ अड़ल रहू। न हटू पीछे। हम सऽ हती न जौरे। सब संपत्ति रउड़े होएत *(वो तो पुत्रहीन है। वंशहीन है। आप डटी रहें। पीछे न हटें। हम सब आपके साथ है न! सब संपत्ति आपकी ही होगी)*।' तब चंद्रमा सिंह की विधवा किसी तरह बच-बचा कर मुज़फ़्फ़रपुर चली

गई थीं। रिश्ते में अपने एक जाउत[9] विनोद सिंह के साथ। बाद में वहीं घर बनवाया। विनोद सिंह के बारे में हाल तक यह चर्चा आम थी कि उनके साथ विश्वंभरपुर वाली का 'संबंध' है। विश्वंभपुर वाली दाई की दलील थी कि 'विनोद के मालिक जी बहुत मानइत रहलथिन हऽ। बेटा लेखन। जब सउँसे गाँव-समाज के लोग हमर जान लेवे पर उतारू रहे, तब विनोदे न हमरा जौरे खड़ा रहलई। त हम केन्ना ओकरा छोड़ दिऊ अब *(विनोद को मालिक जी बहुत प्यार करते थे। बेटे की तरह। जब समूचे गाँव-समाज के लोग मेरी जान लेने पर उतारु थे, तब विनोद ही तो मेरे साथ खड़ा रहा। कैसे छोड़ दूँ उसे अब)*।' आजकल विश्वंभरपुर वाली दाई वन विभाग में नौकरी करती हैं। अनुकंपा के आधार पर। जिसके लिए उनके फ़रीक़ राजकिशोर सिंह उर्फ़ महंतजी को काफ़ी दौड़-भाग की थी।

चंद्रिका सिंह के बच्चे भी बड़े हुए। बड़े बेटे मंटू, जिन्हें हम मंटू चच्चा कहते हैं- ने काठमांडू जाकर छोटा-मोटा व्यवसाय किया। बारह-तेरह साल पहले, जब लगभग ढाई दशक बाद बिहार में पंचायत चुनाव हुए, तब संगी-साथियों के कहने पर मंटू चच्चा ने मुखिया की उम्मीदवारी का पर्चा भर दिया। लोगों का साथ मिला। चुन लिए गए। तब से प्रत्यक्ष या परोक्ष रूप से यह पद उनके ही घर में है। अगले चुनाव में तरियानी छपरा पंचायत को महिलाओं के लिए आरक्षित कर दिया गया। मंटू चच्चा ने अपनी माताजी यानी मधौल वाली दाई यानी अवधेश देवी से उम्मीदवारी करवाई। मुक़ाबला ज़बरदस्त लग रहा था। मतगणना के बाद भारी अंतर से मुखिया चुन ली गईं। बीते चुनाव में एक बार फिर मुखिअई मंटू चच्चा के घर में रही। इस बार उनके छोटे भाई अखिलेश सिंह की पत्नी रेखा देवी निर्वाचित हुईं। वैसे दाई के ज़माने से ही मुखिया की वास्तविक ज़िम्मेदारी अखिलेश सिंह ने संभालनी शुरू कर दी थी। राजनीति की अच्छी समझ बना ली है उन्होंने। वर्तमान तरियानी छपरा में उन्हें सधा हुआ राजनीतिज्ञ माना जाता है।

धनुकटोली के लोग पीढ़िगत मज़दूरी करते थे। बंधुआ मज़दूरी जैसी। हालाँकि, यह परंपरा दरक चुकी है। हमारे घर के लिए पहले शंकर मंडल की माँ अर्थात् हीरा मंडल की पत्नी हंसौर वाली और बाद में शंकर मंडल की पत्नी खोपी वाली ने पानी भरा। हंसौर वाली छोटे क़द-काठी की बड़ी भद्र महिला थी। कर्मठ और मेहनती। मैं छोटा था। एक बार किसी बात पर जब माई नें मुझे चूल्हे के पास ज़ोर से डाँटा था तब हंसौर वाली माई को लगभग डाँटती हुई मुझे गोद में लेकर आँगन से बाहर निकल गई थीं और मुझे बहलाया था। खोपी वाली के ज़माने में मुझे होश आ गया था। उतनी सुशील और विनम्र महिला मैंने बहुत कम देखी हैं। मृदुभाषी। सुंदर भी। कभी कोई

1. घड़ा, 2. छोटे-बड़े प्लेट, 3. घर का पिछला हिस्सा, 4. पर्दा, 5. तालाब, 6. हिस्से, 7. चल-अचल संपत्ति, 8. भाइयों की पत्नियाँ, एक-दूसरे की गोतनियाँ कही जाती हैं, 9. पति का भतीजा

चाची नहा रही होतीं या किसी काम में उलझी होतीं और उनका बच्चा पखाना कर देता था; आसपास अगर खोपी वाली होती, तो बग़ैर कहे बच्चे का पनछूआ[1] करा देतीं। उनमें हमारी माँ और चाचियों से अतिरिक्त गुण हैं। फिर भी हमारे परिवार वालों ने हमें खोपी वाली को चाची कहना नहीं सिखलाया! चाची तो नहीं निकल पाता लेकिन हाथ जोड़कर मैं उनको प्रणाम ज़रूर करता हूँ।

भोरे-भोरे खोपी वाली आ जाती आँगन में। उन्हें पानी भरने के साथ-साथ घर का बर्तन-बासन भी करना होता। संयुक्त परिवार था, बर्तनों की तादाद इतनी होती थी कि खोपी वाली का पहला एक घंटा इसी काम में जाता। बर्तन भी कई तरह के होते। शुद्धि-अशुद्धि का फेर भी रहता। जैसे लकड़ी के बर्तनों को अन्य बर्तनों के साथ नहीं धोना, अलग-अलग जूने, शीशे के बर्तन और तेल के मलियों का विशेष ध्यान, आदि।

सुबह-सुबह घइलों[2] को काँख में दबाए और हाथ में कटिया[3] लटकाए पनभरनियाँ कल पर अपनी बारी का इंतज़ार कर रही होतीं। कुछ कल से थोड़ा हट कर राख से बर्तन माँज रही होतीं। सब पर काम जल्दी निबटाने का दवाब होता। इस चक्कर में उनमें लगभग रोज़ कहा-सुनी हो जाती। कभी-कभार कहा-सुनी गाली-गलौच में बदल जाती थी। उनका एक-दूसरे पर गालियों की बौछार ऊँची आवाज़ों में गायन के रूप में होता। जैसे कि, 'भगवान हमर सुनइत होइथिन तऽ तोरा कोढ़ी फूट जतऊ गे भइखउकी' या फिर 'गे भतराचिबौनी, तोरा घर भर पर बज्जर गिरतऊ गे भतराचिबउनी', 'जो अपना बेटवा के चिबाबे न गे बेटवाचिबौनी', 'भरल जिनगी में राड़ हो जैबे गे मुँहझउँसी', 'गे गूऽ खौकी भतार से कह के ढीर न फुलवा देबऊ' *(भगवान मेरी सुन रहे होंगे तो तुम्हें कुष्ठ हो जाएगा, समझी न अपने भाई को खा जाने वाली, अरे ओ पति को चबाने वाली, तुम्हारे घर पर वज्रपात हो जाएगा, अरे ओ बेटा चबाने वाली जाओ अपने बेटे को चबाओ, भरी जिन्दगी में विधवा हो जाओगी तुम, अरे ओ गू खाने वाली, अपने पति से कहकर तुमको प्रेगनेंट करवा दूंगी)*, इत्यादि। इस क्रम में होने वाली पछड़ा-पछड़ी[4] के चलते कभी-कभी किसी का घइला फूट जाया करता। टोले में तब मुख्य रूप से माधोपुर वाली, पानापुर वाली, हेमापुर वाली, मदना मतारी, ललदेउआ बौह[5] वग़ैरह पानी भरा करतीं।

बाद में, कुछ समय मंजुआ ने हमारे आँगन के लिए पानी भरा। छोटी, गोरी और गोल-मटोल काया की मालकिन मंजुआ ख़ूबसूरत थी। कुछ-कुछ मुमताज़ जैसी। उसे भी इस बात का भरपूर अहसास था। बोलने में झनकाह[6]। मटक-मटक कर चलती थी। टोला में उसके क़दम पड़ते नहीं थे कि नये जवान छोकरे कल के आसपास मँडराने लगते। एक बार निहार लेने के फेर में। कुछ छेड़ लेने के फेर में। कुछ सेटिंग-वेटिंग के फेर में भी। थोड़े-थोड़े अंतराल पर अलग-अलग लोगों के साथ उसका नाम जुड़ने का क़िस्सा, लंबे समय तक सुनता रहा। उसकी माँ ने उसकी शादी अपने समाज और

औक़ात से कहीं ज़्यादा बढ़कर की थी। सरकारी नौकर के साथ। शादी के बहुत समय बाद तक मंजुआ तरियानी छपरा में ही रही थी अपनी माँ और भाई के साथ। बहुत बाद में, मेरे छोटे मामा के साथ वो एलौंग चली गई। उसके पति वहीं कार्यरत् थे। तब से वहीं रह रही है। भरा-पूरा परिवार है उसका। मंजू के एक बड़े भाई थे। शायद गणेश।

पानी भरने का सिलसिला अमूमन आठ बजे तक चलता। बीच-बीच में कपड़ा-लत्ता फेंक कर छोटे-छोटे बच्चे भी कल पर धमक जाया करते। उन्हें दसबजिया[7] स्कूल के लिए तैयार होना होता। बूढ़े-बुज़ुर्ग बिना नहाये खाना नहीं खाते। इसलिए भी पनभरनियों को अपना काम जल्दी निबटाना होता। अन्यथा मेरे बाबा जैसे बुज़ुर्ग 'बड़बड़ाने' लगते। इतने में डेरे से दूध, सब्ज़ी, दतुवन वग़ैरह लादे चरवाहे भी आ जाते। उन्हें भी हाथ-मुँह धोना होता। ज़्यादातर चरवाहे दलित थे। पनभरनियों को उनसे बर्तन बचाना होता। मिट्टी और लकड़ी के बर्तनों को ख़ास कर, ताकि 'छुआ'[8] न जाए। इसलिए भी वे उनके आने से पहले काम निबटा लेने की कोशिश करती थीं। कुछ देर में कल पर मर्दों की आवाजाही शुरू हो जाती। कई बार लिहाज़ से और कई बार 'अन्य' वजहों से पनभरनियाँ उनसे पर्दा करती थीं। सिर पर अँचरा[9] सँभालना और आजू-बाजू को ढँकना उनकी चिंताओं में शामिल हो जाता। एक बार टोले के एक नौजवान का नाम लेकर एक बुज़ुर्ग पनभरनी के पेट ठहर जाने का क़िस्सा बहुत दिनों तक चला था।

कल के पानी से अफ़वाहों की धार भी तेज़ की जाती थी। किसकी बेटी फिरार[10] है, किसके बेटे और किसकी बेटी का आपस में लागबाज[11] है, वग़ैरह-वग़ैरह। पानी पीते-पीते कोई राहगीर पिछले गाँव का कोई क़िस्सा पटक जाता। जैसे 'औरा में फलना सिंह के घर में रात सेंध फूट गेलई', 'फलनवाँ के मऊगी रात मटिया तेल के सउँसे कंटर अपना ऊपर उझिल लेलकई', 'बड़ा मोस्किल से त विसेसर सिंह के बेटा के बियाह के तय-तमन्ना भेल रहई, लेकिन ओई पट्टी के फलना सिंह भोरवा में जा के अगुआ के एहन न कुच्छो कह देलई कि सब गंडगोल हो गेलई', 'चिलना सिंह के मऊगी के ओकर पतोह खूब निम्मन से कूट देलकईन राते', ओई पट्टी के सबसे धन्निक अदमी के बेटी अपना मामा के जौरे भाग गेलई', 'ओई पार चिलनवा के बेटी काल सिउहर जाके धोंध गिरवैलक, 'अठघरवा के फलना छौंरा खूब जाईऽ राति खनि फलनवा के अँगना, सार कटइहन कोनो दिन *(औरा में कल फ़लाँ सिंह के घर में सेंधमारी हुई, कल रात फ़लाँ की पत्नी ने मिट्टी तेल का पूरा गैलन ख़ुद पर उड़ेल लिया, बहुत मुश्किल से विसेसर सिंह के बेटा की शादी तय हुई थी लेकिन उस टोले के फ़लाँ सिंह ने सुबह-सुबह लड़की वालों को ऐसा कुछ कह दिया कि मामला बिगड़ गया। चिलाँ सिंह की पत्नी को बीती रात उसकी पुत्रवधू*

---

1. मलद्वार की सफ़ाई, 2. घड़ा 3. छोटे आकार का घड़ा, 4. धक्का-मुक्की, 5. पत्नी, 6. ग़ुस्सैल/नकचढ़ी, 7. दस बजे खुलने वाला, 8. छूत, 9. आँचल, 10. बदचलन, 11. अफ़ेयर

ने ख़ूब कूटा, उस टोले के सबसे धनी व्यक्ति की बेटी अपने मामा के साथ भाग गई, उस पार चिलाँ की बेटी ने कल शिवहर जाकर गर्भपात करवाया, अठघरवा का फ़लाँ लड़का रात में फ़लाँ की आँगन में ख़ूब जाता है, साला कटाएगा किसी दिन)', वग़ैरह-वग़ैरह। ऐसा वे रुक कर नहीं बोलते। बोलते-बोलते छोड़ जाते थे।

अक्सर दोपहर में कोई-न-कोई कुछ बेचने आता। सब्ज़ी, फल, गट्टा, चूड़ी, बरफ, बरतन, साड़ी, चद्दर, इत्यादि। दूरा पर का कल इन फेरी वालों को बड़ी राहत पहुँचाया करता था। शायद ही कोई किसी से गिलास या लोटा माँगता। सब एक हाथ से कल का मुँह बंद करके दो हैंडल चलाते और फिर अँजूरी जोड़ कर झुक कर पानी पी लेते।

तक़रीबन पिछले पच्चीस सालों में गाँव में पानी भरने की परंपरा दरकी है। अब किसी परिवार में पनभरनी नहीं जाती। न कोई और इस काम को करता है। व्यवस्था बदली है। वजूहात बहुत सारी हैं। खेती के अलावा बाहरी आमदनी में बढ़ोत्तरी हुई है। लोग रोज़ी की तलाश में शहरों में निकले। परिवारों में करेंसी का इनफ़्लो बढ़ा तो सबसे पहले कल हलवाया गया। बचपन में आस-पड़ोस की महिलाएँ जब मुझसे चिट्ठी लिखवाती थीं, तो उसमें अन्य बातों के अलावा कल की ज़रूरत पर दो-एक लाइन ज़रूर लिखवाया करतीं। आँगन में कल हलने शुरू हुए। हालाँकि अब भी कुछ आँगन ऐसे हैं जिनमें कल नहीं हैं। पर उनके दरवाज़ों पर ज़रूर है। झट से कोई बच्चा दौड़ कर एक लोटा पानी भर लाता है। आते-जाते घर का कोई मर्द या फिर बुज़ुर्ग महिला एक डोल[1] भर लाते हैं।

क़रीब पंद्रह साल पहले बिहार में लगभग ढाई दशक बाद पंचायत-चुनाव हुए। जनता को उम्मीद थी कि ग्रामीण संरचना और सामाजिक नक़्शे में बदलाव आएगा। सतही स्तर पर ही सही, हुआ। पंचायत द्वारा किए जाने वाले कामों में से चापाकल की व्यवस्था शो केस की जा सकती थी। मुखियाजी ने दिलचस्पी ली। जवाहर रोजगार योजना के पैसे से टोले-टोले कल हलवाए गए। दरवाज़े पर खड़े चापाकल दिखने लगे। वोट कंसोलिडेट हुए। पनभराई परंपरा चरमरा गई। चाक पर घइला, कटिया गढ़ने वालों की पेट पर ज़बरदस्त लात पड़ी।

---

1. छोटी बाल्टी

डाकपिन साहेब

बिचला पट्टी में किसी के दरवाज़े पर श्राद्ध का भोज चल रहा था। हम पाँत में बैठे थे। चिउड़ा को पानी मिला कर फुला चुके थे। हाथ में कटिया थामे बारिक हमारी पाँत की ओर आ रहे थे। तभी एक खनकदार आवाज़ आई, 'ओई पार जाए् वाला कोनो गोरे हतऽ बैठल पाँत में। भरन के एगो डाक हई। लेले जइहऽ, कोनो जैबऽ ओन्ने तऽ *(उस पार जाने वालों में से कोई बैठे हैं क्या भोज की पंक्ति में? भरन का एक डाक है। कोई उधर जा रहे हों, तो लेते जाइएगा)*।' ये आवाज़ भोज वाले दरवाज़े पर चौकी पर बैठे बिंदा बाबा की थी। बिंदा बाबा ताउम्र तरियानी छपरा में डाकिया रहे। छपरिये उन्हें डाकपिन साहेब बुलाते थे।

पूर्णिया से लौटा था गाँव। सातवीं कक्षा में दाख़िला लेने में समय शेष था। पिताजी पासीघाट में रहते थे। पासीघाट अरुणाचल प्रदेश में पूर्वी सियांग ज़िले का मुख्यालय है। हरे-भरे पहाड़ों के बीच। आकार-प्रकार में क़स्बे से भी छोटा। छह-सात बरस की उम्र में था वहाँ। छोटे-बड़े टुकड़ों में वहाँ की कुछ यादें रह गई हैं। बस। माई और दीदी गाँव में थीं। मेरा मन भी होता था स्कूल जाने का। ज़िद ठान ली कि गाँव के स्कूल में जाऊँगा। कुछ दिन लगे। माई तैयार हो गईं। बिना औपचारिक दाख़िला लिए मैं जाने लगा श्री फुल्गेन मध्य विद्यालय, तरियानी छपरा। स्कूल पहुँचने पर अध्यापकों ने मेरा पता-ठिकाना पूछा। ये जानने के बाद कि मैं सुशांत सिंह का भतीजा हूँ, मुझे कक्षा में बैठने की अनुमति मिल गई। सातवीं में। फुद्दी बाबा, बवाली, राकेश वग़ैरह मेरे नए दोस्त बन गए। बाद में गाँव जाने पर सुना लोग राकेश को 'साजन' भी पुकारते हैं।

फुद्दी बाबा रिश्ते में मेरे बाबा लगते हैं। फुद्दी उनके घर का नाम है। असली नाम रणजीत सिंह। बड़े मेधावी। लिखावट बला की ख़ूबसूरत। मोतियों सी। मेरी लिखावट भी सुंदर थी, आज भी है। पर उनकी शायद ज़्यादा थी। फुद्दी बाबा कक्षा में अव्वल आते। मिडल स्कूल के बाद हाईस्कूल में भी कक्षा में अव्वल आने का उनका कीर्तिमान क़ायम रहा। ध्रुव कुमार सिंह को स्कूल में कोई नहीं जानता था। अध्यापक, छात्र और उनके तमाम दोस्त उन्हें बवाली ही बुलाते। एक और बच्चे से दोस्ती हुई थी। थोड़े दिनों बाद मैंने उसे बेटा कहना शुरू कर दिया था, क्योंकि रिश्ते में वो मेरा भतीजा लगता। ऐसा सुना था कि किसी भतीजे को बेटा कहने पर वो बुरा नहीं मानता है। बेटा कहने का शौक इतना चर्राया था कि आँगन में सुबोध भैया के बेटों को बेटा बोला करता था, और उनसे कहता था कि वो मुझे पापा बोलें। जब वे पापा बोल देते थे तो मारे ख़ुशी के हाई जंप मारने लगता। ग्रामीण रिश्तेदारी और श्रेणीक्रम में हमारा परिवार अब भी निचले पायदान पर है। आज भी हर दो-चार महीने पर हमारे बाबा-परबाबा अवतरित होते रहते हैं। फूआ और फूआ दाइयाँ भी।

स्कूल के बाद तथा कई मर्तबा किसी मरखाह[1] मास्साब के न रहने पर हम चार-पाँच बच्चे बहुत आवारागर्दी किया करते। गाँव के दक्षिणी छोर पर बहने वाली 'नासी' और बाँध के अंदर की विशाल गाछी[2] की तफ़रीह हमारी नियमित गतिविधियों का हिस्सा थी। बाढ़ के दौरान डेरा के पास वाले लकड़ी के पुल से पूरी टोली पानी में छलांग लगाती। इससे पहले सब अपनी-अपनी हाफ़ पैंट और कमीज़ उतार कर पुल पर रख दिया करते। धार में कूदने और नीचे से मिट्टी लेकर ऊपर आने का वह खेल, सचमुच बड़ा रोमांचकारी हुआ करता था। उस सामूहिक उपक्रम में शामिल न होने का कोई विकल्प नहीं छोड़ा जाता था। इसको सुनिश्चित करने के लिए आम तौर पर बवाली माँ-बहन के नाम 'जे न कूदत ओई बहानचोद के मतारी के ...'[3] जैसी गालियों के साथ पानी में कुदाई को बड़ी चुनौती और इज़्ज़त का प्रश्न बना छोड़ता। ऐसे में टोली के बाक़ी सदस्यों को माँ-बहन के मान-सम्मान की हिफ़ाज़त करने के लिए पैंट-कमीज़ उतारनी पड़ती। मैंने उसी गोताख़ोरी के साथ तैराकी में 'पीजी डिप्लोमा' हासिल की। रियाज़ छूट जाने के चलते अब मेरे तैराकी-ज्ञान का वज़न 'सर्टिफ़िकेट' से ज़्यादा नहीं रह गया है। तीन-चार बरस पहले गोवा में एक स्वीमिंग पूल में चार हाथ मारते दम फुल गया था। दो-चार घूँट पानी अंदर जाते मैं पूल से बाहर आ गया था।

फुद्दी बाबा के पिता तरियानी छपरा में डाकिया थे। तब डाकघर नेबी सिंह के घर के, एक कमरे से संचालित होता था। जो उनके दरवाज़े पर दाईं ओर था। नेबी सिंह के निधन के बाद डाकघर बिचला पट्टी में किसी के दरवाज़े पर आ गया। शायद

1. पिटाई करने वाले, ग़ुस्सैल, 2. बाग़ीचा, 3. जो नहीं कूदेगा बहनचोद की माँ के...

पुरुषोत्तम के दरवाज़े पर। आँगन की औरतें बच्चों को कभी चिट्ठी गिराने तो कभी लिफ़ाफ़ा और अंतर्देशीय लाने के लिए दौड़ा दिया करती थीं। डाकघर होने के बावजूद नेबी सिंह के दरवाज़े पर शांति छायी रहती। स्वतंत्रता संग्रामी थे। खादी का धोती-कुर्ता धारण कर सुबह-सुबह बैठ जाते अपनी कुर्सी पर। फुद्दी बाबा ने एक मर्तबा बताया था कि डाकघर में काले रंग का टेलिफ़ोन भी था लंबे समय से। कभी उस पर बातचीत हुई या नहीं, मालूम नहीं। नेबी सिंह के बेटे के बारे में नहीं मालूम। उनके एक पोता ध्रुव सीधे-साधे और मिलनसार हैं। अंतिम बार जब मिले थे तब वे ट्रांसपोर्ट में काम कर रहे थे।

फुद्दी बाबा के पिता का नाम बिंदा सिंह था। ठीक-ठाक वज़नदार काया। सिर लगभग सफाचट। वे तरियानी छपरा के डाकिया थे। डाकपिन। डाकपिन साहेब। तरियानी छपरा के उस डाकपिन साहेब की तोंद काफ़ी बड़ी थी। लिहाज़ा, कुछ लोग पीठ-पीछे उन्हें नगाड़ा भी कहा करते थे। मजाल है कि डाकपिन साहेब ने किसी का मनीऑर्डर एक भी दिन रोका हो। किसी की नौकरी संबंधी चिट्ठी या नियुक्ति पत्र देने में विलंब किया हो। घुटने से नीचे तक की धोती और बदन पर कुर्ता, सिर पर अँगौछा और कंधे पर डाक वाला झोला। डाकपिन साहेब का यूनीवर्सल यूनीफ़ॉर्म। आइडेंटिटी भी। हर शाम, बिना नागा डाकपिन साहेब बाज़ार पहुँच जाया करते थे। बाज़ार यानी तरियानी छपरा में रोज़ शाम सजने वाली हाट।

उन दिनों हर दूसरे दिन गाँव में दो स्थानों पर हाट सजा करती थी। एक अवधेश सिंह की ज़मीन पर और दूसरा शैलेंद्र सिंह की ज़मीन पर। अवधेश सिंह वाला बाज़ार सुरेश बाबा के स्थान के सामने वाले पोखर के साथ सड़क की बाईं ओर लगा करता था। हमारे घर से बहुत नज़दीक। इतना कि हम दो-तीन घंटे में उस हाट के चार-छह चक्कर लगा लिया करते। कोशिश हर बार यही रहती कि जिनिस की दुकान से एक-आध बालुशाही खा ली जाए। यमुना प्रसाद वाला बाज़ार गाँव के दक्षिणी छोर पर, बिल्कुल बाँध से सटे, श्री फुल्गेन मध्य विद्यालय के बग़ल में लगा करता था। अब भी यथास्थान सजता है। अवधेश सिंह वाला बाज़ार किसी विवाद के कारण थोड़ा आगे खिसक गया है। नदारद हो चुके प्राथमिक स्वास्थ्य केंद्र से तक़रीबन दस-बारह क़दम और आगे। जंघी सिंह के फ़रीक़ की ज़मीन पर। अब कुछ स्थायीं दुकानें भी खड़ी हो गई हैं वहाँ। चार-पाँच बरस पहले, रोज़ भोरे-भोरे वहाँ से 'चंदन' बस चला करती थी मुज़फ़्फ़रपुर के लिए।

डाकपिन साहेब बीच बाज़ार में कभी किसी खैनी कतरने वाले के बग़ल में, या फिर किसी सब्ज़ी वाले की टोकरी के बग़ल में खड़े हो जाते। उनकी निगाहें टकटकी लगाए उन लोगों को या उनके परिवार वालों या फिर पड़ोसियों को ढूँढ़ती रहती जिनकी

डाक उनके पास होती। चिट्ठी-पत्री तो पड़ोसी को भी दे देते थे लेकिन मनीऑर्डर या ज़रूरी रजिस्ट्री के मामले में वे ख़ासा एहतियात बरतते। संबंधित व्यक्ति दिख जाए तो ठीक अन्यथा उन्हें समाद[1] भिजवा दिया करते थे। ये उनकी चिट्ठी बाँटने का सबसे असरदार तरीक़ा था। जब तक संबंधित व्यक्ति तक डाक पहुँच नहीं जाती थी, तब तक डाकपिन साहेब को चैन नहीं मिलता था। पौ फटने से पहले किसान-मज़दूर खेतों की ओर निकलते और डाकपिन साहेब दूर किसी टोले की ओर। जितनी देर में दस कट्ठे खेत की जुताई होती थी, उतनी देर में डाकपिन साहेब दस-बीस डाक बाँट कर वापस अपने दरवाज़े पर पहुँच जाते।

अठघरवा का आख़िरी घर डाकपिन साहेब का था, अब भी है। उनके घर के सामने से बिचला पट्टी के लिए रास्ता है। उस रास्ते का दूसरा छोर पंडिजी की दुकान के सामने वाले तिराहे से मिलता है। अठघरवा की ओर से आने वाली सड़क सामने राम अनुग्रह सिंह के घर के आगे से होते हुए बिन टोली के आगे कुम्हर-टोली के कोण पर किसी और तिराहे से मिलती है। उसी तिराहे पर बाईं ओर है बाबू गिरीशनंदन सिंह का घर। गिरीश बाबू सालों तक तरियानी छपरा के मुखिया रहे। बाद में जिला परिषद् के सदस्य भी। आख़िरी साँस लेने तक उन्होंने नेतागिरी से नाता नहीं तोड़ा था। चुनाव नियमित रूप से लड़ते रहे। तक़रीबन दस बरस पहले उनके एक बेटे ने उनका राजनीतिक उत्तराधिकार संभालने की कोशिश की। विधान सभा के चुनाव में कूद कर। आनंद मोहन की 'बिहार पीपुल्स पार्टी' का 'ढाल-तलवार' थाम कर। तब गिरीश बाबू ने बेटे को विधान सभा पहुँचाने के लिए क्या नहीं किया! जहाँ न जाना था, वहाँ गए। जिनसे कभी सीधे मुँह बात नहीं की, उनके सामने दसों उँगलियाँ जोड़ीं। छपरिया राजपूतों ने अपना चुनाव समझ कर दिन-रात वोलंटियरी की। जवार के तमाम राजपूतों ने खुल कर साथ दिया। कई बार साबित हो चुका है कि राजपूतों के वोट के दम पर पंचायत की मुखियागिरी मुमकिन नहीं है, विधान सभा तो बहुत बड़ी चीज़ है। गिरीश बाबू के बेटा चूक गए। उस चूक के साथ छपरा का राजपूत विधान सभा जाते-जाते रह गया। लंबे समय तक हिम्मत न जुटा पाने के लिए। बरसों पहले गिरीश बाबू की हवेली ढह गई थी। जिसकी मरम्मत वे अपने जीते जी नहीं करवा पाए।

डाकपिन साहेब के दरवाज़े पर ठीक-ठाक चहल-पहल रहती थी। कभी-कभी दोपहर को उधर से गुज़रते हुए देखता, डाकपिन साहेब कुँए पर स्नान कर रहे होते थे और आस पास छोटे-छोटे बच्चे खेल रहे होते। दोपहर बाद उनके दालान पर अकसर जमघट लगती थी। कहीं से उठी अफ़वाहों के लिए उनका दरवाज़ा एक क़िस्म का हॉल्ट था। लोग अफ़वाहों पर गंभीर मंत्रणा करते। वैचारिक, सामाजिक, व्यक्तिगत, लैंगिक,

1. सूचना

इत्यादि दृष्टिकोणों से उनका विश्लेषण किया जाता। तमाम कसौटियों से उसे परखा जाता। मुकम्मल तस्दीक़ के बाद उन पर ज़रूरी कार्रवाई की जाती। यानी फैलाए जाने योग्य पाए जाने पर सब थोड़ी-थोड़ी फूँक मार कर उन्हें और फुला दिया करते। वर्ना वहीं दफ़्न कर दिया जाता। ऐसा कि कभी पुनर्जन्म न मिल पाए।

तरियानी छपरा आबादी की दृष्टि से इतना बड़ा है कि मरनी-हरनी का भोज आए दिन होता रहता था। गाँव में दो दिवसीय भोज का चलन था। कोरंजा और भतहा। कोरंजा में दही-चिउड़ा या पूड़ी-सब्ज़ी के साथ एक या एकाधिक मिठाई। नहीं कुछ तो जलेबी-बुनिया ही। जबकि भतहा में दाल, भात, तरकारी, कढ़ी-बड़ी, वग़ैरह। तरकारी में कोंहड़ा और आलू दम को विशेष सम्मान प्राप्त था। भोज के निमंत्रण दो प्रकार के हुआ करते थे। घरजाना और समदरका। घरजाना यानी प्रत्येक घर से एक और समदरका माने घर में चूल्हा नहीं जलेगा। बाद वाला कम होता था या सिर्फ़ यज्ञी के परिवार और आस-पड़ोस के लिए। मुसलमानों को छोड़कर। घरजाना हकार पूरे गाँव को मिलता था। जाति-बिरादरी के भेदभाव के बिना। खाने-खिलाने के समय और तौर-तरीक़े में भेद था। हालाँकि इस परंपरा में बदलाव आया है, लेकिन इतना नहीं कि कहा जा सके कि यह सामाजिक चलन से बाहर हो गया। जात-धरम के हिसाब से व्यवहार जारी है।

डाकपिन साहेब को हर भोज का निमंत्रण मिलता था। एक तो उनकी सामाजिक हैसियत काफ़ी ऊँची थी और दूजा उनका पेशा इतना महत्त्वपूर्ण था कि कोई न न्यौतने की हिमाक़त नहीं कर सकता था। डाकपिन साहेब भोज वाले के दरवाज़े पर जाकर किसी ऐसी जगह जम जाते थे जहाँ से हर आने-जाने वाले शख़्स पर उनकी नज़र रहे। जैसे ही उनके काम का कोई व्यक्ति दिखता, डाकपिन साहेब ऊँची आवाज़ में उसे बुलाते और उसकी डाक थमा देते थे। यही काम वे शादी-ब्याह के समारोहों या अन्य जग-जापों में भी करते।

डाकपिन साहेब के न रहते हुए बीस बरस से ज़्यादा हुए। उनकी जगह पर गाँव के कुछ समाजसेवी क़िस्म के लोगों की मदद से, डाकपिन की नौकरी उनके दूसरे लड़के यानी कौशलेंद्र सिंह को मिल गई। पर डाकपिन साहेब वाली बात अब नहीं रही। उनकी अनुपस्थिति में उनके दरवाज़े की रौनक़ समाप्त हो गई। फुद्दी बाबा यानी डाकपिन साहेब का पाँचवा लड़का भी दस-बारह सालों से गाँव लौट कर नहीं आया। कोई उनके खो जाने की आशंका जताता है तो कोई कहता है, किसी औरत ने उनका मन मोह लिया। दाई यानी डाकपिन साहेब की पत्नी और फुद्दी बाबा की माँ बहुत बेचैन रहती हैं। दाई साँप से डसे हुए लोगों के झाड़-फूँक किया करती हैं। सुना उनके हाथ में किसी देवी का वरदान है। मन से झाड़ दिया तो किसी भी साँप का ज़हर उतर जाता है।

बिंदा बाबा के गुज़रने के कुछ बरस बाद उनके बच्चों में बाँट-बखरा हो गया।

उनके ईंट का पक्का मकान ढह गया। अब उसकी जगह छोटे-छोटे कई आँगन बन गए। उनके एक-दो बेटे गाँव में रहते हैं बाक़ी इधर-उधर कुछ काम करते हैं। फुद्दी बाबा से छोटे राकेश ने दिल्ली में कोई कारोबार खड़ा कर लिया है। सुनते हैं, आजकल वही दाई का ख़याल रखते हैं। बाक़ी सब बेटे अपना-अपना परिवार चला रहे हैं। हाल ही में किसी ने सूचना दी कि दाई नहीं रहीं अब।

धनबीर

डेरे से दक्षिण–पश्चिम दो–तीन कट्ठे का एक टुकड़ा। चारों तरफ़ से धूर कसा हुआ। तक़रीबन पच्चीस बरस पहले उस पर एक झोपड़ी थी। दिल्ली जैसे महानगरों में दिखने वाली झोपड़ी से कई दर्ज़े बेहतर। बड़ी। इँकरी[1], खर[2] और बाँस से बनी उस झोपड़ी में दो कमरे, एक आँगन, एक असोरा और एक गठुल्ला भी था, सामने कुछ ख़ाली ज़मीन।

असोरा पर आम तौर पर मोड़ी हुई चटाई खड़ी रहती थी, जो गर्म दोपहरी में सुस्ताने के लिए या रउदा[3] में पथार[4] सुखाने के लिए खोली जाती। वहीं छोटे–छोटे खस्सी–पाठी उछल–कूद कर रहे होते। गठुल्ले में इस्तेमाल से बाहर हो चुकी चीज़ों के अलावा हँसुआ, खुर्पी, टोकरी, जाला वग़ैरह उपकरण रखे होते थे। जिनके सहारे बेलहियाँ वाली घास गढ़ा करती।

धनबीर दंपति इसी झोपड़ी में रहता था। उनके एक मात्र बेटे का नाम लक्ष्मण है। रिश्ते के एक भाई बैजनाथ भी धनबीर के साथ रहते थे। बैजनाथ ढोल–पिपही वाले बाजे में ढोल बजाते। झोपड़ी के पीछे की ख़ाली जगह को वे बारी के तौर पर इस्तेमाल करते थे। जिसमें मौसम के हिसाब से भंटा, लउका, मिरचाई, लहसुन, हरदी, घिउरा, करैले वग़ैरह लगे होते थे। कुछ केले के पेड़ भी थे, आम के कुछ कलम भी।

धनबीर का पूरा नाम धनबीर राम है। अब थक गए हैं धनबीर। गठीला बदन। छोटा क़द। मोतियों से चमचमाते दाँत। बदन पर गोल गला। कंधे पर मैला–कुचैला अँगोछा। मैली ही धोती। चेहरे पर ढेर सारी मुस्कान। धनबीर अलग से पहचाने जाते थे। फ़र्क़ सिर्फ़ इतना आया है कि अब उनकी माँसपेशियाँ झूल गई हैं। लेकिन अब भी गाँठ लगी रस्सियों की तरह उनकी नसें दूर से दिखती हैं।

तब मेरी उम्र आठ–दस बरस रही होगी। परिवार में खेती होती थी। छोटे चाचा गाँव

---

1. एक प्रकार की झाड़ी जो टाटी बनाने के काम आती है, 2. एक प्रकार का घास, इससे छप्पर की छवाई होती है, 3. धूप, 4. अनाज

पर रहते थे। थे तो बाबा भी लेकिन खेती-बाड़ी के कामों में उनका साइड रोल ही था। लंबा-चौड़ा डेरा। तीन जोड़ी हल चला करते। सानी-पानी के वक़्त दो-तीन गायें और भैंस भी नाद पर बँधी होती थीं। मवेशियों की चरवाही और दाना-पानी का भार कैलाश पर था। हलवाही की ज़िम्मेदारी रामफल राम, धनबीर राम और गगन सहनी पर। मौक़े-बेमौक़े ज़रूरत पड़ने पर चाचा भी एक हल संभाल लिया करते।

हलवाही से लौट कर धनबीर अपनी झोपड़ी में जाते। जहाँ बेलहियाँ वाली कलऊ पर उनका इंतज़ार कर रही होती। धनबीर डेरा पर खदन भैया के कल पर से नहा-धो कर असोरा[1] पर पहुँचते थे। तब तक बेलहियाँ वाली बड़े प्यार से छीपा में खाना परोसती। खाना खाकर वे वहीं असोरा पर चटाई खोल कर थोड़ा सुस्ता लेते। तीसरे पहर निकलते थे बाज़ार के लिए। जहाँ नून, तेल और हरदी जैसी रोज़मर्रा की ज़रूरी चीज़ों के अलावा वे खैनी भी ख़रीदा करते थे। वापसी के वक़्त कभी-कभार एक-आध बोतल ताड़ी भी पी लिया करते। अब न के बराबर पीते हैं। तब सीधे बोतल में ताड़ के पत्ते के छोटे से टुकड़े के सहारे एक ही बार में पूरी बोतल ताड़ी गटकते लोगों को देख, मैं बहुत हैरान होता था। हालाँकि साल-डेढ़ साल पहले तक पचासों बीयर मैंने सीधे गटके। गिलास और मग से गटके बीयरों की गिनती मुमकिन नहीं है।

बेलहियाँ वाली हैं बला की ख़ूबसूरत! गोरी और छरहरी! बड़ी-बड़ी चमचमाती आँखें! थोड़ा नीलापन लिए! उन जैसी नैन-नक़्श वाली महिला उँगलियों पर गिन सकने लायक़ भी नहीं हैं तरियानी छपरा में। मेहनती और पानी की तेज़! बड़ा स्नेह रखती हैं मुझसे। कई बार मैंने उनके घर खीर खायी है। गरम-गरम दूध पीया है। पिछली बार चमचमाते फुलहे[2] लोटे में उन्होंने पानी पिलाया था। ताउम्र याद करने लायक मिठास! जब भेंट करने गया था तो परिवार का हाल-चाल पूछने के बाद उन्होंने ने कहा था, 'अबऽ त राजू बउआ दिल्ली वाला हो गेलथिन, अब धिया-पुता के गाँव में काहे लइथिन! 'हे बउआ, हमरा मरे से पहिले एक बेर औरो पोती से भेंट करवा देब *(अब तो राजू बउआ दिल्ली वाला हो गए हैं, अब बाल-बच्चों को गाँव क्यों लाएँगे! हे बउआ, मेरे मरने से पहले एक बार और मुझे पोती से भेंट करवा दीजिएगा)* '।

कुछ समय तक अपने चचेरे मधु भैया के साथ मेरी दोस्ती रही। रात को वे मेरे दालान में सोया करते थे। वे खैनी के आदी थे। चुनौटी[3] रखते थे। उनके साथ धीरे-धीरे मैं भी नियमित रूप से खैनी खाने लगा। नेपाल वाली दाई के घर में मैंने उनके साथ कई बार बीड़ी भी पी। बाद में भी कुछ मौक़ों पर मैंने बीड़ी पी। छात्र जीवन में नर्मदा घाटी में भी आदिवासी बंधुओं के साथ कई मर्तबा बीड़ी का आनंद लिया है मैंने। स्वयं लपेटी गई बीड़ी का।

1. बरामदा, 2. कांस्य, 3. खैनी-चुना रखने का पात्र

खैनी के चक्कर में कई बार मैं घर से भाग कर डेरे पर चला जाता था। एक बार मैं मधु भैया के साथ था। धनबीर ने उनकी ओर खैनी से भरी अपनी हथेली बढ़ा दी। उन्होंने खैनी ले ली। मैं उनको ताकने लगा था। धनबीर ने भाँप लिया। फिर मुझसे बोल पड़े, 'रउड़ो खाएब? *(आप भी खाएँगे?)*' मैं घबरा गया। उम्र में वे मेरे पिता से भी बड़े हैं, धाक थी। आज भी लिहाज़ करता हूँ। उन्होंने अपने चिर-परिचित मुस्कान के साथ कहा था, 'ले नऽ लिऊ तनका। न-न कुच्छो होएत। हम तऽ ठीगदारो साहेब के सिखैले छिअई, रउड़ो ले लिऊ तनका *(ले लीजिए थोड़ा। नहीं, न होगा कुछ। मैंने तो ठीकेदार साहब को भी सिखाया है। आप भी ले लीजिए)*।' मेरे पिताजी ने लंबे समय तक ठेकेदारी की है। इस वजह से छपरा में लोग उनको ठीगदार साहेब बुलाते हैं। मैंने झिझकते हुए खैनी ले ली। साल-डेढ़ साल पहले खैनी छोड़ने तक, गाँव जाने पर धनबीर से खैनी ज़रूर खाया करता था। उनके खैनी लगाने का अंदाज़ मुझे बहुत भाता है। हथेली पर खैनी लिटाते[1] समय उनकी तल्लीनता का क़ायल हूँ मैं। असल में मैं उनकी पूरी कार्यशैली का क़ायल हूँ। जो भी काम वे करते हैं, तबीयत फेंट कर करते हैं।

आम पकना शुरू होते ही इया आम तोड़वाती। बड़े-बड़े गाछ पर चढ़ना सबके वश की बात नहीं थी। इया धनबीर को याद करती। हरवाही[2] के बाद धनबीर आते। उनके पास जाली लगी, लंबी-सी लक्सी[3] होती। वे डाल-डाल चढ़ कर बड़ी सावधानी से आम तोड़-तोड़ कर नीचे गिराते और नीचे दो लोग बोरे पर उसे लोकते ताकि ज़मीन पर गिर कर आम चोटाह न हो जाएँ। बीस-बाइस पेड़ के आम तोड़ने में धनबीर को दो-तीन दोपहरिया खपानी पड़ती। किसी-किसी गाछ पर उन्हें बर्रे[4] के छत्ते मिल जाया करते थे। जब वे पेड़ से नीचे उतर कर आते, तो उनके बदन में जगह-जगह लाल-लाल चकत्ते बने होते। कई चीटें उनकी धोती और कमर के बीच में चिपटे भी होते। जिसको वे अपने दोनों हाथों और अँगोछे से अलग करते। बाद में आम की गिनती होती। धनबीर को सैकड़ा में पाँच, आम-तोड़ाई मिलती थी। सिर पर ढोकर आम को वही घर तक पहुँचाते थे। तब घर पर उन्हें कोई चाय के लिए पूछता भी नहीं था। धनबीर को हाल-हाल तक दूरा पर पत्ते में ही खाना परोसा जाता था। थाली में तो अब देने लगे। उस थाली को भी वे ख़ुद ही धोकर निर्धारित स्थान पर रख जाते हैं, जिनका इस्तेमाल उनके या असर्फी के परिवार के लोग करते हैं।

हर हफ़्ते-पंद्रह दिन पर कोई-न-कोई पबनी[5] आ जाती थी। दीदी से लेकर इया तक; किसी-न-किसी का उपवास होता। पूर्णिमा के दिन सत्यनारायण भगवान की पूजा भी होती। पबनी और पूजा में केले का मान और इस्तेमाल होता रहा है। था भी

1. खैनी रगड़ते हुए, 2. हलवाही, 3. पतले बाँस या बाँस के फट्टे के शीर्ष पर लकड़ी की ही एक छोटी-सी हुक और जुट की जाली बाँधकर बनाया जानेवाला उपकरण, 4. लाल चींटे, 5. पर्व

सर्वसुलभ। ख़रीदने नहीं पड़ते थे। किसी-न-किसी बारी में कोई-न-कोई जुआया[1] हुआ घौर[2] मिल जाया करता था। तब कार्बाइड से फल पकाने का रिवाज नहीं था। केला तो हरगिज़ नहीं। धूका जाता था। आज भी धूका जाता है। धूकाई केला, बेल इत्यादि फलों को पकाने की एक प्रक्रिया है। प्राकृतिक। इसमें आवश्यकतानुसार गहराई का गड्ढा खोद कर, नीचे घास-फूस बिछा दी जाती है, जिस पर संबंधित फल रख दिया जाता है। उस गड्ढे के एक किनारे पर, भूसा भरा एक छोटा-सा घड़ा या कटिया पलट कर रख दिया जाता है, जिसमें एक छोटा छेद कर दिया जाता है। घड़े और गड्ढे के बीच ऐसी लिपाई की जाती है कि कहीं से हवा निकले या घुसे नहीं। बिल्कुल एयर टाइट। दिन में चार-पाँच बार घड़े के छेद से होकर आग डाल कर ख़ूब फूँका जाता है और गोबर से उसको ढक दिया जाता है। दो-तीन दिनों में केले पक कर तैयार हो जाते हैं। धुकाई के लिए दम चाहिए होता है। धनबीर के पास केला धूकने का दम था। साँस खींच कर जब वे घड़े के छेद में फूँक मारना शुरू करते थे तो आग धनक जाती। चारों ओर धुँआ फैल जाता। जिसके कारण धनबीर की आँखों से आँसू गिरने लगते। धनबीर, जिस केले को धूकते, प्रसाद के लिए उसे कोई और छीलता। लोगों के प्रसाद खाने के लिए केले के पत्ते वे काटते लेकिन उन्हें और उनके समाज के लोगों को सबसे आख़िर में प्रसाद दिया जाता। अब भी यह 'सामान्य' स्थिति बहाल है।

धनबीर के एक मात्र बेटे का नाम लक्ष्मण है। इस वक़्त उनकी उम्र पैंतालीस पार होगी। लक्ष्मण ज़्यादा पढ़ाई-लिखाई नहीं कर पाए। उनके घर से गाँव के हाईस्कूल की दूरी एक किलोमीटर से कम ही होगी। हाईस्कूल के पीछे होकर ही गाँव जाने का रास्ता है। कभी जलावन लेकर तो कभी बैलगाड़ी पर अनाज या कुछ और लेकर लक्ष्मण असंख्य बार गाँव गए होंगे। वे हाईस्कूल नहीं जा पाए! उनकी ही उम्र के हमारे बाबू के बेटे स्कूल जाया करते थे लेकिन लक्ष्मण नहीं। जब स्कूल की घंटी बजती थी तब लक्ष्मण मवेशी के साथ होते थे या फिर कर रहे होते थे घसवाही। ऐसा ऐच्छिक नहीं था। इस अवस्था की मूल में धनबीर की ग़रीबी, उनकी जाति और धनबीर जिनके लिए मज़दूरी करते थे उनकी बेरुख़ी थी। उन दिनों बस्ता और वर्दी फ्री वाली नीति नहीं थी। होती भी तो क्या फ़र्क़ पड़ जाता! स्कूल में लक्ष्मण और उन जैसे बच्चों के साथ अध्यापक भेदभाव करते थे। गैर-दलित छात्र भी बराबरी का दर्जा नहीं देते थे। उल्टे स्कूल में भी घिरस और नौकर का संबंध जस-का-तस क़ायम था। आज भी थोड़ा कम या ज़्यादा, ऐसा होता है। अध्यापक किसी कभी दलित छात्र से पानी मँगवा कर नहीं पीते। कक्षा से कुर्सी निकाल कर धूप या छाँव में रखने को ज़रूर कहते। उनके लिए कक्षा में अंतिम क़तार में बैठना एक अलिखित लेकिन अकाट्य नियम हुआ करता था।

1. तैयार फल, 2. केले के गुच्छे

आधी छुट्टी के दौरान खाने के लिए उनके पास कुछ नहीं होता था। होता भी तो वे सबके साथ बैठकर न खा पाते और न सामूहिक हुड़दंग में शामिल हो पाते।

लक्ष्मण के पास एक साइकिल थी। पुरानी। खटहारा 'एभन'। प्लास्टिक की पैडल वाली। उनकी ही साइकिल पर मैंने अपनी सबसे पहली लंबी साइकिल यात्रा की। आठ किलोमीटर गया था। झिटकहियाँ। अपनी मौसी के गाँव। लक्ष्मण ने साइकिल को अच्छी तरह साफ़ कर, ग्रिस-मोबिल लगा कर दिया था तब। मैं सिर्फ़ मुंशी चौक पर चंद मिनटों के लिए रुका और फिर चलता रहा था। बाद में भी ज़रूरत पड़ने पर एक-दो बार मैंने उनसे साइकिल ली।

लक्ष्मण ने बाद में क़र्ज़ा-पैंचा लेकर एक टायर ख़रीद ली। टायर बैलगाड़ी ही होती है। फ़र्क़ सिर्फ़ इतना होता है कि टायर में लकड़ी के पहियों की जगह टायरयुक्त रिम लगे होते हैं। टायर ख़रीद लेने के बाद, गाँव के व्यवसायियों की माल ढुलाई अब उनकी आमदनी का प्रमुख स्रोत बन गया। बाद में उन्होंने सझिलावा में, अपने घर पर बीड़ी, सलाई, लेमनचूस, जैसे छोटे-मोटे सौदे रखने शुरू कर दिये। जिसे लक्ष्मण की अनुपस्थिति में बेलहियाँ वाली भी संभाल लेतीं। लक्ष्मण की वो दुकान अब भी चलती है। अब लक्ष्मण की पत्नी और उनके बेटे भी हाथ बँटाते हैं। लक्ष्मण के पाँच बेटे हैं। एकमात्र बेटी की शादी उन्होंने छोटी उम्र में कर दी थी। बहुत पहले एक बार उन्होंने कहा था, 'कि कहई छि राजू घिरस, जमाना न नु निम्मन है। ग़रीब अदमी के जबान बेटी के घर में न रखे के चाहि। ठीक नऽ होई छई *(क्या कहते हैं राजू गृहस्थ, ज़माना ठीक नहीं है न! ग़रीब आदमी को घर में जवान लड़की नहीं रखनी चाहिए। ठीक नहीं होता)* ।' तब नहीं समझ पाया था मतलब। बाद में, कुछ घटनाएँ हुई जिससे जोड़ कर देखने पर लक्ष्मण की बात बेजा नहीं लगी। हालाँकि, लक्ष्मण ने जो बाल विवाह किया, वो सर्वश्रेष्ठ उपाय नहीं था। लेकिन अकेला लक्ष्मण कुछ कर भी नहीं सकता था।

लक्ष्मण के बच्चे गाँव-जवार में बाजे यानी साउंड सिस्टम का कारोबार करते हैं। उनके पास कुछ बैटरी, माइक और लाउड स्पीकर्स हैं। जिनको साइकिल पर लाद कर वे साटा कमाते हैं। लगन के दिनों में काम ज़्यादा रहता है। लक्ष्मण के एक बेटे ने ढोला-ताशे का काम भी सीख लिया है। शादी-ब्याह के मौक़ों पर वह कुछ लोगों को इकट्ठा कर एक ग्रुप बना लेता है और बाजा बजाता है। कभी-कभार माँग के हिसाब से नचनिये[1] की व्यवस्था भी कर लेता है। बाक़ी समय में लक्ष्मण के बच्चे भी कमाने के लिए दिल्ली, पंजाब और हरियाणा जाते रहते हैं।

लंबे अंतराल के बाद गाँव गया था। आदत के मुताबिक़ धनबीर से मिलने उनकी

1. नाचने वाला/वाली

झोपड़ी की ओर गया। झोपड़ी नदारद थी। आम के कुछ क़लम और केले के पेड़ लगे थे। अरहर की झाड़ में हरे–हरे गुच्छे झूल आए थे। चारों तरफ़ से ऊँची मेंड़ खड़ी थी। जिस पर खड़े तिलके[1] के जवान पेड़ों के पत्तों से रह–रह कर सरसराहट की आवाज़ आ रही थी। अहसास हो रहा था कि वहाँ कभी कोई झोपड़ी रही ही न होगी। पल भर के लिए लगा, ग़लत जगह आ गया। बिल्कुल सन्न था। दस क़दम पीछे लौट कर आया राजीव के डेरा पर। प्रभु दयाल से पूछा, 'प्रभु, धनबीर के घर अहि तर न रहई *(प्रभू, धनबीर का घर इसी जगह था न)*?' प्रभु ने कहा, 'जा राजू बउआ, केहन बात करई छि! आहाँ न जनई छि कोनो कि! जाऊ खूब बतिआइले घिरस अहों। ऑडिटर साहब ख़ाली न करवा लेलथिन धनबीर से उ अप्पन जमीन। आई तीन–चार साल हो गेलई। अहिला न कहई ले कि गाँव–घर छोड़ला से अदमी, अदमी के भोर पराए लगई छई *(अरे राजू बउआ, कैसी बात करते हैं आप! आप कोई नहीं जानते हैं क्या! आप भी ख़ूब बात कर रहे हैं गृहस्थ! ऑडिटर साहब ने ख़ाली करवा ली अपनी ज़मीन धनवीर से। तीन–चार साल हो गए। इसीलिए कहते हैं न कि गाँव–घर छोड़ने से आदमी आदमी को भूलने लगता है)*।'

हमारे पिताजी के चारों भाइयों के बँटवारे में वह ज़मीन बाबू के हिस्से में आई। धनबीर भी बाबू के 'हिस्से' में ही आए। बाबू के लिए ही काम–धंधा किया करते। बरसों से परिवार समेत उसी ज़मीन पर रहते थे। कभी कोई दिक़्क़त नहीं आयी। धनबीर और बाबू के परिवार के बच्चों से किसी बात पर उनकी अनबन हो गई। बाबू ने धनबीर से वो जगह ख़ाली करवा ली। अचानक धनबीर की झोपड़ी के वहाँ न होने से मैंने बहुत बेचैनी महसूस की। जिस ज़मीन पर पहले एक आँगन आबाद था। जहाँ बेलहियाँ वाली के पोते–पोतियों की किलकारियाँ गूँजा करती थीं। अब वहाँ दिन में भी वीरानी पसरी रहती है। अब उधर से कभी गुज़रने पर धनबीर के असोरा पर खड़ी चटाई याद आ जाती है। उस ज़मीन पर लगे जिन पेड़ों के आम अब चचेरे भाई और उनके परिवार वाले खाते हैं, उनमें से कुछ धनबीर की बारी में यूँ ही उग आए थे। बहुत बाद में समझा कि धनबीर या उनके परिवार के बच्चे हमारे घर के अंदर क्यों नहीं दाख़िल होते थे! होते थे, तो खाते–पीते क्यों नहीं थे! क्यों धनबीर और गगन में से एक के लिए पत्ते पर और दूसरे के लिए थाली में खाना परोसा जाता था!

ताज़ा ब्यौरा: धनबीर और बाबू में हुए किसी समझौते के तहत धनबीर दंपति वापस पुरानी जगह पर झोपड़ी बना चुके हैं। छपरा जाने पर बाबू धनबीर दंपति के पास ही रहते–खाते हैं। लक्ष्मण राम ने अपना व्यवसाय थोड़ा और बढ़ा लिया है।

---

1. लकड़ी की एक क़िस्म

बिदुर जी

चनेसर बाबा मेरे लिए हमेशा एक रहस्य रहे। मैंने सबसे पहले उन्हें ही साइकिल चलाते देखा। मेरे लिए वे सबसे पहले साइकिल-सवार थे। मेरे गाँव में किसानों के डेरे अमूमन घर से कम-से-कम से दो किलोमीटर की दूरी पर हैं। कुछ के तो तब 5-7 किलोमीटर से भी ज़्यादा दूर थे। हिटलर साहब का डेरा बहुत दूर। डेरा से आगे, सरेह[1] में। हिटलर साहब का असली नाम तपेश्वर सिंह, रिश्ते में मेरे बाबा थे। उनको ग़ुज़रे कई साल हो गए। अपनी जवानी में वे गाँव के सरपंच चुने गए थे। तब ग्राम कचहरी का रुतबा था। लोगों को 'न्याय' मिलता था। तपेश्वर बाबा की उस 'त्वरित न्याय-प्रणाली' के कारण गाँव के कुछ लोगों ने उनको हिटलर के ख़िताब से नवाज़ दिया था, जिसने आगे चलकर उनके नाम को स्थानापन्न कर दिया। उनके परिवार में डेरा पर रहने की ड्यूटी बाँट-सी दी गई थी कि कौन किस समय डेरा पर जाएगा। बारी-बारी से हिटलर साहब, उनकी पत्नी और बेटियाँ डेरा पर जाया करती थीं। जब बेटा रामकुमार गाँव में होते थे तो वे भी डेरे पर जाया करते। रामकुमार गौहाटी में कोई कारबार करते थे। शायद सब्ज़ी का धंधा। बाद में गाँव आ गए। यहीं दुकान-उकान चलाने लगे। पाँच-छह बरस पहले, गर्मियों में जब गाँव गया था तब उनकी दुकान पर अनॉफ़िसियली शराब मिल जाती थी। पहले से बता देने पर वे मनचाहे ब्रैंड की व्यवस्था भी कर देते थे।

उस ज़माने में डेरा और घर का एक बेहद जीवंत और असरदार संबंध हुआ करता था। ज़्यादातर खेत-पथार उधर ही थे। माल-मवेशी और खेती-बारी से जुड़े काम डेरे के आसपास हुआ करते थे। कटाई-पिटाई, दौनी-ओसाई के बाद तैयार अनाज घर पहुँचा दिया जाता था। जिस पर परिवार की बुज़ुर्ग महिलाओं का 'स्वामित्व' होता था। डेरा और आसपास खेती संबंधी काम के बाद बन[2] के लिए कामगारों को एक पर्ची दे दी जाती थी, जिस पर बन की संख्या और अनाज का वज़न लिखा होता था, जैसे तीन बन, 3x3, कुल 9 किलो अनाज। मेरे परिवार में ऐसी पर्ची मेरे छोटे चाचा दिया करते। दादी किसी बच्चे से या फिर आँगन में किसी पढ़ी-लिखी महिला से पर्ची पढ़वातीं। फिर उस

1. खेतों के बीच, 2. मज़दूरी

कामगार की मज़दूरी तौली जाती थी। अनाज तौलना उस मज़दूर की ज़िम्मेदारी होती थी, जिसे मज़दूरी लेनी होती थी। क्योंकि अन्न लदे तराज़ू के पलड़े भारी होते हैं।

बेढ़ी बाँस की महीन कमचियों से बुना एक बड़ा-सा घेरा होता था। गोबर और मिट्टी से लिपे उस घेरे पर छतरीनुमा एक छप्पर और सामने एक छोटी-सी खिड़की होती है। उसमें क्विंटलों अनाज आते हैं। दादी किसी से बेढ़ी का ताला खुलवातीं और आसपास खेल रहे किसी बच्चे को अंदर घुसकर अनाज निकालने के लिए कहतीं। हम बेढ़ी में कूदने के लिए बेचैन रहते थे। कमोबेश हर खेतिहर परिवार में यही होता था।

हर परिवार से किसी एक पुरुष का रात को डेरे पर रहना एक अनकहा नियम-सा था। अगली सुबह वही आदमी दूध, सब्ज़ी, जलावन, फल इत्यादि लेकर गाँव यानी घर पहुँचता था। कुछ मामलों में ढुलाई का यह काम चरवाहे करते थे। डेरे के आसपास के दलित बच्चे। इक्के-दुक्के बच्चियाँ भी चरवाही किया करती थीं। मेरी याद्दाश्त में हमारे परिवार के लिए ये काम चिकरना यानी कैलाश राम और नथुनिया यानी नथुनी राम ने किया। चरवाहे बड़ी-सी टोकरी में दूध का डोल और सब्ज़ी लेकर घर पहुँचते थे। टोकरी उतारने के बाद वे हाथ-मुँह धोकर आते थे। साथ में केले का पत्ता भी लाते थे। जिस पर उनके लिए रूखा-सूखा रख दिया जाता था। एक दादी तो अपने चरवाहे को अक्सर बासी रोटी ही देती थीं। कुछेक अपवादों को छोड़कर आज भी यह प्रैक्टिस जारी है। होश आने के बाद महसूस हुआ कि कितने ग़ैर-इंसानी मूल्यबोध और आचरण के साथ जीते रहे हमलोग!

पच्चीस बरस पहले भी चनेसर बाबा मुझे वैसे ही लगते थे जैसे पाँच साल पहले। तब उनके घर में शादी के कुछ सालों बाद अपने ससुराल से वापस आ चुकी एक बहन, जिनकी बाद में मानसिक स्थिति ख़राब हो गई थी, और जिन्हें हम शेषा फूआ कहते थे, के अलावा सफ़ेद बालों वाली उनकी माँ यानी 'कनिया चाची' और बेहद सुंदर और शांत स्वभाव की उनकी पत्नी रहती थीं। उनकी पत्नी को हमलोग फुआजी पुकारते हैं। उम्र में चनेसर बाबा से आधी या आधी से थोड़ी ज़्यादा या कम। चनेसर बाबा के छोटे भाई केदार बाबा सीसीएल, बरकाकाना में फ़ोरमैन थे। सपरिवार वहीं रहते थे। रिटायरमेंट के बाद वे वहीं के हो चुके हैं। बड़े-बूढ़ों से सुना है कि चनेसर बाबा के परिवार के पास खेत-पथार कम थे। वे ज़्यादा पढ़े-लिखे भी नहीं थे।

केदार बाबा लगनशील थे। मुज़फ़्फ़रपुर से आईटीआई का कोर्स करने के बाद उन्हें 'झारखंड के जंगल' में नौकरी मिल गई थी। जहाँ आगे चलकर उन्होंने एक दुकान शुरू कर दी थी। जिसे चलाने के लिए वे समय-समय अपने रिश्तेदारों को साथ ले जाया करते थे। पिपरा के दयानंद सिंह, जो रिश्ते में केदार बाबा के साला हैं, वे भी केदार बाबा की दुकान को संभालने गए थे। अब उनकी ख़ुद की दुकान है वहाँ। वे

भी झारखंडी हो गए हैं। केदार बाबा अपने छोटे साले यानी महादेव सिंह को भी ले गए बरकाकाना। महादेव सिंह पढ़े-लिखे थे। दुकानदारी नहीं, उन्होंने मास्टरी की। किसी स्कूल में विज्ञान पढ़ाने लगे। लंबे समय तक वे भी झारखंडी रहे। पिछली मर्तबा गाँव जाने पर पता चला, महादेव सिंह का निधन हो गया। अब उनकी पत्नी अपनी छोटी बेटी के साथ रहती हैं।

केदार बाबा के संग गाँव के कुछ दलित लड़के भी बरकाकाना गए थे। लेकिन उनमें से कोई वहाँ के नहीं हो सके। कुछ महीने से कुछ साल तक रहे। बस। वापस आकर सब फिर उसी व्यवस्था में शामिल हो गए जिससे निजात पाने के लिए गाँव से निकले थे। बाद में चनेसर बाबा का बड़ा बेटा बिट्टु भी बरकाकाना गया। वहीं उसकी पढ़ाई-लिखाई शुरू हुई। सुना आगे चलकर केदार बाबा वाली दुकान का संचालन वही संभालने लगा। अब बिट्टु भी बरकाकाना का हो गया है। अक्टुबर 2011 में शेषा फूआ चल बसीं। सुना, उनके निधन के बाद मेरे चाचा वग़ैरह ने मुखाग्नि देने के लिए उनके उस पति को राज़ी करवाया जिन्हें छोड़कर वे आ गई थीं दशकों पहले। श्राद्ध कर्म वग़ैरह उनके ससुराल में ही संपन्न हुआ।

नौकरी लगने के कुछ समय बाद केदार बाबा की शादी हो गई थी। उनका ससुराल और मेरा ननिहाल एक ही है। मुज़फ़्फ़रपुर और दरभंगा जिले के सीमांत गाँव पिपरा। बेनीबाद के आगे कटरा थाना में। छुटपन में सुना था कि अपनी शादी के बाद केदार बाबा ने अपने ससुराल में बड़े भाई, चनेसर बाबा के लिए एक लड़की का इंतज़ाम किया। लड़की के माँ-बाप ग़रीब थे। लगभग दो गुने उम्र के दूल्हे के साथ लड़की ब्याहने के लिए राज़ी हो गए। चनेसर बाबा को दो बेटे हैं। बिट्टु बरकाकाना में दुकानदारी करता है। छोटा जुगनू गाँव में रहकर खेतीबारी और परिवार की देखभाल करता है। जुगनू की पढ़ाई-लिखाई अच्छी तरह नहीं हो पाई। हालाँकि उसकी आर्थिक स्थिति ऐसी थी कि वो कम-से-कम हाईस्कूल पास कर सकता था। मिलनसार है जुगनू। 'सामाजिकता' का ख़याल रहता है उसे। केदार बाबा के छोटे बेटे राजा की असामयिक मृत्यु के बाद उसकी विधवा से बिट्टु की शादी करवा दी गई। उसी के साथ तरियानी छपरा के राजपूतों में विधवा विवाह का रिवाज आरंभ हुआ। सब ख़ुश हैं।

चनेसर बाबा बहुत मेहनती थे। जवानी के दिनों में कई हाथों के काम उनके दो हाथ और बहुतेरे पाँवों के काम उनकी साइकिल के दोनों पहिए किया करते थे। खेती से जो उपजता था, उनमें से छाँट कर अच्छा-अच्छा बरकाकाना के लिए बचा कर रखवा देते थे, 'हे की बिट्टु मतारी एकरा रख दहु निम्मन से संभार के, केदार अतई तऽ दे दिअहु, न तऽ कोनो जतई तऽ भेज दिअहु *(हे बिट्टू की माँ, इसको संभाल कर रख दो, केदार भैया आएँगे तो दे देना नहीं तो किसी के हाथों भिजवा देना)*।' कुछ साल पहले केदार बाबा ने

डेरे पर घर बनवाया। चनेसर बाबा परिवार समेत वहीं रहने लगे।

मेरे गाँव में लोगों को उपाधियाँ दे देने का एक रिवाज सालों से चलता आ रहा है। किसी को यह उपाधि उनके पेशे के आधार पर दी जाती है। किसी को उनके चाल और चेहरे के अनुरूप। किसी की 'विलक्षणता' उन्हें उपाधि बख़्शवा देती है। किसी की 'ताजपोशी' केवल कुढ़ाने के लिए कर दी जाती है। 'हिटलर साहब' तो थे ही 'बिदुरजी' भी थे। चनेसर बाबा को बिदुरजी का ख़िताब मिला था। अपनी नौजवानी में, किसी नाटक में उन्होंने विदुर की भूमिका अदा की थी। तब से वे इस ख़िताब को संभालते आ रहे थे। बिदुरजी के न रहने से डेरा पर रात बिताने की परंपरा को भारी नुक़सान हुआ है।

लौगर छौंरी [1]

डेरा से तक़रीबन आठ सौ मीटर पूरब पाकुर-ठाकुर का स्थान है। पाकुर-ठाकुर एक ग्रामीण देवता हैं। याद नहीं कि कभी वहाँ कोई पूजा देखी हो मैंने। हमारे संयुक्त परिवार की बँसवारी[2] वहाँ भी है। उससे थोड़ा आगे जाकर दक्षिण तरफ़ भरन टोला है जहाँ तरियानी छपरा के कुछ राजपूतों का डेरा है और कुछ तत्मा, मलाह और मुसहरों के घर। थोड़ा और पूरब जाने पर मुसहरों का एक बड़ा टोला। जिसे मुसहरी कहते हैं गाँव वाले। है तरियानी छपरा की सीमा से बाहर। औरा में। इस मुसहरी के कुछ बच्चे माओवादी बता कर कुछ साल पहले बंद कर दिए गए सीतामढ़ी जेल में। ज़मानत या रिहाई हुई कि नहीं, न मालूम।

पाकुर-ठाकुर के उत्तर है फतिया टोला। इसी टोले में रहते हैं गगन सहनी। खेती के ज़माने में एक हल की ज़िम्मेदारी गगन सहनी पर भी थी। औसत क़द लेकिन मज़बूत काठी के गगन सहनी की ऐंठी मूँछों की नोक कभी बिखरी नहीं होती थी। देर शाम तक भी नहीं। मुस्कुराते रहते थे। ठहाकों के बिना हँसते नहीं थे। उन्हें जब भी देखा, घुटने तक की धोती, गोल गला और कंधे पर अँगौछे में देखा। हमेशा नंगे पाँव। आज कल वे प्लास्टिक के जूते पहनने लगे हैं। अब उम्र होगी पचहत्तर पार।

हाल तक उनकी माँ ज़िंदा थीं। अंतिम वक़्त में उनकी आँखों की रौशनी बेहद कमज़ोर पड़ गई थी। कान बिल्कुल सलामत थे। आँखों की मदद करते हुए। बोली सुन कर पहचान जाती थीं। हर दम काम-काम का रट लगाए रहती थीं। करती भी थीं। नहीं कुछ तो टोकरी बुनाई ही। गाँव जब आती थीं तो घर की बहुओं, ख़ास कर माई, मझली और छोटकी[3] चाची के पास थोड़ी-थोड़ी देर ज़रूर बैठतीं। एक-एक बच्चे का हाल-चाल पूछा करतीं। इसी बीच कोई चाची हाथ पकड़कर अपने बच्चे को उनके आगे करते हुए कहतीं, 'तनी तेल मल न देथीन लड़ीका के *(ज़रा, बच्चे की तेल मालिश कर दीजिए न!)*'। गगन की माँ ख़ुशी-ख़ुशी बच्चे की मालिश करने लगतीं।

गाँव में तब माताएँ अपने बच्चों को डाँड़ा पहनाया करती थीं। अब भी पहनाती हैं।

---

1. मस्त लड़की, 2. बाँस का बाग़ीचा, 3. छोटी

अलग-अलग रंगों के धागों की तीन चार लटों को लपेट कर डाँड़ा बनाया जाता था। जिसे बच्चे के कमर में डाला जाता था। काले रंग के डाँड़े ज़्यादा थे चलन में। मुख्य मंशा थी बुरी नज़र से बचाना। कईयों के डाँड़े में घुँघरू, जंतर, शीप, मोती वग़ैरह गुँथे होते थे। हमारे परिवार में बच्चों को पहनाए जाने वाले डाँड़े में लोहे का एक छोटा-सा टुकड़ा होता था। लोहे का वो टुकड़ा ख़ास तौर से गगन सहनी के घर से आता था। गगन बड़े प्यार से अपने मछली पकड़ने वाले जाल में से निकाल कर वो लोहा हमारी माँओं को दिया करते थे। मालूम नहीं, अपने जाल को बर्बाद करने के बदले में उन्हें क्या मिलता था।

धनबीर की तरह गगन सहनी भी कर्मठ और स्वाभिमानी हैं। हलवाही या बन-मज़दूरी के ज़माने में भी कभी उन्होंने किसी का रोब-दाब नहीं सहा। घर के बड़े बुज़ुर्ग भी उनसे अदब से पेश आते। गाँव के जाने-माने घरामियों[1] में उनकी गिनती होती थी। आज भी होती है। पगड़िया-हँसुआ[2] और मौज[3] की रस्सी लेकर सुबह-सुबह छप्पर पर चढ़ जाते थे। उसके बाद सीधे कलऊ[4] के लिए उतरते थे। थोड़ा सुस्ता कर जो छप्पर पर चढ़ते थे तो शाम को काम समाप्त करके ही उतरते थे। बीड़ी पीते नहीं थे। खैनी छवाई[5] करते-करते खा लेते थे। बड़े छप्पर की छवाई में उन्हें दो-दो, तीन-तीन दिन लग जाते थे। इस काम में धनबीर-गगन की जोड़ी हुआ करती थी। बिल्कुल जय-वीरू माफ़िक। अब भी कभी-कभार दोनों साथ दिख जाते हैं। हालाँकि, उम्र ज़्यादा हो जाने के कारण अब उन्होंने इस काम से लगभग अवकाश प्राप्त कर लिया है।

इसी जोड़ी ने सन् 1986 में मुज़फ़्फ़रपुर में हमारा घर बनाया था। अगस्त के महीने में। खर[6], बाँस, इँकरी[7], रस्सी, पगड़िया-हँसुआ वग़ैरह लेकर दोनों पहुँच गए थे मुज़फ़्फ़रपुर। दो कमरे, एक रसोई, बाउंड्री के लिए टाटी[8] और काम चलाऊ शौचालय बनाये थे इन्होंने। वैसे भी कच्चे शौचालय का चलन हाल-हाल तक था तरियानी छपरा में। हफ़्ता से ज़्यादा समय लग गया था। लीची की विशाल गाछी। दूर-दूर तक कोई घर नहीं। दिन भर खिखिर[9] की दौड़-भाग और रात को गीदड़ों के 'हुआँ-हुआँ' के साथ, बेहिसाब मच्छरों के बीच दोनों ने कई रात खुले आसमान के नीचे गुज़ारी थीं।

सैदपुर वाली उनकी पत्नी हैं। गुण और हुनर से भरी हुई। बोली से थोड़ी झनकाह[10]। किसी बात को दिल से नहीं लगाती हैं। जवानी के दिनों में उन्होंने जमकर मेहनत किया है। खेती-पथारी से लेकर घरेलू काम तक। हमेशा उनके सिर पर टोकरी या कोई मोटरी[1] देखी है मैंने। मजाल कि कभी कोई नुक़्स निकाल पाया हो उनके काम में। क़रीब पंद्रह-

---

1. कच्चा घर बनाने वाले कारीगर, 2. एक क़िस्म की हसिया, 3. एक क़िस्म की झाड़, 4. दोपहर का भोजन, 5. छप्पर बुनाई / निर्माण, 6. कच्चे मकान के छप्पर बनाने के काम आने वाली झाड़, 7. एक क़िस्म की झाड़, 8. बेंत से बनी कच्ची दीवार, 9. लोमड़ी जैसा एक जानवर, 10. ग़ुस्सैल

बीस बरस पहले सैदपुर वाली ने सब्ज़ियों का कारोबार शुरू किया था। नेउरा, बनघारा या खेमाइपट्टी बाज़ार से सब्ज़ी ला कर गाँव के हाट में बेचा करती थीं। उनके लिए वह नक़द आमदनी का टिकाऊ स्रोत था।

जब से माई-पापा हम तीनों भाई-बहनों को लेकर मुज़फ़्फ़रपुर रहने आ गए, तब से तरियानी छपरा के लोगों का डेरे पर आना-जाना लगातार बना रहा। दूर-दूर की रिश्तेदारियों से भी लोग आते रहते। कई रिश्तेदारों को मैंने मुज़फ़्फ़रपुर आने के बाद ही जाना। माई सुबह से शाम तक रसोई के काम में लगी रहती थीं। काम ख़त्म ही नहीं होता था। किसी की बहू के बच्चा जनने का समय पूरा होने वाला होता था। किसी बुज़ुर्ग को सीतापुर आई हॉस्पिटल में मोतियाबिंद का ऑपरेशन करवाना होता। किसी को बेटी की शादी के लिए सर्राफ़ा से गहने ख़रीदने होते थे। किसी की बेटी को देखने लड़के वाले को आना होता। माई इन कामों में 'एक्सपर्ट' मानी जाती थीं।

कुछ लोग केवल भेंट-मुलाक़ात करने आते। सैदपुर वाली उनमें से एक थीं। एक बार सैदपुर वाली आई हुई थीं। याद है, उन्होंने माई से कहा था, 'हे दुलहिन, छौंरा सऽ डेरा पर कहइत रहे कि गे सैदपुर वाली, मजफ्फरपुर जाइछे तऽ सिलेमा देखले अइहे। बड़ा निम्मन होई छई कि दोनि। हे दुलहिन तनिका हमरा सिलेमा देखवा न दिऊ *(हे दुल्हन, डेरा पर लड़के कह रहे थे कि मुज़फ़्फ़रपुर जा रही हो तो सिनेमा देखकर आना। सुना है बहुत अच्छा होता है। हे दुल्हन, दिखवा दीजिए सिनेमा)*।' माई पहले ख़ूब ज़ोर से हँसी और फिर उन्होंने पच्चीस रुपए थमाते हुए मुझे सैदपुर वाली को फ़िल्म दिखा लाने को कहा। प्रभात टॉकिज में कोई फ़िल्म देखी हमने। वापस आते हुए सैदपुर वाली ने कहा, 'हे राजू बउआ, हमरा दु मुठा बीड़ी किनवा दू *(हे राजू बउआ, मुझे दो बंडल बीड़ी ख़रीदवा दीजिए)*।' उनकी फ़रमाइश पर अपनी पसंद से मैं उन्हें बीड़ी दिलवा रहा था। सैदपुर वाली ने कुछ और माँग कर दी। दुकानदार बोल पड़ा, 'बेटा कोई और बीड़ी माँग रहा है और मतारी कोई और ...' बाद में, मिलने पर उस वाक़ये को याद कर हम ख़ूब देर तक हँसा करते।

गगन को तीन बेटियाँ और दो बेटे हैं। बड़ी बेटी को सैदपुर वाली कंतिया बुलाया करती थीं। यानी कांति। दूसरी को संतिया। यानी शांति। शारदा छोटी थी। मेरी हमउम्र। सैदपुर वाली उसे सरधावा बुलाती थीं। बड़ी बेटी का ससुराल महिनवारा में था। शादी के काफ़ी दिनों बाद तक नैहर[2] में ही रही। सपरिवार। उसके पति जोगिंदर सहनी यहीं खेत-मज़दूरी करते थे। वे घरामी का काम कर लेते थे। अच्छे घरामी माने जाते थे।

रामप्रवेश सहनी गगन सहनी के बड़े बेटे हैं। बचपन में लोग उन्हें बनईया पुकारा करते थे। उम्र लगभग चालीस-बयालीस साल। छोटी क़द-काठी। गोल, साँवला चेहरा।

1. गट्ठर, 2. माता-पिता का घर

काले-काले दाँत। दिखने में कमज़ोर। रामप्रवेश के ज़िद के कारण ही गाँव में आवागमन की सुविधा बनी रही। वैसे समयों में भी जब न कोई बस मालिक तरियानी छपरा में बस भेजना चाहते और न ही कोई चालक बस लेकर आने को राज़ी होते। ड्राइवरी का चस्का बचपन में ही लग गया था रामप्रवेश को। स्कूल छोड़कर खलासीगिरी करने भाग जाया करते। पहले जीप पर, फिर ट्रक पर खलासी का काम करते हुए उन्होंने ड्राइवरी सीख ली। घाट के ट्रांसपोर्ट को ज्वायन किया। चलाने लगे बस। मुज़फ़्फ़रपुर से छपरा और छपरा से मुज़फ़्फ़रपुर। ज़रूरत पड़ी तो जान पर खेल कर भी कच्ची सड़क पर बस चलाई। कभी किसी सवारी को एक खरोंच तक नहीं आने दिया। बरसात के दिनों में कहीं बस फँस जाने पर ख़ुद कुदाल और टोकरी लेकर सड़क पर मिट्टी डालाना शुरू कर देते थे राम प्रवेश।

काम के प्रति उनकी निष्ठा और गाँव के प्रति समर्पण ने रामप्रवेश को ज़बरदस्त मान-सम्मान नवाज़ा। धाक थी उनकी। रामप्रवेश के लिए ड्राइवर साहेब का संबोधन आम हो गया। स्टीयरिंग पर उनके होने तक गाँव के किसी 'हीरो' की ये मजाल नहीं थी कि वो किराया देने से इंकार कर दे। रोक देते थे बस, 'गड़ी तेल से चलता है, पानी से नहीं। पइसा देना होगा। पइसा जेबी में नहीं है तो उतर जाइए बस से। फोकट का सेवा इहाँ नहीं होता है। आ रंगबाजी कर रहे हैं त जान जाइए कि आपसे बड़का रंगबाज हम अपने हैं।' औक़ात नहीं होती थी कि कोई उनके साथ गुंडई दिखाए।

मुज़फ़्फ़रपुर में लगभग रोज़ अख़बार पढ़ लिया करते थे रामप्रवेश। दिन-दुनिया के प्रति सजग रहे। इसलिए ग़लत या अन्याय को पचा पाने में कमज़ोर निकले। पिछले दो पंचायत चुनावों में उन्होंने बीडीसी के लिए उम्मीदवारी की। काम से छुट्टी ली। प्रचार में कोई कमी नहीं की। लेकिन दोनों ही बार चुनाव हार गए। अपने 'वोटों' ने दगा दे दिया। कुछ दिनों तक गाँव में अफ़वाह उड़ती रही कि रामप्रवेश का माओवादियों के साथ उठना-बैठना है। वैसे तरियानी छपरा में लगभग दस-बारह बरस में ऐसी सोच वालों पर माओवाद की चिप्पी ख़ूब चस्पा की जाती रही। मेरे एक भाई ने मुझे भी यह तमगा दिया था दो-तीन बरस पहले।

सोवंश, गगन सहनी का छोटा बेटा है। बड़े भाई के पदचिह्नों पर चलते हुए सोवंश ने वाहनचालकी सीखी। कुछ समय तक बस भी चलाई। एक-दो बार दिल्ली भी गया। वहाँ उसे मज़ा नहीं आया, 'बाप रे बाप' केन्ना रहई जाई छई लोग सऽ दिल्ली में! ओनाहियो कोनो लोग रहलई हऽ ! तनि चुके घर में छौ-छौ गोरा। सब धरफरिये में रहई जाई छई उहाँ। हमरा न सुहाएल दिल्ली! दिल्ली में छौंरी सऽ के छोड़ के न कुछियो निम्मन लागल हमरा। बड़ी लौगर-छौंरी स हई ओत्रऽ *(बाप रे बाप! कैसे रहते हैं लोग दिल्ली में! वैसे भी कहीं लोग रहते हैं! छोटे से कमरे में छह-छह लोग। सबके सब हड़बड़ी*

में रहते है वहाँ। मुझे दिल्ली नहीं सुहाई दिल्ली। लड़की के अलावा कुछ भी अच्छा नहीं लगा वहाँ। दिल्ली की लड़कियाँ मस्त होती हैं)।' सोवंश अब गाँव में खेती-बाड़ी करता है। ड्राइवरी के बारे में उसकी यही राय है कि 'अपना रोड के गड़ी मिलेगा त चलाएँगे न त नहीं।' पिछली बार गाँव जाने पर पता चला कि रामप्रवेश ने सोवंश को एक होंडा सेट दिलवाया है सिंचाई के लिए। जो भी थोड़ी-बहुत अपनी खेती है और बटइया-उटइया[1] वाली ज़मीन है उसकी सिंचाई हो जाएगी और बाक़ी समय में भाड़ा पर चलेगा। 'एभरेज' अच्छा है। बचत हो जाएगी।

गगन छठ में हमारे पूरे परिवार के लिए दउरा, दउरी और डलिया बुना करते थे। अब भी शायद ये काम जारी है। पर अब न गगन पहले की तरह जवान रहे और न उनकी माँ मदद करने के लिए जीवित हैं। एक समय में गगन के अलावा उनकी माँ और सैदपुर वाली इस काम में उनकी मदद किया करती थीं। बच्चों ने भी ये कला सीखी पर मन नहीं लगता उनका इस काम में। वैसे सीख ही लेते तो क्या मिल जाता! एक साड़ी या धोती!

दो-तीन दिन पहले डिट्टू से पता चला कि गगन सहनी इन दिनों बड़े कष्ट में हैं। कुछ महीने पहले रामप्रवेश दुर्घटनाग्रस्त हो गए थे। बहुत दिनों तक बिस्तर पर पड़े रहने के बाद चलना-फिरना शुरू किया। लेकिन पूरी तरह ठीक नहीं हो पाए। अब दिमाग़ में भी परेशानी पैदा हो गई है। पहले की तरह सामान्य नहीं हैं। ड्राइवरी छूट गई। एक-दो बार मालिक से निहोरा करके बस लेकर गाँव आए लेकिन गाँव की कच्ची सड़क पर पहले की तरह संतुलन नहीं रख पाए। दुर्घटना होते-होते बची। इसलिए गाँव वालों ने ड्राइवरी बंद करवा दी। अब रामप्रवेश घर पर रहते हैं। उधर सैदपुर वाली लकवाग्रस्त हो गईं। हिलना-डुलना मुश्किल हो गया। सुध-बुध खो गया। टट्टी-पेशाब भी लेटे-लेटे। ढंग से सेवा करने वाला भी कोई नहीं। बहुत दुःख झेलना पड़ा उनको। कुछ महीने हुए, सैदपुर वाली नहीं रहीं। गगन कभी-कभार शाम को बाज़ार से लौटते वक़्त ढनमनाते-ढुलकते दरवाज़े पर आ जाते हैं। उनके चेहरे को देखकर लगता है, बहुत सारा दर्द लदा है।

---

1. बटाई-उटाई

सपाटू वाली दाई

चार-पाँच बरस पहले एक दोपहरिया। डिट्टू और मैं सपाटू वाली दाई के घर के बग़ल से गुज़र रहे थे कि आवाज़ आयी, 'डिट्टू तनी एन्ने आबे तऽ *(डिट्टू, ज़रा इधर आना)*'। आवाज़ कीचड़ में सनी एक तेरह-चौदह बरस की लड़की की थी। डिट्टू ने बताया कि ये दाई की पोती है। मैं भी डिट्टू के साथ उनके आँगन में गया। दाई अपने आँगन से कीचड़ साफ़ कर रही थी और उनकी पोती डोल से आँगन में जमा कीचड़युक्त पानी निकाल रही थी। मालूम हुआ, वो कीचड़ पिछले तीन महीनों के जल-जमाव का असर है। बचपन में दाइयों के आँगन में जाने के लिए सोचना नहीं पड़ता था। अब झिझक होती है।

दाई के छोटे लड़के रमेश जो रिश्ते में चाचा हैं, दीदी के साथ पढ़ते थे- चारपाई पर बैठे थे। कहा, 'इहाँ रहते तुम, तब पता चलता कि तीन महीना कइसे बीता है लोग का इ गाँव में। बाईस दिन झमाझम मेघ बरसता रहा। कखनियो[1] नहीं रुका। दू मिनट के लिए रुका आ फेर चालू। साग-सब्ज़ी के लिए लोग तरस गया। आना-जाना सब बंद था। देख रहे हो न कि आज तक कइसे कादो[2] जमा है चारू[3] ओर। तब तऽ बहुत खराब हाल था ...' बात ख़त्म भी नहीं हुई थी कि दाई बोल पड़ी, 'तीन महीना से जोना घर में सुतई जाई छई लोग ओहि में खनो पकऽबई जाई छई। ओहु में कखऽनियो एन्ने से तऽ कखऽनियो ओन्ने से टप-टप पानी टपकइते रह गेलई।'

जिस चूल्हे पर उनका खाना बनता था, आँगन में अब वो जीर्ण-शीर्ण हालत में थी। सिर्फ़ तीन ईंटें बची रह गई थीं। लेबी हुई मिट्टी और उचकुन[4] ग़ायब थे। दाई की पोती पहले डोल से बचा-खुचा पानी उपछ[5] रही थी। जो वह घंटे भर से कर रही थी। उसके बाद दाई हाथ से कादो काछ-काछ[6] के दूसरी बाल्टी में रख रही थी। कादो काछ लेने के बाद अब ज़मीन पर हाथ फेर रही थी। लिपाई कर रही थी। आँगन के चारों तरफ़ की

1. कभी भी, 2. कीचड़, 3. चारों, 4. चूल्हे पर बर्तन और लौ के बीच गैप बनाए रखने के लिए की जाने वाली व्यवस्था, 5. हटाना, 6. जमा कर-कर के

टाट-फूस की दीवार, नंगी हो चुकी थी। उसकी मिट्‌टी गल कर बह चुकी थी। अब भी उनमें सीलन थी। कहीं-कहीं पर्याप्त काई जमी थी। जो इस बात की तस्दीक़ कर रही थी कि पानी में ये भी डूबे हुए थे। असोरा की मिट्‌टी भी धँसी हुई थी, जगह-जगह से। उस पर एक-एक क़दम पर दो-दो, तीन-तीन ईंटें रखी हुई थी। जिस पर गोड़ रखकर बारिश के दिनों में उनके घर के लोग एक कमरे से दूसरे कमरे में जाया करते थे।

आँगन के बाहर जो चापाकल है उसका निचला सिरा अब भी पानी में डूबा हुआ था। चापाकल से दो क़दम दूर एक गबरा है जिसमें बच्चा बाबा, राणा बाबा, प्रभाकर और उधर नागेंद्र सिंह 'भगता' के घर की नालियाँ जाकर मिलती हैं। बाढ़ के दौरान गबरा पूरी तरह उपटा हुआ था। निःसंदेह उस गबरे का पानी भी दाई के आँगन में आया होगा। कितना मुश्किल रहा होगा दाई के परिवार वालों के लिए उस चापाकल से पानी लेना और उसका इस्तेमाल करना! आज भी सड़ांध आती है आँगन से। तमाम तरह के कीटाणुओं और गंदगी के साथ जमे रहे दाई के परिवार वाले। यह हालत सिर्फ़ दाई की नहीं थी। गाँव में ज़्यादातर कच्चे घरों की यही दुर्गति थी। जब भी ऐसी स्थिति आती है, घरों में चौकी पर स्टोव रख कर खाना पकाया जाता है। शौच-स्नान आदि के लिए न जाने कितनी मशक़्क़त करनी पड़ती है। सबसे ज़्यादा कष्ट महिलाओं को उठाना पड़ता है। मर्द तो फिर भी दूर-दराज़ जाकर निबट आते हैं, महिलाएँ कई-कई दिन बिना शौच-स्नान आदि के ही रहने को विवश होती हैं। उस बाढ़ में भी यही हुआ था।

दाई का घर कृपाल बाबा के घर के आगे था। कृपाल बाबा के घर से पहले रूपकिशोर और कामेश्वर बाबा का घर और उनसे पहले नवल बाबा का। और नवल बाबा के घर के ठीक पहले हमारा पुरना आँगन और उससे पहले शेषा फूआ और टूना बाबा का आँगन। सारे घर एक ही क़तार में थे। शेषा फूआ के दरवाज़े से लेकर कृपाल बाबा के दरवाज़े तक; क्यारियों में बेला, चमेली, गुलाब, करोटन, रात की रानी, दसबजिया समेत तरह-तरह के फूल लगे थे। गुज़र जाने पर बहुत अच्छा महसूस होता था। कुछ-कुछ सात्विक-सा। अब वैसी बात नहीं थी।

दाई के तीन बेटे हैं। बड़े का नाम याद नहीं, न ही कभी देखा है उन्हें। उनके बारे में बचपन में ही सुना था कि रानीगंज, बंगाल कमाने गए और वहीं किसी बंगाली लड़की के फेर में पड़ गए। जिससे उनको मोहब्बत-ओहब्बत हो गई। ऐसा सुनता रहा हूँ कि दिल तो किसी से भी लगाया जा सकता है पर शादी वहीं की जा सकती है जहाँ घर वाले करें। दाई के बेटे ने टोले में सबसे पहले इस रिवाज को तोड़ा। अपने पसंद की लड़की से शादी कर ली। उसके बाद टोले में दो-तीन और वैसी शादियाँ हुईं। हालाँकि बाद वालों ने गाँव-घर नहीं छोड़ा। दाई के बड़े बेटे ने सालों तक घर आना-जाना छोड़ दिया था। बहुत बाद में गाँव-समाज के साथ उन्होंने फिर से संबंध स्थापित करने की कोशिश

की। कभी–कभार गाँव आ जाते हैं। दूसरे बेटे सुरेश सिंह भी रानीगंज में बड़े भाई के साथ रहते थे और वहीं कोई काम करते थे। गाँव आने पर उनका बड़ा जलवा होता था। ख़ास कर हम जैसे लौंडों के बीच। बड़े .फ़ैशनेबल थे। शक्ल जिसमें मुख्य रूप से रंग भी शामिल था, थोड़ी–थोड़ी मिथुन चक्रवर्ती से मिलती–जुलती थी। क़द–काठी भी ठीक–ठाक। बस टाँगें छितरा कर चलते थे। गाँव में कुछ लोग उन्हें 'बावन फतिया' पुकारते हैं। शायद, टाँगें छितरा कर चलने के वजह से ही। बाद में वे मुज़.फ़्फ़रपुर में ही ट्रांसपोर्ट की नौकरी करने लगे थे। अब कहाँ हैं, नहीं मालूम। उनका परिवार गाँव में ही है। दाई के सबसे छोटे बेटे रमेश सिंह ने गाँव के हाईस्कूल में ही पढ़ाई की। मैट्रिक नहीं कर पाए। खेती–बाड़ी भी ख़ास नहीं की। मुज़.फ़्फ़रपुर में ट्रांसपोर्ट की नौकरी करते हैं।

दाई के चेहरे पर अब झुर्रियाँ लटक गई हैं। चौदह–पंद्रह साल पहले नहीं थी। बस समानता एक ही है उनके तब और अब के चेहरे में। जितने स.फ़ेद बाल तब थे, आज भी कमोबेश उतने ही हैं। दाई का घर और दरवाज़ा अच्छे दिनों में ख़ुशबूदार फूलों से महकता रहता था। बचपन में हम चोर–सिपाही खेलते–खेलते उनके आँगन में छुपने चले जाया करते थे। दाई मना नहीं करती थीं कभी। दाई के दूरा[1] पर सपाटू का एक विशालकाय गाछ था। उस गाछ के साथ दाई की पहचान जुड़ गई थी। अपने उस गाछ के चलते दाई बच्चों में ख़ासी लोकप्रिय थीं, जिसके बारे में तब ये सुना करता था कि 'बरमसिया[2]' है। बच्चों के साथ–साथ बच्चों की माताएँ भी दाई को सपाटू वाली दाई ही कहने लगी थीं। वैसे तो दाई बच्चों को सपाटू ज़रूर देती थीं लेकिन न देने की स्थिति में बच्चे उनके सामने ही सपाटू तोड़ने के लिए ढेलाबाज़ी करने लगते थे। तब दाई बच्चों के पीछे दौड़ पड़ती थीं और जो बच्चा उनकी पकड़ में आ जाता था उसे उसकी माँ के पास ले जाती थीं और शिकायत करती थीं। पीटती नहीं थीं। वो काम अकसर बच्चों की माँ कर दिया करती थीं।

बीस बरस से बेसी हुए उस पेड़ के कटे। शायद किसी बारिश में या बाढ़ के दिनों में जलावन के लिए उसे काटा गया होगा, या फिर किसी कारणवश सूख गया होगा। लेकिन सपाटू के उस पेड़ के स.फ़ाये के बाद पैदा हो रहे बच्चे भी उन्हें सपाटू वाली दाई ही पुकारते हैं।

---

1. दरवाज़ा/घर के आगे, 2. बारह महीने फल देने वाला

योह लागा-लागा ...

किसी छुट्टी में गया था मुज़फ़्फ़रपुर। सोच कर कि गाँव जाना है और डेरा पर रुकना है। दो-तीन दिनों बाद चला गया गाँव। डेरा पर तब हमारा कुछ भी नहीं था। पुराना सब समाप्त हो चुका था। बाद में पापा ने माई की ज़ोर-ज़बरदस्ती पर डेरा के नाम पर एक मड़ई खड़ी करवाई थी लेकिन वह भी टूट-फूट कर ढह गई थी। लाल चाचा साल में एक बार आते थे। उनको डेरा की कोई ज़रूरत ही नहीं थी। छोटे चाचा गाँव में ही थे, पर वे भी दिन में घूम-घाम कर वापस गाँव ही चले जाते थे। माल-जाल नहीं था। इसलिए डेरा की ज़रूरत से मुक्त थे। बाबू की खेती होती थी। खदन भैया करते थे। डेरे के नाम पर तब उनका एक भुसुल्ला था बस। कुल मिलाकर हमारे दोनों बाबाओं में, सिर्फ़ लल्ला का डेरा था। पर रात को वहाँ कोई नहीं रुकता था। केदार बाबा ने डेरा पर घर बनवा लिया था, जहाँ चनेसर बाबा परिवार समेत रहते थे। लेकिन शाम ढलते ही उनके दरवाज़े की कुंडी भी लग जाती थी। टूना बाबा ने डेरा बनवाया था पर रात को वहाँ कोई रहता नहीं था। टूना बाबा के डेरे से सटे ही किशोरी बाबा का डेरा था। डेरा क्या, उनका घर-दुआर सब कुछ वही था।

किशोरी बाबा की पत्नी को घर भर के बच्चे पत्ती पुकारा करते थे। भोली-भाली महिला थीं। उनकी चौड़ी पट्टी वाली साड़ी और उठे हुए दाँत मुझे अच्छी तरह याद है। पत्ती और किशोरी बाबा निःसंतान थे। सुनते हैं कि जवानी में कुछ समय के लिए किशोरी बाबा घर छोड़कर कहीं चले गए थे। छोटे चाचा ने पिछली मर्तबा बताया था, नेपाल के मोरंग चले गए थे। टोले के लोगों से सुना है कि तब किशोरी बाबा की किसी से आशिक़ी हो गई थी। उनका गृह त्याग उसी आशनाई का नतीजा थी। तब पत्ती बहुत परेशान रहा करती थीं। किशोरी बाबा फिर लौट आए थे। कब और कितने समय बाद, बिल्कुल नहीं मालूम। क़रीब पच्चीस बरस से ज़्यादा हुए पत्ती को गुज़रे। साँप ने डस लिया था। ईया ने बताया था करैत साँप।

पत्ती का श्राद्ध निबटा भी नहीं था कि केदार बाबा और टूना बाबा को किशोरी बाबा की चिंता सताने लगी। जैसे कि 'किशोरिया भइया कइसे असगरे रहथिन, के बना के खिअतई हुनका। निम्मन-बेजाय कुच्छो होतई तऽ के देह-नेह करतई *(किशोरी भैया*

अकेले रहेंगे? कौन बनाकर खिलाएगा उनको? अच्छा-बुरा हुआ तो कौन उनकी देखभाल करेगा)' वग़ैरह-वग़ैरह। दोनों पटीदारों की व्याकुलता इतनी बढ़ गई कि उनके बीच बवाल खड़ा हो गया। किशोरी बाबा की संपत्ति उस बवाल की ज़द में थी। संपत्ति क्या थी, कुछ बीघे ज़मीन। थोड़े बाँस, इँकरी और दो-चार गाछ-वृक्ष बस। आस-पड़ोस और टोले के लोग भी बीच में समझौता कराने के लिए कूदे। न जाने कैसी परिस्थिति बनी, कैसे मन बना; किशोरी बाबा टूना बाबा के साथ सीतामढ़ी चले गए। लिख दी अपनी पूरी ज़मीन उनके नाम। क़रार हुआ था कि भोजन और दवा-दारू से लेकर किशोरी बाबा की तमाम ज़रूरतों की ज़िम्मेदारी टूना बाबा और उनका परिवार वहन करेगा, जीवन पर्यंत।

टूना बाबा के घर से कभी बबलू, कभी डब्लू तो कभी गुड्डू दिन में साइकिल पर लंबी-सी टिफ़िन में किशोरी बाबा के लिए खाना लेकर डेरा पर पहुँचने लगे। बाज़ार से फल और मेवे आने लगे उनके लिए। टूना बाबा जब बरकाकाना से आते तो किशोरी बाबा के लिए धोती और गमछा भी लाते। एक-दो बार छाता भी। कुछ समय तक किशोरी बाबा को भी टूना बाबा में बेटे का अक्स नज़र आता रहा। पर वो चाँदनी ज़्यादा दिनों तक नहीं रह पाई। कुछेक साल बाद किशोरी बाबा उपेक्षित महसूस करने लगे। टूना बाबा और उनके बच्चों से अनबन रहने लगी। किशोरी बाबा अपने स्वाभिमान पर प्रहार महसूस करने लगे। कभी किसी की न सुनने वाले किशोरी बाबा को टूना बाबा, दाई और उनके बच्चों की बातें खटकने लगीं। किशोरी बाबा ने तय किया कि वे छपरा का खाना नहीं खाएँगे। यानी टूना बाबा के घर का। उन्होंने ख़ुद चूल्हा फूँकना शुरू कर दिया। मरते दम तक फूँकते रहे। हालाँकि अंतिम वक़्त तक टूना बाबा के परिवार वालों ने किशोरी बाबा का ख़याल रखा।

मैं उनके मेस में ही शामिल हुआ था। मेरे जैसे लोग कभी-कभार आते रहते थे। किशोरी बाबा के डेरा पर एक कोठली[1] थी और बड़ी-सी खुली जगह, जहाँ रात को टूना बाबा के दोनों बैल बाँधे जाते थे और किशोरी बाबा वाली बछिया भी। दूसरी तरफ़, कल की ओर से एक चूल्हा बिठाया हुआ था। किशोरी बाबा डिबिया की रोशनी में उसी चूल्हे पर रात को अधन धनकाते[2] थे। भात और तरकारी बनती थी। मुझे लगता है कि उनकी तरकारी शायद बग़ैर तेल के पक जाया करती थी! एक-दो बार मैंने ग़ौर से देखा कि वे तेल की शीशी में से पहले ढक्कन पर कुछ बूँद तेल डालते और फिर उसे आधा से भी कम कराही की ओर मोड़ते। कई बार तेल कराही में गिरता भी नहीं था। पर तरकारी बनती थी बड़ी स्वादू। उनके हाथ के भात और घिउरे[3] की तरकारी की बात कुछ और ही थी।

---

1. कमरा, 2. चावल बनाने के लिए पानी उबालना, 3. तोरी/नेनुआ

खाना बनने तक प्रमोदिया यानी प्रमोद, प्रभु दयाल का बेटा और चनकी का पोता वहीं बैठा रहता था। अपने लिए खाना निकालने से पहले वे प्रमोदिया के लिए कटोरे में तरकारी-भात परोस दिया करते थे और पूछते थे, 'ठीक हऊ न रे प्रमोदिया *(ठीक है ना प्रमोद)*!', उँघता हुआ प्रमोदिया कुछ जवाब देता था। जिस पर फिर वो प्यार से डाँटते हुए कहते थे, 'रे बोलई छे न काहे। तोरा कहाँ के अउँघी धएले हऊ। भर पेट खा न ले। बिहान से सबेरिये बना देबऊ। सबेरिये खा के चल जइहे। सार लफेरिया स न भुका देईअ है *(अरे बोलते क्यों नहीं हो! कहाँ से इतनी नींद आई है तुमको। भर पेट खा लो। कल से जल्दी बना देंगे। खाकर जल्दी चले जाना। साले लोफड़ लोग तंग करके रख देते है)*।' उसके बाद वे उस काले कुत्ते को ऑह, ऑह की आवाज़ लगा कर बुलाते थे, जिसकी पीढ़ियाँ इसी डेरे पर पैदा हुईं और यहीं खप गईं। सबसे अंत में वे अपने लिए एक गहरी पेंदी वाली थाली में भोजन परोसते थे। शायद एक वजह ये भी थी टूना बाबा के परिवार से उनके अनबन की। वे टिफ़िन में सिर्फ़ किशोरी बाबा के लिए दाल, भात, तरकारी, दही तथा व्यंजन भेजते थे लेकिन मात्रा इतनी नहीं होती थी कि किशोरी बाबा अपने चहेतों का भी पेट भर सकें।

किशोरी बाबा की कमर बहुत पहले झुक गई थी। वे लाठी लेकर चलते थे और लाठी को थोड़ा नीचे से पकड़ते थे। पौ फटने से पहले उठ कर दिशा-मैदान[1] हो आया करते थे। इधर आकर तो दाँत भी गिने-चुने ही रह गए थे। पर उन्होंने दातून से कभी समझौता नहीं किया। सुबह-सुबह चिउड़ा-दही का नाश्ता करते थे। दही न होने की अवस्था में कभी-कभी चीनी-चिउड़ा ही। चाय भी बनाते थे। एक से ज़्यादा। गिलास और लोटे से कप का काम ले लिया करते थे।

जब तक किशोरी बाबा ज़िंदा रहे, उनके डेरे पर रौनक़ बनी रही। उनके मचान पर हमेशा दो-तीन लोग बैठे रहते थे। आने-जाने वाले राहगीर उनके कल से पानी पीते थे और ठहर कर दो मिनट सुस्ता लिया करते थे उनके मचान पर। बग़ल के टोले से कोई-न-कोई हमेशा किसी-न-किसी प्रकार की मदद के लिए उनके पास आता ही रहता था। किसी के बच्चे की तबीयत ख़राब होती थी तो किसी का कुटुम्ब आया होता था। किशोरी बाबा अपने पास से या किसी से हाथ-हथफेर करके उनकी मदद कर दिया करते थे। 'न' कभी नहीं कहा उन्होंने किसी से। रहते अकेले थे किशोरी बाबा, पर वे अकेले नहीं थे। बहुत बड़ा जंजाल था उनका। डेरा से लेकर डोरा, भरन, फतिया, छपरा तक, हर जगह के लोगों की चिंता रहती थी उन्हें। लगभग रोज़ एक से ज़्यादा टोले में जाकर लोगों का हालचाल पूछ आया करते थे।

तरियानी छपरा के लगभग दो सौ लोग सपरिवार मुज़फ़्फ़रपुर में रहते हैं। बहुत

---

1. नित्यकर्म से निवृत

सारे कॉलेजिया विद्यार्थी भी डेरा लेकर पढ़ाई करते हैं वहाँ इनमें से बहुत से परिवारों के लिए गाँव से दूध आया करता था मुज़फ़्फ़रपुर। अब भी कइयों का दूध तरियानी छपरा से ही आता हैं। गाँव में परिवार का कोई सदस्य या फिर कोई जन-मज़दूर या फिर जिनसे दूध उठौना किया हुआ होता है, वही सुबह-सुबह बस पर दूध रख आया करता था जिसे मुज़फ़्फ़रपुर बस स्टैंड से दस-साढ़े दस बजे लोग उतार लिया करते थे। सबके डिब्बे पर नेल पॉलिश से नाम लिखा होता था। रामप्रवेश जब तक गाँव वाली बस के ड्राइवर थे, तब तक एक-आध अपवाद को छोड़कर किसी का दूध किसी और के हाथ नहीं गया और न ही किसी का डिब्बा गुम हुआ। ऐसा अनाज के मामलों में भी होता था। सीज़न में आम के लिए भी यही पद्धति अपनाई जाती थी। आज भी ये कसरत जारी है। रहते शहर में हैं लेकिन नज़र गाँव की ओर टिकी है। लगता है अभी कुछ और बरस ये प्रणाली जारी रहेगी। अकसर हमारे परिवर के लिए दूध भिजवाने की ज़िम्मेदारी किशोरी बाबा अपने माथे पर ले लिया करते थे। जब तक दूध बस पर सवार नहीं कर दिया जाता था, उनकी बेचैनी नहीं थमती थी।

किशोरी बाबा भांग के शौक़ीन थे। तीसरे पहर सिलउटी-लोढ़ी[1] पर वे भांग पीसते थे। अपनी ज़रूरत से ज़्यादा। बेर-डूबने[2] से पहले ही शंकरजी की इस बूटी के लिए लोगों का वहाँ आना-जाना शुरू हो जाता था। जो शाम होते-होते अच्छी-ख़ासी बैठकी में तब्दील हो जाती थी। खदन भैया, डिट्टू, जुगनू, बच्चा बाबा, वंशी पचरा वाले मनोरंजन डॉक्टर, सुशांत चाचा, शंकर बाबा सहित आसपास के डेरवैये[3] और काम-धाम और बाज़ार से लौट कर कैलाश राम, चंदर हजारी तथा फतिया के मज़दूर उनके मचान के आस पास बैठ जाया करते थे। जिन्हें मचान पर जगह नहीं मिलती थी वे बबलू के डेरे पर से बेंच सरका लिया करते थे। कुछ ज़मीन पर भी बैठ जाते थे। बातचीत तरकारी, और धान-गेहूँ के भाव से शुरू होती थी और पहुँच जाती थी खाद, बीज, पानी पटाई वग़ैरह जैसे बेहद ज़रूरी मसलों तक। किसकी भैंस ब्याई है, कहाँ बैल का मेला लगा था, पिछली बार सोनबरसा मेले में सबसे महँगा बैल कितने का था, किसने कितने में बैल ख़रीदा और वो बैल कितने दाँत का है, किसके खूँटे से बैल खुल गए, जैसी सूचनाओं का आदान-प्रदान किया जाता था। धान की फ़सल गड़बड़ा जाने की वजह क्या रही या फिर आलू की खेती की बदौलत भी कोई सेठ हो सकता है और दोमंज़िला मकान ठोक सकता है, जैसे विषयों पर भी कभी-कभार गंभीर विचार-विमर्श हो जाया करता था। कौन शराब और गोश्त के चक्कर में धूर-धूर[4] कर अपनी ज़मीन बेच गया, बातचीत के आग़ोश में ये भी आता था। किसके बेटे की नौकरी लगी और किसका बेटा किसकी बेटी के साथ सटा हुआ है, इन सब पर दिलचस्प बातें हुआ करती थी। नाते-

1. सिल-बट्टा, 2. शाम ढलना, 3. डेरा वाले, 4. बिहार में भूमि माप का सबसे छोटा पैमाना

रिश्तेदारों के बारे में भी बातचीत होती थी। फिर कोई कह पड़ता था 'योह लागा-लागा ... अर्र बोत-बोत ...[1]'। इसी के साथ पड़ते थे ज़ोरदार ठहाके।

बातचीत का सबसे दिलचस्प हिस्सा तब शुरू होता था जब केंद्र में किशोरी बाबा को लाया जाता था। हर कोई अपने-अपने ढंग से किशोरी बाबा से मज़ा लेने की कोशिश करता था। कोई उनकी जवानी के बारे में सुने क़िस्सों का हवाला देते हुए उनके किसी पुराने अफ़ेयर को उकेरने की कोशिश करता, तो कोई डेरे के आसपास की किसी महिला का नाम जोड़ते हुए उन्हें छेड़ता। जब भी ऐसा होता, ज़ोर के ठहाके पड़ते और किशोरी बाबा ऊँचे स्वर में गालियों की बौछार करने लगते। तब तक ये जारी रहता जब तक किशोरी बाबा बिल्कुल खौंझ[2] न जाते और तिलमिला कर 'तोरा मतरिया के बूर में, बहानचोद स हमरा मुआवे के उपाय कैले है, रे सार सऽ, हमरा डेरा पर गाँड़ मरावे अवई जाई छे *(तुम्हारी माँ की ... बहनचोद, सब मेरी जान लेने का उपाय करते रहते हैं। अबे सालो, मेरे डेरा पर गाँड मरवाने आते हो!)*' जैसी मारक गालियों का उबाच करना आरंभ न कर देते। इसी के साथ लोग धीरे-धीरे वहाँ से सरकना शुरू कर देते और किशोरी बाबा के गालियों का स्वर मंद होने लगता। बाद में बच जाते थे सिर्फ़ चंदर और कैलाश राम। वे किशोरी बाबा को समझाते थे कि 'कथी इ लफेरिया सऽ के बात पर खाँझइले घिरस। उ सब एनाहिए न बोलइत रहई छथिन। आहाँ झुट्ठे के खौंझ जाइले *(क्यों इन लोफड़ों की बात पर खीझते हैं गृहस्थ, वे लोग तो यूँ ही बोलते रहते हैं! और आप झूठ-मूठ में ग़ुस्साने लगते हैं)*।' थोड़ी देर में वे शांत हो जाते थे। फिर चल पड़ते थे भंसा बनाने। तक़रीबन दो साल पहले किशोरी बाबा गुज़र गए। डेरा भूत का बसेरा लगने लगा है।

---

1. आम तौर यह कहकर बकरे को बकरी के प्रति उकसाया जाता है, 2. उखड़ना/खीझ

ऑडिटर साहब

अब रिक्शा व्यवसाय हिमांशु संभालता है। व्यवसाय क्या, आठ-दस रिक्शे बच गए हैं। उसी की ग्रिज़िंग-आयलिंग में ख़ुद को व्यस्त रखने की कोशिश करता है। बस। एक भी पेंच खोल-कस नहीं सकता है, लेकिन हुलिया किसी सधे हुए उस्ताद की तरह बनाए रखता है। रिक्शा के कारोबार से पहले रंगरुटिये की तरह रहता था। बाक़ी समय में कभी 'देव साइकिल स्टोर्स' के बग़ल वाली स्टेशनरी की दुकान पर बैठ जाता है, तो कभी किसी बच्चे को हड़का देता है। चाची ने लंबे समय तक उसके बाल नहीं कटवाए थे। अकसर वे बाल खुले रहते थे। हिमांशु आँखों पर आने वाले बालों को हटाकर देखने के बजाय, बालों के अंदर से देखने का आदी हो गया। नतीजतन, आज तक 'कहीं पर निगाहें, कहीं पर निशाना' का अनुसरण करता है। हिमांशु, बाबू के छह संतानों में सबसे छोटा है। उससे बड़ा सुधांशु 'देव साइकिल स्टोर्स' का प्रोपराइटर। उनसे बड़े खदन भैया उर्फ़ सुधीर सिंह तरियानी छपरा में किसान, और सबसे बड़े सुबोध भैया गाँव में ही व्यापारी हैं। व्यापार, असल में वे नहीं, उनके बेटे विक्रम और राहुल संभालते हैं। भैया की निगरानी में। अनीता दीदी और सुषमा दीदी अपने-अपने ससुराल में परिवार संभाल रही हैं। सुबोध भैया की बेटी साधना भी ससुराल में ख़ुशी-ख़ुशी रह रही है।

बाबू यानी सकलदेव सिंह जब डिस्ट्रिक्ट ऑडिट ऑफ़िसर पद से रिटायर हुए तब मुज़फ़्फ़रपुर को उन्होंने अपना ठिकाना बनाया। पहले झोपड़ीनुमा डेरा था। सन् 1984-85 से पहले हमारे बाबा के चारों बेटों की मिली-जुली संपत्ति हुआ करती थी वो ज़मीन। सन् 1964-65 में ख़रीदी गई थी। तब लाल चाचा यानी सहदेव सिंह मुज़फ़्फ़रपुर में रह कर पढ़ाई करते थे। इसी डेरा पर। लाल चाचा हमारे परिवार के प्रथम ग्रेजुएट हैं। 'बी.एससी.'। अगली पीढ़ी में कुछ आर्ट्स ग्रेजुएट भी पैदा हुए। कुछ टेक्नोक्रेट भी। बाद में सुबोध भैया और खदन भैया ने भी उसी डेरा पर रहते हुए कॉलेज किया। कॉलेज यानी आई.कॉम.। रामेश्वर सिंह कॉलेज से। दोनों ने शहर के सिनेमाघरों की अच्छी जानकारी हासिल की। अंदर-बाहर, दोनों की। उस डेरे पर रहकर सबसे ज़्यादा पढ़ाई करने का सुधांशु का कीर्तिमान अभी सुरक्षित है, एम.बी.ए.। ललित

नारायण मिश्रा इंस्टिट्यूट ऑफ़ बिज़नेस मैनेजमेंट से।

डेरा गाँव से मुज़फ़्फ़रपुर आने-जाने वालों के लिए रैन-बसेरे के तौर पर उपयोग होता था। कहीं से आने-जाने वाले बस-ट्रेन छूट जाने पर रात को वहीं टिकते थे। परिवार के लोग जब अरुणाचल प्रदेश जाते थे, तो गाँव से एक रोज़ पहले आ जाते थे। दिन में बाज़ार-उजार का काम निबटाते थे और शाम को ले लेते थे बरौनी के लिए रेल। तब बरौनी से देर रात तिनसुखिया मेल मिल जाया करती थी। अवध-आसाम एक्सप्रेस आरंभ हुई, तब से सुबह 5.55 बजे स्टेशन पहुँचने के लिए इस डेरे पर रुकना फ़ायदेमंद था। स्ट्रैटेजिकली। मेन रोड के किनारे होने के चलते चौबीस घंटे रिक्शा सेवा उपलब्ध। एक बार ऐसा न करने के दुस्साहस के कारण लाल चाचा की रेल तब छूट गई थी जब वे प्लेटफॉर्म पर पहुँचने वाले थे।

ज़ीरो माइल से अखाड़ाघाट की ओर जाने में, तक़रीबन 400 मीटर के बाद सड़क की बाईं ओर स्थित है यह डेरा। बाद में खड़ी हुई 'ओम बिल्डिंग' को लंबे समय तक टेरवैये लैंड मार्क बताते रहे। डेरा बया, एक कट्ठा तेरह धुर ज़मीन पर पीछे की ओर खड़ी अकेली झोपड़ी। दाईं तरफ़ लुल्हवा की चाय-दुकान के बाद ज़ीरो माइल तक कुछ नहीं। लुल्हवा इसलिए कि उनका एक हाथ छोटा और टेढ़ा था। वैसे थे ज़बरदस्त प्लंबर। हालाँकि तब चापाकल ही हलाया जाता था। चाय दुकानदारी में उनके बच्चे हाथ बँटाया करते थे। शौचालय के लिए सड़क पार खेत-ही-खेत थे। बूढ़ी गंडक तट तक। नहाने-धोने के लिए सामने रिक्शा गैरेज के पीछे एक कल था। पेय जल का स्रोत भी वही था। वहाँ टिक कर थोड़े दिन रहने वाले ख़ाली ज़मीन पर क्यारी बना कर लहसुन, प्याज, आलू, टमाटर, बैगन, रमतोरई[1], मिरचाई[2], लउका[3], घिउरा[4], धनिया, मुरई[5] वग़ैरह उगा लेने की कोशिश करते थे। सफलतापूर्वक।

सन् 1986। सुधांशु और मैं पूर्णिया से लौट चुके थे। किसी हाईस्कूल में दाख़िले का इंतज़ार था। ज़िला स्कूल का एन्ट्रेंस होना था। हम डेरे पर थे। पापा उन दिनों गाँव में रेफ़रल हॉस्पिटल के टेंडर के चक्कर में पटना-मुज़फ़्फ़रपुर-सीतामढ़ी करते रहते थे। बाबू की पोस्टिंग थी बेतिया में। एक सुबह उन्होंने हम लोगों से दही-चिउड़ा मँगवा कर नाश्ता किया। बाद में बचा-खुचा कुछ हमें भी दिया। धोती-कुर्ता धारण करने के बाद अपना बैग, जिसे वो बेग कहते थे, हाथ में लटकाए और बोले, 'रै सुधांशु ... रै राजू ... हम जाई छिऽऊ बेतिया। अब सनिच्चर के अबउ । निम्मन से रहऽई जइहे *(रे सुधांशु... रे राजू... मैं बेतिया जा रहा हूँ। शनिवार को आऊँगा। तुम लोग अच्छे से रहना)*।' हम ग्यारह-बारह बरस के दोनों छोकरे रह गए अकेले डेरा पर। न जेब में चवन्नी और न मड़इया में चाउर, दाल, आटा... 'लंच' का शब्दार्थ मालूम नहीं था लेकिन भावार्थ की

1. भिंडी, 2. मिर्च, 3. कद्दू, 4. तोरी, 5. मूली

अच्छी समझ थी। सुबह के दही-चिउड़ा को स्मृति में फुलाते हुए दिन काट दिया। मरदूद शाम कहाँ मरने वाली थी! हमारे लाख रोकने से रात भी न रुकने वाली थी।

अपने बैग-वैग की तलाशी ली। एक अठन्नी और एक चवन्नी पा कर हम ऐसे ख़ुश हुए थे जैसे अलादीन का चिराग़ पा गए हों। वही दो सिक्के आटा आने का कारण बने। हौसला ऐसा बुलंद हुआ कि डिनर की तैयारी में जुट गए। क्यारियों की उघरी मिट्टी को देख कर हाल ही में उससे आलू निकाले जाने का एहसास हुआ। बेर डूबता, इससे पहले ही हमने क्यारियों की मिट्टी में हाथ घुसेड़ दिए। तक़रीबन घंटे भर बाद जब आधा कटोरा कंचाकार आलू मिले, तो हमारी ख़ुशी का ठिकाना नहीं रहा। आलू भर कर रोटी पकाने की योजना को साकार करने के लिए हमने चूल्हा जोड़ लिया। हमारी तैयारी लगभग पूरी हो गई थी कि कहीं से बाबू धमक पड़े। चूल्हे के पास हम दोनों की कसरत देख कर चहक कर बोले, 'कथि बनऽबई जाई छे तू सऽ ? अरे वाह! देखाऽब-देखाऽब, इ त आलू भरके बनऽबई जाई छे। निम्मन हऊ। बनाऽव, बनाऽव। हम अबऽई छी तनी झाड़ा फिरले, फेर खबऊ। जोर से भूख लागऽल है *(क्या बना रहे हो तुम लोग? अरे वाह! दिखाओ-दिखाओ, ये तो आलू भर कर कुछ बना रहे हो। बहुत बढ़िया, बनाओ-बनाओ। मैं आ रहा हूँ तब तक फ्रेश होकर। फिर खाऊँगा। ज़ोरदार भूख लगी है)*।' आ गए निबट-उबट कर। बोरा पर पाल्थी मर कर बैठ गए। हम बना कर देते गए। वे खाते गए। बीच-बीच में 'प्रशंसा' भी। 'अरे वाह! बड़ा निम्मन। रै राजू, तू केन्ना अतेक निम्मन बना लई छे? के सिखा देलऽऊ? तोहऽर मतारियो बड़ा निम्मन रोटी बनबई छऊ। रै सुधांशु, बुझाइऽ, मतारी वाला गुन एकरो में आ गेल हउ *(अरे वाह। बहुत बढ़िया राजू, तुम इतना अच्छा कैसे बना लेते हो? किसने सिखलाया! तुम्हारी माँ भी बहुत अच्छी रोटी बनाती है। सुधांशु, लगता है माँ वाला गुण इसमें भी आ गया है!)*।' आटा और आलू ख़त्म होने तक वे खाते रहे। हम निश्चिंत थे कि भोजनोपरांत वे हमें या तो पैसे देंगे या फिर साथ अहियापुर, बाज़ार समिति ले जाकर होटलबाज़ी करवाएँगे। हमारी सोच ग़लत सिद्ध हुई। आज तक ग़लत ही हो रही है। वे खाने के तत्काल बाद शैया पर पसर गए। उनके मुँह से अजीब-अजीब क़िस्म की आवाज़ें आने लगीं, जिन्हें हम गाँव में फोंफ काटना कहते हैं।

दोनों छोकरे रात भर उपवास पर रहे। तीसरे पहर कभी नींद आई होगी। सुबह फिर बाबू ने पिछली सुबह की तर्ज़ पर ही दही, चिउड़ा और आम मँगवा कर नाश्ता किया और हमें भी कुछ दे दिया। इस बार उन्होंने कहा, 'अब एतबार से पहिले न अबऊ। निम्मन से रहऽई जऽइहे सब।' दोपहर के आसपास पापा आए। दूर से देखते ही उन्होंने पूछा, 'क्या बात है, चेहरा क्यों लटका हुआ है आप दोनों का?' मुझे अपने बाबू के कारनामे के बारे में बताते हुए शर्म आ रही थी। ये भी लग रहा था कि अपने बाबू के बारे में सुन कर सुधांशु को भी अच्छा नहीं लगेगा। ख़ैर, देर-सवेर, दो से ज़्यादा क़िस्तों में ये बात

पापा समेत परिवार के बाक़ी लोगों के साथ भी साझा हुई। अब तो ये विस्तृत परिवार में लोक कथा का हिस्सा बन चुका है। तब तत्काल पापा ने हमें कुछ खिलवाया और फिर हमारे लिए दाल, भात तरकारी बनाई। हमें कुछ पैसे भी दिए ताकि भविष्य में ऐसी अनहोनी से मुक़ाबला किया जा सके।

1984-85 से पहले यह डेरा समान रूप से हमारे बाबा के चारों बेटों का था। उसके बाद उस पर सिर्फ़ हमारी बड़की चाची के पति जिन्हें हम बाबू कहते हैं, का स्वामित्व हो गया। क़िस्सा संक्षेप में ये कि उन दिनों उम्र के जिस भी पड़ाव पर वे रहे हों, उनके मन में यह भाव आया कि डेरे पर चारों भाइयों का स्वामित्व रहना उनके और विशेषकर हमारी चाची के स्वास्थ्य को नुक़सान पहुँचा सकता है। ये भी कि इससे उनके बच्चों का भविष्य उज्ज्वल नहीं हो पाएगा। उन्हें ऐसा भी बोध हुआ कि अगर समय रहते उन्होंने इसे अपने अधिकार क्षेत्र में दाख़िल नहीं करा लिया तो एक बेशक़ीमती संपत्ति के तीन चौथाई हिस्से से उन्हें हाथ धोना पड़ जाएगा, जिसके लिए उन्हें ताउम्र अपने बच्चों यानी चारों बेटों, विशेष कर दोनों बड़े बेटों का कोपभाजन बनना पड़ेगा और पत्नी स्वस्थ रहीं तो ताने देती रहेंगी। थोड़ी-सी चालाकी से उनकी दुनिया पलटने वाली थी। ज़रा-सी हेर-फेर से रातों-रात उनकी अमीरी में इज़ाफ़ा होने वाला था। उन्हें अपने परिवार के भविष्य की सफलता का केंद्र उस डेरे में नज़र आ रहा था। छोटी-छोटी चालाकियों के दर्जनों पुराने अनुभव थे उनके पास। साथ ही उनके ससुर अर्थात् सुधांशु के नाना, जो हमारे भी नाना ही होते -थे ही चालबाज़ी में अतिरिक्त दक्षताप्राप्त। ज्ञान बाँटने के लिए सुबोध भैया के ससुर यानी बाबू के समधि कॉमरेड सतरोहन यानी शत्रुघ्न प्रसाद सिंह भी थे।

बाबू ने भाइयों में बँटवारे का राग छेड़ दिया। घर-आँगन तो वे पहले ही बाँट चुके थे। छोटे चाचा सुशांत सिंह की शादी से पहले ही। रह गई थीं तरियानी छपरा में खेती की ज़मीनें, बाँस, इँकरी, गाछी और छोटे-मोटे अन्य सैरात[1]। घरारी[2] भी। इस बार ये बँटवारा चारों भाइयों में होना था। गाँव के दो-तीन प्रतिष्ठित लोगों के अलावा हमारे सबसे बड़े फूफाजी नंदकिशोर सिंह को पूर्णिया से विशेष रूप से बुलाया गया पंचायती करने। नंदकिशोर सिंह हमारे सबसे बड़े दादा कोदई सिंह के एकमात्र दामाद थे। हमारी सबसे बड़ी, बनारसी फूआ के पति। लल्लु, चुन्नू, बच्चा और मुन्ना भैया तथा ऊषा और वीणा दीदी के पिता। तीनों बाबाओं के बेटों-बेटियों में बनारसी फूआ और फूफाजी की बड़ी इज़्ज़त थी। आज भी है।

लौटकर जब फूफाजी पूर्णिया आए थे तब उन्होंने बताया था कि कैसे-कैसे ड्रामे

---

1. संपत्ति, 2. घर की ज़मीन

हुए थे बँटवारे में। कैसे हमारे बाबू की तबीयत बिगड़ जाती थी और चाची को दाँती[1] आ जाती थी। ये पता चला कि खेती से लेकर घरारी तक, उनका हर हिस्सा मौक़े की जगह पर आया। भरी-भराई घरारी और भरा-भराया डेरा। मुज़फ़्फ़रपुर वाला डेरा उनके ही हिस्से आया। न आने का कोई रास्ता रह भी नहीं गया था। बँटवारा शुरू होने से पहले ही वो एक कट्ठा तेरह धुर ज़मीन किसी चमत्कार के कारण बाबू के नाम हो गई थी। रिवाज के उल्टा छोटे भाइयों ने बड़े भाई की ज़िद मान ली। जानते हुए कि वे ठीक नहीं कर रहे हैं।

बाबू को देख कर भ्रमित हो जाता हूँ कि कर्मठ को विशेषण मानूँ या संज्ञा। वैसे मेरी नज़र में बाबू विशेषण ही हैं। उनका प्रैक्टिस बाबूवाद। बाबू हाल-हाल तक पैदल चलने में भरोसा रखते थे। इस हद तक कि साथ वाले का दम निकल जाए तब भी बेपरवाह। सुधांशु की फ़ीस जमा करने हर महीने या दो महीने पर पूर्णिया आते थे। हॉस्टल में। हम हर बार उनके साथ बाज़ार जाते थे। सुधांशु को कुछ ख़रीदारी करनी होती थी। हमें साथ घूमना होता था। फारबिसगंज मोड़ से शुरू होकर नया टोला, भट्ठा बाज़ार, झंडा चौक, चित्रवाणी, रूपवाणी होते हुए हम बस स्टैंड तक आते थे। फिर जेल रोड, कचहरी घूम-घाम कर मेन रोड से वापस हॉस्टल आते थे। एक-दो निवेदन के बाद कभी हिम्मत नहीं हुई ये कहने की कि 'बाबू रिक्शा ले न लऽ'। आकार में मुज़फ़्फ़रपुर शहर तब भी इतना बड़ा था कि चार-पाँच पूर्णिया लील जाने के बाद भी जगह बची रह जाती। अब तो और बड़ा हो गया है। बाबू ने एक-दो बार वही कारनामा यहाँ भी किया। मैंने उनके साथ न जाने की 'विद्या क़सम' खा ली। परिवार का कोई बच्चा उनके साथ बाज़ार जाने को स्वेच्छा से राज़ी नहीं हुआ। भय और मजबूरीवश ही। पूरा बाज़ार घुमा-फिरा देने के बाद वे खिलाते थे पिनखजूर, और गुप-चुप अर्थात् गोल-गप्पे। कभी-कभी आम पापड़। 'नायदर सॉलिड नॉर लिक्विड'। या यही सॉलिड और यही लिक्विड। साथ वालों के लिए उम्मीद करना भी गुनाह था। और किसी भी वक़्त एक संक्षिप्त लेकिन जीवन-पर्यंत स्मृति पर छपे रहने वाले उद्बोधन की स्थिति पैदा कर देने का ज़िम्मेदार भी। उनके मुताबिक़ उनके द्वारा खिलाई जाने वाली सामग्री हमारे पेट, आँत, अस्थियों और मस्तिष्क के लिए पौष्टिक और स्वास्थ्यवर्द्धक होती थी। वीर्य-रक्षक भी। उन्हीं दिनों उन्होंने सुनाया था, 'काक चेष्टा, बको ध्यानम्, श्वान निद्रा, तथैव चः, अल्पहारी, गृहत्यागी, इति विद्यार्थिति पंच लक्षणम्।' आज भी मुखर्जी नगर में बतरा के अगल-बग़ल नैशनल हॉबी को चरितार्थ करने आने वाले 'हेरिज' को देखता हूँ तो बाबू के पैरामीटर पर अपने आप उन्हें नापने लग जाता हूँ। फिर जी करता है, बता आऊँ बाबू को कि अब आपके पंचलक्षणम् अर्थहीन हो गए हैं।

डेरा अपना हो ही चुका था। वहाँ बाबू के बाक़ी भाइयों के परिवार वाले भी

आते थे। अब भी आते हैं, लेकिन पुराना हुलास[2] नहीं रहा। रिटायरमेंट के बाद बाबू ने पूर्णरूपेण डेरे पर ही सेट्ल हो जाने का मन बनाया। ज़मीन पर मार्केट बनावाने के प्राचीन स्वप्न को साकार करने का समय आ चुका था। बाबू ने बुनियाद डाली। एक के बाद एक पिलर खड़े हुए। देखते-देखते मार्केट खड़ा हो गया। आगे से। पीछे रहने की व्यवस्था करनी थी। दीवारें उधर भी खड़ी हो गई थीं। ये क्या! बाबू ने दुकानें तो बनवा ली, पर कोई धंधा शुरू नहीं किया! न ही किसी को किराए पर कोई दुकान या काउंटर ही दिया। रिक्शा ले आए। दो-चार नहीं। पचास। बाद में उसकी संख्या सौ के आसपास पहुँची। सुबह से शाम तक ग्रिज़, मोबिल से सनी धोती में, बाबू रजिस्टर लेकर रिक्शा से होने वाली आमदनी के लेखा-जोखा में व्यस्त रहने लगे। प्रति रिक्शा तीस रुपए रोज़ की आमदनी होनी लगी। तब तक सुधांशु भी वापस हो गया था मुंबई से। एम.बी.ए की पढ़ाई कर कुछ बरस उसने मुंबई में किसी कंपनी में नौकरी की थी। उसे जल्दी समझ में आ गया था कि नौकरी और ग़ुलामगिरी एक ही कर्म के दो नाम हैं। उसने भी अपनी जमा-पूँजी से कुछ रिक्शे मँगवा कर बाबू के गैरेज में खड़े करवा दिए। साथ ही साइकिल-रिक्शा के स्पेयर पार्ट्स की दुकान शुरू कर दी। अब वही स्पेयर पार्ट्स 'देव साइकिल स्टोर्स' जैसे प्रतिष्ठान में तब्दील हो चुका है।

बाबू कुछ-कुछ मोहम्मद बिन तुगलक की तरह रहे। आज भी हैं। गाँव में कम-से-कम तीन जगह उन्होंने अपनी राजधानी बनाई। अर्थात् तीन घर बनाए। एक सरपट्टी में भी। रिटायरमेंट के बाद। टिके कहीं भी नहीं। कभी वे खेतों की मेड़ को ख़ूब ऊँचा करवाते तो कभी बिल्कुल ढहा देते। एक बार उन्होंने कुछ लोगों को सबक़ सिखलाने के लिए कुछ सौ मीटर में ऊँची बाँध ही बँधवा डाली थी। जब उस पर झगड़ा खड़ा हुआ तो छोटे-छोटे बच्चों की फ़ौज लेकर मुक़ाबला करने गए। यह कह कर कि 'तु सब पिछारिए रहऽई जइहे, हम त असगरे बहुत छिअऽई ओकरा सब ला *(तुमलोग पीछे रहना। उन लोगों के लिए तो में अकेला ही काफी हूँ)*।' किसी भी वक़्त वे एक से ज़्यादा घर का निर्माण करवा रहे होते थे। आज भी करवा रहे हैं। मुज़फ़्फ़रपुर में डेरा और तरियानी छपरा में खदन भैया और हिमांशु के लिए मकान। इतिहास किसी के भी पूरा न होने का गवाह रहा है। जो अपनी जगह क़ायम है।

गाँव से उनका एक पोता मुज़फ़्फ़रपुर डेरा पर रह कर पढ़ने आया। उसके माँ-बाप ने बड़े प्यार और उम्मीद से भेजा था कि बेटा शहर में बाबा के साथ रहकर पढ़ेगा। पढ़ के कुछ बनेगा। अपना और ख़ानदान का नाम रौशन करेगा। जल्दी ही एक होनी ने उनकी उम्मीदों पर पानी फेर दिया। वहाँ कुछ बच्चे पहले से रहते थे। हिमांशु और सुधांशु के। एक बार गाँव से आए पोते ने अपने बाबा से शिकायत की कि 'हो बाबा, देखऽ न इ छौंरा

1. बेहोशी, 2. उत्साह

हमरा जोर से एक चमेटा मार देलऽक ह *(बाबा, देखिए न, इस लड़के ने ज़ोर से झापड़ मार दिया)*।' बाबू ने सुनते ही पूछा, 'केना मारलऊ हऽ ? तनी ओकरा मार के बताऽवे त। ओनाहिए मारिहे, जेना उ तोरा मारलऊ हऽ *(कैसे मारा है ? जरा उसको मार कर बताओ तो। वैसे ही मारना जैसे उसने तुम्हें मारा। अन्यथा में बताऊँगा)*। न त हम बतऽबऊ।' उसने चचेरे भाई के गाल पर धीरे से चार उँगलियाँ चिपका दी। ये देखते ही बाबू आए और उन्होंने इतनी ज़ोर से उसके गाल पर झापड़ रसीद दिया कि वह बिस्तर से दूर जाकर गिरा, धड़ाम से। वो बच्चा अब भी कहता है कि 'हम त चकरघिन्नी लेखा नाच गेल रहि हो राजू चच्चा *(मैं तो चक्रघिरनी की तरह नाच गया हो राजू चाचा)*'।

सुनते हैं कि वे बचपन से ही किसी को भी गाली दे देने की औक़ात रखते थे। बेटे और पिता को भी। क़िस्म-क़िस्म की। कभी किसी ने मना करने या समझाने की कोशिश की तो बाबू ने खोल कर गालियों की व्याख्या की और बताया कि कैसे उनका गाली देना वाजिब था। और कैसे जो गाली अभी-अभी उन्होंने दी, वही मुफ़ीद थी। उसकी जगह कोई और गाली दे देते तो वह तात्पर्यहीन साबित होती। उनकी हर गाली में औरत-मर्द के बीच गर्दन के नीचे से लेकर जंघा के ऊपर तक संपन्न होने वाले कर्मों का सार और रिश्तों की पड़ताल निहित होती थी। जो गाली वे अपने साले को देते थे, अगली बार वही गाली अपने बेटे को भी देने का माद्दा है उनमें।

मोबाइल फ़ोन रिवाज में शामिल होना शुरू ही हुआ था कि कोई कंपनी वाला उनके पास आया। बोला, 'टावर लगाने के लिए अपनी ज़मीन दे दीजिए। अच्छा किराया मिलेगा।' बाबू ने उसकी बातें धैर्यपूर्वक सुनी। ख़ूब दिलचस्पी दिखाते हुए टावर और ट्रांस्मिशन से जुड़े विभिन्न पक्षों पर अपना ज्ञानवर्द्धन किया। फिर जवाब दिया :

'देखिए, आप ठीक कह रहे हैं। आपके काम से जनता को फायदा होगा। लोग मोबाइल पर बतियाएँगे। बहुत अच्छा होगा। लेकिन इ बताइए कि हमारे पोतवा सऽ को जब पैखाना लगेगा तो आप अपने टावर पर हगने दीजिएगा उसको ? बताइए, बताइए। हगने दीजिएगा ? नहीं हगने दीजिएगा न ? तऽ फेर, हम टाबर लगाने के लिए आपको काहे जग्गह दे दें ? बोलिए। हमारा जमीन ख़ाली रहेगा। हमारा बच्चा सब का मन करेगा जहाँ हगने का उहाँ हगेगा, जहाँ मूतने का उहाँ मूतेगा। इसलिए आप अपना टाबर-उबर लगाने का बिचार ले के इहाँ से चले जाइए। उ देखिए मेरा पोतबा आ गया जुज्जी[1] बाहर कर के मूतने। हट जाइए, न तऽ गोड़े[2] पर मूत देगा। बहुत खच्चर[3] है ससुरा ई।'

बाबू दूध के बहुत बड़े शौक़ीन हैं। चाची के देहावसान के पहले तक उनका हाज़मा भी दुरुस्त था। एक बार में दो लीटर गटक जाने और कटोरी भर घी पी जाने के बाद भी सुबह सामान्य रहते थे। इतना-इतना दूध वे दिन में तीन दफ़ा गटक जाया करते थे। सामने पोता-पोती दूध के बिना चिल्लाते रहे तब भी बाबू पर कोई फ़र्क़ नहीं पड़ता

था। जब तक अपना पेट नहीं भरता, वे किसी और की परवाह नहीं करते थे। कितने से उनका पेट भरेगा, कई बार इस बात की गारंटी वे ख़ुद भी नहीं दे पाते थे। कड़ाही भर मछली खा लेने के बाद भी डकार आने में उन्हें समय लगता था। आता ज़रूर था। एक बार केदार बाबा और बाबू, दोनों मिलकर भर कड़ाही मछली चट कर गए। बच्चे कड़ाही खखोरते रह गए, कुछ नहीं मिला।

बाबू का गैरेज सालों चला। वे मेहनती तो हैं ही। पचहत्तर बरस की उम्र में भी सुबह-सुबह लोटा भर पानी, उसके बाद वर्ज़िश, बदन पर कडुआ-तेल[4] की मालिश के बाद स्नान और गीता पाठ; उनकी दिनचर्या बनी रही। शायद अब भी यही दिनचर्या है। इसी बीच एक अंधेरी रात में चाची छत से गिर पड़ीं। उनकी काफ़ी सारी हड्डियाँ टूट गईं। पटना मेडिकल कॉलेज हॉस्पिटल में इलाज भी करवाया गया। चाची नहीं बचीं। सुबोध भैया ने बहुत सेवा की थी तब अपने माई की। बचपन में जीवनसाथी के बारे में सुना करता था 'जवानिये न त बुढ़ापे *(जवानी में नहीं तो फिर बुढ़ापे में)*'। बाबू की जीवनसाथी बुढ़ापे में साथ छोड़ गईं। वे अकेले हो गए। शरीर पर थकावट हावी होने लगी। बाबू शुरू से ही हिमांशु को रिक्शे के व्यापार का नियम सिखाते रहे। हिमांशु सुनता तो ध्यान से था। पर उतने ध्यान से काम कर नहीं पाता था। इधर बाबू ने धीरे-धीरे व्यवसाय से ख़ुद को खींचना शुरू कर दिया। जब तक वे पूरी तरह ख़ुद तो विड्रॉ करते, रिक्शा व्यवसाय चरमरा गया। हिमांशु नहीं संभाल पाता है काम। पिछली मर्तबा गाँव जाने पर पता चला हिमांशु और सुधांशु के बीवी-बच्चे बाबू का ठीक से ख़याल नहीं रखते हैं।

ताजा विवरण : बाबू ने मुज़फ़्फ़रपुर वाली ज़मीन का बखरा कर दिया है। आगे से दोनों छोटे बेटों को और पीछे से बड़ों को। अगला हिस्सा व्यावसायिक दृष्टि से अत्यंत महत्त्वपूर्ण है। राष्ट्रीय राजमार्ग के किनारे पसरते नये शहर के बीचो-बीच। मुहँ-मुँही चलती है कि अगला हिस्सा हिमांशु की पत्नी और सुधांशु ने बाबू को फुसला कर लिखवा लिया। दोनों बड़े बेटे कसमसा कर रह गए। अब खदन भैया और सुबोध भैया अपने-अपने हिस्से में निर्माण करवा रहे हैं। चारों बेटों में शीत युद्ध चल रहा है। हिमांशु रिक्शा का कारोबार छोड़कर गौपाल की भूमिका निभा रहा है। उसकी पत्नी 'सुरुचि जेनरल स्टोर्स' का संचालन कर रही है। बाबू की तबीयत अपेक्षाकृत ढीली हुई है। संयम बरतने की कोशिश करने लगे हैं। इतने आफ़त के बीच बाबू हिमांशु की साली के लिए दूल्हा तलाशने के पुण्यकर्म में लगे हुए हैं।

---

1. शिश्न, 2. पैर, 3. शैतान, 4. सरसों-तेल

बम संकर टन गनेस

'जय सीताराम! आऊ-आऊ[1] बउआजी', दुआ-सलाम और आवभगत ऐसे ही करते हैं शंकर। पूरा नाम शंकर मंडल। आजकल साधु हो गए हैं। हीरा मंडल और हंसौर वाली के सबसे बड़े पुत्र। मैंने सिर्फ़ हंसौर वाली को देखा है। हीरा को नहीं। शंकर कुल चार भाई हैं। शंकर के बाद क्रम से पूजन, राधा और भूषण। राधा परिवार समेत झरिया या धनबाद में रहते थे। वहाँ किसी सिनेमा हॉल में प्रोजेक्टर ऑपरेटर थे। ताज़ा नहीं मालूम कि कहाँ हैं। बाद में भूषण भी इसी धंधे से जुड़ गए। मैंने उन्हें कभी नहीं देखा। देखा भूषण को भी नहीं है। जब मैं गाँव में रहा तब वे नहीं थे और अब जब वे गाँव आते हैं तो मैं नहीं होता हूँ। पिछली मर्तबा भूषण के बेटे को देखा था।

हीरा, हंसौर वाली या जिन्होंने भी शंकर को ये नाम दिया होगा, उन्होंने सोचा नहीं होगा कि शंकर सचमुच भोले बाबा ही निकलेंगे। बिल्कुल फ़क़ीर। मलंग। मस्तमौला। न खाने की फ़िक्र और न रहने की चिंता। नींद और आराम से शंकर नहीं निभा पाए कभी या उनकी नहीं बनी इनसे। जुदा ही रहे। थकावट का अहसास कभी नहीं होने दिया शंकर ने। चेहरे पर शिकन की एक लकीर तक न दिखी। बीमार पड़े होंगे कभी, तो मालूम नहीं। कभी किसी से कोई रग्गड़[2]-फ़साद नहीं। न अनबन। मरनी-हरनी[3], शादी-बियाह, जग-जाप[4] में सबसे आगे रहे। गाँव में ही नहीं, दूर-दराज़, रिश्तेदारियों में भी। हमारी रिश्तेदारियों में भी। आँगन तक सीधी पहुँच। मजाल कि कभी शंकर के व्यवहार पर किसी ने उँगली उठायी हो! हमेशा बड़ों का आशीर्वाद और छोटों से अदब मिला। एकतुरियो के बीच यारों-सा व्यवहार। कभी किसी तरह की तल्ख़ी नहीं। ग़रीबी झेलते रहे। आज भी माली हालत कुछ ख़ास नहीं है। कभी हाथ पसारते नहीं देखा किसी के सामने।

डेरा पर शंकर का आना-जाना कम होता था। उनके लिए नियमित डेरे पर आना-

---

1. आइए-आइए, 2. पंगा, 3. मौत, 4. यज्ञ-संस्कार

जाना मुमकिन नहीं था। घर के कामों से फ़ुरसत नहीं मिलती थी। ईया[1], माई समेत चारों गोतनी-देयादिन[2], सात फुआएँ[3], दस बहनें, और चार-छह शादी-शुदा भाई, सबके ससुराल और नैहर में जग-जाप में शंकर की मुस्तैदी ज़रूरी थी। किसी प्रकार के समझौते की कोई गुंजाइश नहीं। न्यौता-पेहानी लेकर शंकर को माई और चाचियों की बहनों के ससुरालों के चक्कर भी लगाने पड़ते थे। दउरा में ठेकुआ[4], कसार[5], पेड़ा, सेनूर[6], टिकुली[7], साड़ी-ब्लाउज़ बाँध के भेज देते थे सब शंकर को। उनका ज़्यादातार सफ़र हिचकोले खाती बसों की छत पर बैठ कर होता था। मोतिहारी रोड वाली फुआओं और बहनों के लिए मुज़फ़्फ़रपुर से रेल लिया करते थे। दरभंगा रोड की रिश्तेदारियों के लिए ज़ीरो माईल, बैरिया या इमली चट्टी से बस। सीतामढ़ी रोड के लिए कुछ पैदल, कुछ बस और ज़रूरत पड़ी तो रेल भी। कुछ रिश्तेदारियाँ ऐसी हैं जहाँ के लिए परिवहन सुविधा थी ही नहीं। वैसी जगहों के लिए शंकर माथे पर तीन-चार पसेरी[8] लाद कर चरण-रथ ही जोत देते थे। कई दफ़े तीन-तीन कोस!

गाँव में औरतों की संख्या मर्दों की अपेक्षा कम-से-कम डेढ़ गुना ज़्यादा होगी। मुमकिन है, औरतों की तादाद और ज़्यादा हो। गोदैलों[9] और नंग-धड़ंग बच्चों को छोड़ दें तो गाँव में रहने वाले पुरुषों को पाँच-सात कटैगरी में बाँटा जा सकता है। सौ-सवा सौ लाचार बुजुर्ग दालान[10] में चौकी[11] पर पसरे हमेशा ऊपर टकटकी लगाए रहते हैं। पेशे से बीस-पच्चीस स्कूल मास्टर। खाते में तनख़्वाह आने में देर-सवेर हो जाती है। मिलती नियमित है। दसबजिया स्कूल से पहले डेरा-दालान टहल लेने का पर्याप्त समय भी होता है उनके पास। गाँव के संपन्न प्राणियों में गिने जाते हैं। सौ-सवा सौ वैसे सैन्य-असैन्य पेंशनधारी जो किसी वजह से शहर में माइग्रेट नहीं हो पाए या जिन्हें बच्चे अपने साथ नहीं रखना चाहते या जिनका स्वाभिमान बच्चों के साथ नहीं रहने देता या जो गाँव के मोहपाश में जकड़े हुए हैं। पेंशन के चलते पासबुक हर महीने अपडेट होता रहता है इसलिए शरीर ठेहगर[12] बना हुआ है। हारी-बीमारी में कइयों के लिए सरकारी 'एम्प्लॉयज़ वेलफ़ेयर स्कीम' चालू है। ज़्यादातर के कपड़ों पर नील और टीनोपाल की चमक और क्रीच की धार होती है। नूर मोहम्मद जब बाज़ार में खस्सी[13] काटते हैं, तो रूमाल में माँस बाँध कर ले जाने वालों में ऐसे लोगों की गिनती ज़्यादा होती है। लगभग डेढ़-दो दर्जन ठेकेदार-सह-दबंग। दबंगई का दर्जा इस बात पर निर्भर करता है कि वह स्प्लेंडर पर चलता है या पल्सर पर, या बुलेट पर हड़हड़ाता है या फिर बोलेरो की अगली सीट पर कमीज़ की बाज़ू चढ़ाए तिरछे बैठता है। साथ ही कितना पुराना ठेकेदार

---

1. दादी, 2. देवरानी-जेठानी, 3. बुआएँ, 4. एक क़िस्म का पकवान, 5. चावल के आटे का लड्डू, 6. सिंदूर, 7. बिंदी, 8. पाँच किलो, 9. गोद में झूलने वाले बच्चे, 10. घर का वह हिस्सा जहाँ बाहर वाले उठते-बैठते हैं, 11. चारपाई, 12. दुरुस्त, 13. वैसा बकरा जिसका स्टरलाइजेशन किया गया होता है

है, कहाँ तक पहुँच है और कितने लोगों के साथ रहता है, और सामान[1] में नलकटुए[2] के अलावा क्या-क्या है उसके पास। सौ-डेढ़ सौ के आसपास ग्रामीण व्यवसायी। जो अनाज की ख़रीद-बिक्री से जुड़े हैं। सौ-डेढ़ सौ शादी-शुदा और कुछ कुँआरे जवान जो बाहर कमाने तो गए लेकिन विभिन्न वजहों से जम-रम नहीं पाए। थक-हार कर पिता के मेस की परमानेंट मेंबरी ले ली। इनमें से ज़्यादातर अरमान बड़े और चिकने घड़े का अनुपालन करते हैं। रोज़ कल्ला में गुटखा दबाए बिना न इनका खाना पचता है और न सुबह हल्का हो पाते हैं। इनमें से कुछ शाम को सुरापान का शौक़ भी फरमाते हैं। कुछेक सौ वैसे लोग जिनका परिवार बटाई की खेती से मिले अनाज पर टिका है। थोड़ी-बहुत लगानी-उगानी[3] भी चलती है। कभी-कभार बेटे दिल्ली, बंबई, कलकत्ता, गोहाटी या किसी अन्य शहर से बैंक में डायरेक्ट मनी ट्रांस्फर करवा देते हैं या भेज देते हैं मनीऑर्डर। सबसे बड़ी तादाद वैसे मर्दों की है जो न तो बाबा टोला में रहते हैं न बिचला पट्टी में, न कोंभरा पट्टी में न अलोरा पर, न यमुना प्रसाद के टोला में न गिरीशनंद बाबू के टोले में, न अठघरवा में और न ही चौधरी पट्टी में। ये रहते हैं भुआ पर, डोरा पर, सझिलावा में, बाँध पर, धनुक टोली में, वन में, बाबा फुले टोला में या फिर किसी और टोले में। ये गाँव की आर्थिकी, सामाजिकी, संस्कृति और राजनीति की बुनियाद हैं। न रहें तो बाज़ार पर बैठे दुकानदारों की उबासियाँ लंबी नींद में बदल जाएँ। गाँव-समाज और रिश्तेदारियों में अकड़ दिखाने वालों की पों निकल जाए। सारे रंग और रस भंडोल हो जाएँ। राजनीति रिरियाती रह जाए, ज़मीनें बंजर हो जाएँ। क़फ़न ओढ़े लाश को आग न नसीब हो।

लंबा अरसा ऐसा भी गुज़रा जब बाबा और छोटे चाचा को छोड़कर हमारे परिवार में कोई मर्द नहीं रहता था। पापा पासीघाट रहते थे। छोटे चाचा भी बाद में सालों पासीघाट रहे। लाल चाचा अरुणाचल प्रदेश में अध्यापकी ज्वायन करते समय जो चाची को लेकर गए तो रिटायरमेंट पर ही आए। बसे मुज़फ़्फ़रपुर ही। इन पैंतीस-अड़तीस सालों में गर्मी की छुट्टियों में नियमित रूप से गाँव आते रहे। बँटवारे के बाद उन्होंने गाँव में भी घर बनवाया। हमारे तीनों बाबा के वंशजों में पहला कोठा वाला घर लाल चाचा ने ही बनवाया। बाबू बहुत पहले अलग हो गए थे। आँगन भी अलग कर लिया था उन्होंने। घर में सिर्फ़ औरतें और बच्चे थे। वैसे में शंकर हमारे परिवार के लिए बड़े महत्त्वपूर्ण थे। समय-समय पर उनकी भूमिका बदलती रहती थी। कभी वे परिवार के टहलुआ[4] हुआ करते थे तो कभी गार्डियन हो जाया करते थे।

तब राजा नहीं था। थे बस दीदी और मैं। नाना का देहांत हो गया था। हम उनके श्राद्ध में शामिल होने जा रहे थे। न्यौते के लिए अलग-अलग बोरे में चिउरा, चाउर

---

1. अस्त्र-शस्त्र, 2. देसी कट्टा, 3. ब्याज पर पैसे उधार देना, 4. छोटा बड़ा काम करने वाला

और दाल, कंटर में दही, एक अटैंची और एक प्लास्टिक की डोल्ची। तब माई पर्स लेकर नहीं चलती थीं। पर्स तो बहुत बाद में टाँगना शुरू किया उन्होंने। मुज़फ़्फ़रपुर से बस मिलने में देरी हो गई थी। बेनीबाद आते-आते बेर डूब गया था। अंहरिया[1] रात में उतरे थे गंगिया। ठंड के मारे दाँत किटकिटा रहा था। गंगिया से क़रीब तीन-साढ़े तीन किलोमीटर पैदल चल कर पिपरा पहुँचना होता था। वहाँ तक बस का रास्ता नहीं था, न ही कोई और सवारी थी। चौक की सारे दुकानें बंद हो चुकी थीं। एक-दो में डिबिया भकभका रहा था। शंकर ने कुछ दुकानों के फाटक पीटकर लोगों को ज़गाया, बताया कि हम कौन हैं, कहाँ से आए हैं और कहाँ जाना है। तब तक बड़े मामा रामबाबू सिंह को लोग जानने लगे थे। रामबाबू सिंह एकराम नाना यानी डॉक्टर एकराम क़ादरी के साथ कम्पाउंडरी करते-करते डॉक्टर कहलाने लगे थे।

डॉक्टर एकराम क़ादरी आज़ादी के पहले के एमबीबीएस थे। मेरे नाना कुंजबिहारी सिंह और डॉक्टर साहब की दोस्ती दो पीढ़ियों से चली आ रही थी। नाना ज़्यादा पढ़े-लिखे नहीं थे। जो पढ़े, उर्दू में। जो लिखे, वो भी उर्दू में ही। दोस्ती अब भी बरक़रार है। अब एकराम नाना के बेटे मंज़र मामा यानी डॉक्टर मंज़र क़ादरी और मेरे मामा रामबाबू सिंह की दोस्ती चल रही है। वैसे मंज़र मामा और माई की भी दोस्ती अच्छी है। मंज़र मामा विभिन्न अफ्रीकी और योरोपीय देशों में नौकरी करने के बाद लौट कर गाँव में ही अपने पिता द्वारा स्थापित क्लिनिक से जुड़ गए। क्लिनिक क्या, पूरे जवार के लिए

1. अंधेरी

भरोसेमंद इलाज का एकमात्र केंद्र। लभगभ मुफ़्त, समाज सेवा जैसा। पिछली मर्तबा पता चला कि मंज़र मामा ने सरकारी अस्पताल में सेवा देनी शुरू कर दी है। डॉक्टर रामबाबू की बहन सुनने के बाद एक दुकानदार ने दौड़-भाग कर बैलगाड़ी का इंतज़ाम किया। हमारे सामान लादे गए और हम देर रात ममहर[1] पहुँचे। उस रात शंकर न होते तो हमारा क्या होता! सिर्फ़ हमारे साथ ही नहीं, आँगन की किसी भी चाची के साथ शंकर की मुस्तैदी ऐसी ही होती थी।

कई बार माई के कहने पर शंकर ने मुझे गर्मी की छुट्टियों के बाद पूर्णियाँ हॉस्टल तक पहुँचाया है। जितना मज़ा मुझे उनके साथ सफ़र करने में आता था उतना किसी और के साथ नहीं। ख़ूब खिलाते-पिलाते ले जाते थे। मुज़फ़्फ़रपुर में अखाड़ाघाट रोड पर अजगैबीनाथ मंदिर के पास एक साधु बाबा रहते थे जिनके बारे में शंकर ने बताया था कि वे उनके बाबा हैं। लंबी दाढ़ी और भोले बाबा की तरह केश वाले बाबा लाल लुंगी पर लाल ही कुर्ता पहनते थे। बाबा एक साधारण होटल चलाते थे। दाल, भात और भुजिया मिलती थी वहाँ। रात को सोते भी वहीं थे। मालूम नहीं उनकी पारिवारिक और सामाजिक पृष्ठभूमि और ज़िम्मेदारी क्या थी। बस मेरे लिए वे शंकर के बाबा थे। और ये कि वे शंकर को बहुत मानते थे और ये भी कि शंकर के छोटे भाई पूजन जब मुज़फ़्फ़रपुर में ठेला चलाते थे और बेलदारी करते थे तो बाबा के पास ही रहते थे। हालाँकि बाद में पूजन कहीं और रहने लगे थे। और उनका बेटा उनके साथ रहने लगा था। शहर के ही किसी स्कूल में पूजन ने उसका दाख़िला करवा दिया। न जाने वो मैट्रिक पास हुआ कि नहीं। फ़िलहाल जयपुर के पास किसी फ़ैक्ट्री में काम करता है। पूजन बहुत धड़फड़ा[2] कर बोलते हैं।

गाँव में राजदेवी का स्थान है। राजदेवी सत्रोहन भगता और नरेश बाबा की फूआ या परफुआ थी। किंवदंती है कि अप्राकृतिक मौत के बाद वे अपने आँगन में किसी के सपने में आईं। अपना स्थान बनवा देने को कहा। सो, उनका स्थान है। अलोरा पार, हाईस्कूल से पहले भगता बाबा के डेरा के सामने। हमारे मथुरा वाले गाछी से सटे हुए। यह भी सुना है कि सच्चे मन से अगर किसी ने मन्नत माँग ली तो राजदेवी ज़रूर पूरा करती हैं। मैं भी लिखते-लिखते एक मन्नत आज माँग ले रहा हूँ। मैं धार्मिक नहीं हूँ और न मेरी कर्मकांड में कोई आस्था है, पर राजदेवी को बचपन से देखता आ रहा हूँ। उनके प्रति श्रद्धा है। न कुछ तो एक फूआ तो ठहरीं ही। हर साल दूर्गा पूजा के दौरान नवमी के दिन उनके स्थान पर पूजा होती है और बलिदान होता है। सबसे बड़ा बलिदान होता है खस्सी का। लोग परवा[3] भी लेकर आते हैं। बड़ी भीड़ इकट्ठी होती है। एक ही बार शरीक होने का अवसर मिला है मुझे। तब भगता बाबा और दरबारी सहनी समेत

1. मामा के घर, 2. जल्दीबाज़ी, 3. कबूतर

कुछ भगत टाइप के लोग रेघा-रेघा[1] कर कुछ गा रहे थे। अचानक भगता बाबा 'खेलाने' लगे थे। खेलाना मतलब उनकी आत्मा में राजदेवी का 'प्रवेश'। भगता बाबा के हाथ में छड़ी थी। पीली धोती धारण किए भगता बाबा छड़ी लेकर अजीब तरह से कूदने लगे थे। ज़मीन पर पैर पटकने लगे। उनके मुँह से अहॉ, ऑह, अहॉ, ऑह, हॉ, हॉ, अहॉ, अहॉ, ऑह, अहॉ, ऑह ... की आवाज़ निकलने लगी थी। लाल हो चुकी उनकी आँखों से अश्रु-प्रवाह प्रारंभ हो गया था। बीच-बीच में सिर से पसीना पोछते हुए वे ख़ूब ज़ोर से चिल्ला पड़ते, रो पड़ते, चीख पड़ते थे। ज़मीन पर हाथ-पाँव पटकने लगते। राजदेवी के गहबर[2] में पूजा हुई थी। चाउर[3] और बताशे का प्रसाद मिला था। सबसे अंत में बलिदान हुआ था। शंकर ने पहले बलि के लिए लाए गए परवों का गरदन रेता। उसके बाद तलवार के हर वार पर एक खस्सी का सिर धड़ से अलग कर दिया। हर बलि के बाद उन्होंने ज़मीन पर छितराए ख़ून का तिलक लगाया। उस दिन उनके चेहरे को देख कर लगा ही नहीं था कि वे वही शंकर हैं, जिनसे हम रोज़ मिला करते थे। चेहरे पर क्रूरता और अजीब-सी आक्रमकता ओढ़े। बलि के बाद उनकेहिस्से बलिदानी खस्सियों के सिर आते थे जिन्हें माँगने के लिए पहले से ही लोग वहाँ मौजूद होते थे। सालों से शंकर ये काम करते आ रहे थे।

आते-जाते शंकर ने सुन लिया था कि मथुरा सिंह अपनी गाछी[4] बेचना चाहते हैं और मंगनू सिंह की नज़र है उस पर। उन्होंने आकर माई को बताया कि गाछी कितनी अच्छी है और कैसे मौक़े की जगह है। शंकर ने अच्छी तरह समझाया कि गाछी ले लेना हमारे हित में होगा। सामान्य ज़मीन कुछ और होती है और गाछी या कोई और सैरात[5] कुछ और। यह भी बोला था माई से कि 'आँहा घिरस के चिट्ठी लिखू, ताले हम जाइले मेथुरा सिंह के कहे कुछ दिन बिलमेला। पैसा के बेसी जरूरी होतई तऽ कुछ बेयाना दे दिऊ हुनका *(आप गृहस्थ को चिट्ठी लिखें तब तक मैं मथुरा सिंह से कुछ दिन इंतज़ार करने के लिए कहता हूँ। उन्हें पैसों की ज़्यादा ज़रूरत होगी तो कुछ पैसे दे दीजिए तब तक)*।' यही हुआ। माई ने अपनी जमा-पूँजी और इधर-उधर से हाथ-हथफेर करके गाछी की रजिस्ट्री करवा ली। वैसे समय में, जब हमारे पास कोई और गाछी नहीं है, मथुरा सिंह वाली गाछी के आम से हमारे परिवार का काम चलता है।

सन् उन्नीस सौ चौरासी-छियासी की बात है। सुशांत चाचा तब ट्रक पर चलते थे। नैशनल परमिट थी। कभी गोहाटी, कभी कुरसैला, कभी काठमांडू तो कभी बलिया। एक बार चाचा खगड़िया के पास लाखो-लखमिनिया में खाने के लिए किसी होटल पर रुके। कोई लड़का उनकी मेज़ पर पानी का गिलास रख गया। मुठान[6] पर चाचा की नज़र पड़ी। चाचा ने उसे पास बुलाया और उसका नाम पूछा। उसने भूषण बताया। गाँव-घर

1. लय में, 2. गर्भगृह, 3. चावल, 4. बाग़ीचा, 5. जायदाद, 6. चेहरा

नहीं, बस याद रह गया था शंकर नाम अपने भइया का। उससे ये कह कर कि 'तुम मेरे अगली बार आने तक यहीं रहना, कहीं मत जाना' चाचा चले आए गाँव। आते ही हंसौर वाली को ये वाक़या सुनाया। अगली बार चाचा हंसौर वाली और शंकर को साथ ले गए उसी होटल में। हंसौर वाली ने देखते ही अपने बेटे को पहचान लिया। दोनों भोंकार-पार कर[1], घेंट-में-घेंट[2] जोड़ कर ख़ूब रोए थे। शंकर भी बहुत रोए। सालों से बिछड़ा उनका भाई मिल गया था।

खोपी वाली शंकर की पत्नी हैं। हमेशा शंकर के साथ खड़ा रहने वाली। जितने विनम्र शंकर उतनी ही सुशील हैं खोपी वाली। घिरस और घर-परिवार का काम निबटाने के बाद खोपी वाली खेती-बाड़ी और माल-जाल[3] की देख-रेख का काम भी कर लिया करती थीं। खोपी वाली और शंकर की चार बेटियाँ हैं। गोदावरी, ललिता, रूबी और आशा। अरुण और कारी, दो बेटे हैं। कर्मठ और ईमानदर। घर से चार-छह सौ मीटर की दूरी पर स्कूल होने के बावजूद शंकर की एक भी संतान नहीं पढ़ पाई। घसवाही-चरवाही के बीच फ़ुरसत ही नहीं मिली और न ही माहौल मिला। घिरस के काम में शंकर इतना व्यस्त रहते थे कि अपने पारिवारिक कामों के लिए उनके पास वक़्त नहीं होता था। छोटे-छोटे बच्चों के कंधों पर समय से पहले आ गई थी ज़िम्मेदारी।

नव-शहरीकरण के दौर में गाँव से अनाज, दूध और सब्ज़ी लाकर शहर में पकाने का रिवाज ही शुरू नहीं हुआ बल्कि पकाने वाले भी गाँव से लाए जाने लगे। निश्चित रूप से ये खाना पकाने वाले या बच्चा खेलाने वाले स्वजातीय नहीं थे, न बाभन थे। थे वैसे ग़रीब जिनका 'पानी चलता' था। यानी तरियानी छपरा के धानुक, मलाह या बिन के बच्चे। शंकर की दूसरे नंबर की बेटी ललिता पहले एक फूआ के पुतोह के पास मुज़फ़्फ़रपुर में रही कुछ साल। फिर आ गई माई के पास सेवा-टहल के लिए। कुछ समय तक उसकी बड़ी बहन गोदावरी भी रही थी डेरा पर। बाद में बहुत थोड़े दिनों के लिए सबसे छोटी आशा भी आई थी। उधर कारी हैदराबाद में एक फुफेरे भैया के पास रहा था कई साल। बचपन में गया तो सीधा जवानी की दहलीज़ पर क़दम रखने के साथ ही लौटा। अरुण भी गया था देवसती फूआ के पास मेहसी के नज़दीक बंगरा। वहाँ खेती-पथारी संभाल ली थी। वहीं ट्रैक्टर चलाना भी सीखा उसने। सालों बाद जब गाँव वापस आया, तब तक उसकी दाढ़ी-मूँछें आ चुकी थीं। बोली-वाणी भी बदली-बदली। बज्जिका बोलता गया था। लौटा भोजपुरी बोलता। गाँव में भी उसने ट्रैक्टर की ड्राइवरी की। पर ज़्यादा दिन नहीं। शंकर ने लाल चाचा के हिस्से वाली, हाई स्कूल के पीछे भरन की ज़मीन बटाई पर ले ली थी। कुछ और जमीनें भी थी उनके पास बटाई पर। सब मिल-जुल कर खेती करने लगे। भैंस भी पालने लगे। अरुण भी उसी में जुड़ गया।

---

1. बिलखकर, 2. गले मिलकर, 3. मवेशी

कुछेक बरस पहले अरुण ने पंचायत चुनाव में वार्ड मेंबर की उम्मीदवारी की। निर्विरोध चुन लिया गया। जीवन वार्ड मेंबरी से नहीं चलता, अरुण को इस ब्रह्मज्ञान की प्राप्ति तब तक हो चुकी थी। तभी तो ऐन चुनाव के वक़्त उसने कहा था, 'राजू बाबू, हम तऽ हँसी-मजाक़ में फोरम भर देलिअई। अई से कथी होए वाला है। कोनो तनखाह मिलतई अइमे। हे, इ वार्ड मेंबरी न, बार हई! *(राजू बाबू, मैंने तो हँसी-मज़ाक़ में फ़ॉर्म भर दिया था। इससे क्या होने वाला है! कौन-सा तनख़्वाह मिलनी है! ये वार्ड मेंबरी नहीं, झाँट है!)*' कुछ महीने बाद जब गाँव गया तो पता चला कि कारी के साथ ही अरुण जयपुर चला गया पिछली बार। आशा की शादी का कर्ज़ अभी तक नहीं उतरा है।

भोज-भात में चूल्हा खोदने से लेकर खाना बनाने और लोगों को खिलाने का ज़िम्मा शंकर बिना अढ़ाए[1] संभाल लेते थे। कितने आलू कटवाने हैं, कितने चाउर[2] मेरवाने[3] है, कितनी दाल लगेंगी, वग़ैरह-वग़ैरह। शंकर का अंदाज़ा बिल्कुल सटीक होता था। झटपट में लोगों को कैसे और क्या खिलाया जा सकता है, शंकर को बख़ूबी मालूम था। उनकी उपस्थिति के बिना कोई यज्ञ संपन्न नहीं हो सकता था। अब शंकर ने इन सब चीज़ों से ख़ुद को अलग कर लिया है। जब से उन्होंने गुरु मंत्र लिया है तब से गाँव-घर बिल्कुल त्याग दिया है। अधिक-से-अधिक भैंस की पीठ पर लेट-लेटे चरवाही कर लेते हैं, बस।

धनुकटोली में ही अपने घर के बग़ल में उन्होंने एक मड़इया[4] बनवा ली है। उसी में बैठ कर वे सीताराम-सीताराम करते रहते हैं। प्रणामपाति का जवाब भी जय सीताराम में ही देते हैं। आने-जाने वालों की हथेली पर टाटी में खुँसी पन्नी में से मिसरी के दो दाने प्रसादस्वरूप रख कर एक फिर 'जय सीताराम' बोल देते हैं। परिवार की औरतें कहती हैं कि राजदेवी पर बहुत बलि चढ़ाया है शंकर ने। अब वे राम नाम जप पर पश्चाताप कर रहे हैं। वे ये नहीं कहते कि बलि चढ़ाने की परंपरा तो उन जैसों की वजह से ही फली-फूली है। फ़िलवक़्त शंकर पचपन पार कर चुके होंगे। उनका शरीर पहले की अपेक्षा थोड़ा शिथिल हुआ है। लेकिन है ठेहगर। गाँजा अब भी चार-छह चीलम खींच लेते हैं। पहले तो पूरा-पूरा दिन गाँजे के दम पर ही निकाल देते थे। छोटका बाबा श्रीबिहारी सिंह, शिवजी सिंह, कन्हैया सिंह, गगन सिंह, चंदर बाबा, रघुवंश सिंह, अरुण सिंह, मंटू सिंह वग़ैरह तरियानी छपरा में गाँजा के शौक़ीन माने-जाते रहे हैं। कभी-कभी, गाँजे की मस्ती में कोई छपरिया कह देता था, 'बम संकर टन गनेस, लौरा पर पादे ससुरार के सनेस[5]'।

•

---

1. सौंपे, 2. चावल, 3. डलवाना, 4. झोपड़ी, 5. बम संकर टन गनेस, लौड़ा पर पादे ससुराल की भेंट

अलुऽहवा

तरियानी छपरा में मेरे बाबा को नाम से पुकारने वाले सुरूज सिंह कहते थे। आँगन में कभी किसी को उनका नाम लेने की ग़रज़ नहीं पड़ी। ज़मीन-जायदाद संबंधी काग़ज़ात मैंने कभी देखे नहीं। इसलिए उस पर बाबा कैसे दर्ज हैं, नहीं मालूम। छोटका बाबा ने कभी बाबा को भैया नहीं कहा। हमेशा सुरूज सिंह ही पुकारा। टोले में केदार बाबा, किशोरी बाबा, शेषा फूआ वग़ैरह बाबा को सुरजा भैया पुकारा करते थे। लल्ला और बनारसी फूआ ने हमेशा बाबा को कक्का बुलाया। बाबू, पापा, लाल चाचा और सुशांत चाचा के लिए बाबा बाबू थे। इन लोगों को कभी स्कूलों या दफ़्तरों या किसी से परिचय-बात के दौरान ही पिता का नाम लेने की ज़रूरत पड़ी होगी। हमारे सामने तो इन्होंने कभी अपनी वल्दियत नहीं बताई। जब तक बाबा ज़िंदा थे, तब-तक भाई-बहनों की शादी के कार्ड पर आकाँक्षी में बाबा का नाम छपवाया जाता रहा। कभी सूरज सिंह, कहीं सुरूज सिंह किसी पर सूर्य सिंह। एक-दो बार सूर्यदेव सिंह भी। इनमें से बाबा का असली नाम कौन-सा है, वाक़ई नामुमकिन है कहना मेरे लिए। गप्प बहुत करता था बाबा के जौरे[1] लेकिन कभी उनसे पूछ नहीं पाया, 'बाबा तोहर नाम कथी हौ *(बाबा, आपका नाम क्या है)*।'

ननिहाल में नानी कभी ग़ुस्सा दिखातीं तो, 'सुरूज सिंह के खंचरवा पोता *(सुरुज सिंह का शैतान पोता)*' कहतीं। नानी के पटीदारी के नाना लोग मुझे 'रे अलुऽहवा के पोता *(अरे ओ अलुऽहवा का पोता)*', कहते। मैं फिर बाद में नानी से पूछता, 'नानी, सत्रोहन नाना हमरा अलुऽहवा के पोता काहे कहइथ रहलथीन ह *(नानी, सत्रोहन नाना मुझे अलुऽहवा का पोता क्यों कह रहे थे)*?' जिसको नानी हँसकर टाल देतीं। या कहतीं, 'एनाहियो, उ मजाक करै छलथुन ह *(वे ऐसे ही मज़ाक़ कर रहे थे)*।' मैं उनके उलझावे में आ जाता था। मैंने एक बार बड़े मामा, रामबाबू सिंह से भी पूछा था, 'मामा एत्तऽ नाना सऽ हमरा अलुऽहवा के पोता काहे कहऽई छथिन *(मामा, यहाँ सब हमको अलुऽहवा का पोता क्यों कहते हैं)*?' जिस पर उन्होंने हँसते हुए कहा था, 'अरे भगिना[2], उ तो ऐसे ही

1. साथ, 2. भांजे

तुमको चिढ़ाते हैं। तुम्हारे बाबा से उन लोगों का मजाक वाला रिश्ता है, इसलिए मजाक करते हैं।' उन्होंने फिर मुझे ख़ुश करने के लिए कहा था, 'मेरा भगिना जैसा पूरे पिपरा में किसी का भगिना नहीं होगा! एतना तेज और होशियार!' मैं चुप हो गया था। संतुष्ट नहीं। रिवाज के मुताबिक़ एक समधि दूसरे समधि और समधिन से मज़ाक़ करते हैं। मैंने अपमानित महसूस किया था अपने बाबा के बारे में अलुऽहवा सुनकर। सवाल मेरे मन में दबा रही रह गया था। कुछ बरस बाद मैं एक बार माई के साथ ननिहाल गया था। पड़ोस वाले नाना ने, जिनका नाम याद नहीं, उन्होंने फिर से मुझे 'अलुऽहवा के पोता' कहा था। हालाँकि इस बार मैं उनका अंदाज़ समझ चुका था कि वे मज़ाक़ ही कर रहे हैं। फिर भी अलुऽहवा ही क्यों? कुछ और कह सकते थे। छेड़ना ही तो था! मैंने फिर बड़े मामा से पूछा। इस बार मामा ने बताया कि 'एक बेर तोहर बाबा दूरा पर बइठऽल अलुआ दूध खाइत रहथुन। केम्हरो से वीर शमशेर सिंह के जौरे एक-दु गो कुटुम पहुँच गेलऽऊ तोरा दूरा पर। तोहर बाबा धड़फड़ी में अलुआ वाला कटोरी चउकी के नीचे सरका देलथुन। ओई पर शमशेर सिंह कहथुन कि रे अलुऽहवा अब लजाइए छे कथि खा नऽ ले। अ तऽ देखिए लेलिऽऊ। ओकरा बाद से हुनका कोनो-कोनो अलुऽहवा कहके कुढ़ावे लगलऽई *(एक बार तुम्हारे बाबा दरवाज़े पर बैठकर अलुआ (शकरकंद) दूध खा रहे थे। कही से दो रिश्तेदार पहुँच गए, वीर शमशेर सिंह के साथ तुम्हारे दरवाज़े पर। तुम्हारे बाबा ने जल्दी में अलुआ वाली कटोरी चारपाई के नीचे सरका दिया। जिस पर वीर शमशेर सिंह ने कहा कि अरे ओ अलुऽहवा, लजा क्यों रहे हो, खा लो। अब तो मैंने देख ही लिया। उसके बाद से कोई-कोई तुम्हारे बाबा को अलुऽहवा कहकर चिढ़ाने लगा)*।'

बीते दस-बारह बरस से ननिहाल जाना बहुत कम हो गया है। याद है, नौवीं कक्षा के दौरान एक बार माई के साथ मैं ममहर गया था। छठ के आसपास की बात होगी। माई ने अगल-बग़ल की मौसियों के साथ मिलकर सामा-चकेबा खेला था। भाई-बहनों के प्रेम का खेल। वैसे, भाई-बहनों के प्रेम वाला कोई खेल कभी किसी मर्द को खेलते नहीं देखा। असल में, अपने रिवाज में ऐसा मुझे कुछ मिला ही नहीं, जिसमें पुरुष महिलाओं के प्रति प्यार जताने के लिए या उनकी बेहतरी और सुरक्षा के लिए कोई खेल खेले या व्रत-उपवास रखे। छठ अपवाद है। हालाँकि छठ में भी पुरुष व्रतियों की संख्या न के बराबर दिखती है। हमारे परिवार में सामा-चकेबा नहीं खेला जाता है। मिट्टी की छोटी-छोटी मूर्तियों को बाँस के डालिए में लेकर महिलाएँ दरवाज़े पर कुछ जलाती-बुझाती थीं। वह जलाना-बुझाना, खलों और चुगलख़ोरों से लड़ाई में भाई के धर्य और शौर्य का प्रतीक माना जाता है। इसके मार्फ़त बहनें यह बताती हैं कि उनका भाई तमाम सामाजिक-बुराइयों से दो-दो हाथ करेंगे और जीतेंगे ही। तक़रीबन एक पखवाड़े तक चलने वाले इस खेल का अंतिम दिन विदाई का होता है। पानी या दूर-दराज़ के खेत में

उन मूर्तियों को छोड़ दिया करती हैं शादी-शुदा लड़कियाँ। माई और मौसियाँ झुंड में गीत गाती हुई गई थीं, सामा-चकेबा की बिदाई में। मुझे उस गीत की बस एक लाइन ही याद रही जिसे अपनी दोस्त अंशु ने पूरा करवाया :

साम चको साम चको अइहऽ हे, अइहऽ हे।
बिचला खेत में बइठिहऽ हे, बइठिहऽ हे।
सब रंग पटिया बिछइहऽ हे, बिछइहऽ हे।
ओई पटिया पर कै-कै जना, कै-कै जना।
छोटे बड़े नौ गो जना नौ, गो जना।
नौओ जना के अखरे पुड़ी, अखरे पुड़ी।
हमरा भैय्या के सोने छूरी, सोने छूरी।
धान धान धान छै, भैय्या कोठी धान छै, चुगला कोठी भुसा छै।
चाउर चाउर चाउर छै, भैय्या कोठी चाउर छै।
चुगला कोठी छाउर छै।
भैय्या मुख पान छै, चुगला मुख लगाम छै।
मिथिलावासी भैय्या बउह अहिबाति।
जुग-जुग भैय्या जीबु, बहिन सामा खेलथि हे ।

मिथिला में अब भी यह खेला जाता है। तिरहुत के जिस हिस्से में हमारे बाबा पैदा हुए, तरियानी छपरा में, वहाँ की राजपूती परंपरा में यह ख़ूबसूरत खेल कभी खेला नहीं गया।

बाबा अलुऽहवा हो चुके थे। बाबा एकादशी पर उपवास रखते थे। जिसे वे शाम को अलुआ-दूध के साथ तोड़ते थे। छोटे बाबा श्री बिहारी सिंह और बाबा का आपसी संबंध जवानी में कैसा था, नहीं मालूम। दोनों के स्वभाव में ज़मीन आसमान का फ़र्क़ था। बाबा पढ़ाई-लिखाई को अपेक्षाकृत ज़्यादा महत्त्व देते थे। उनकी स्वयं की पढ़ाई हॉस्टल में रहकर हुई थी। ज़िला स्कूल मुज़फ़्फ़रपुर में। नौंवी कक्षा में थे कि उनके पिता श्री हरिनंदन सिंह का निधन हो गया। पढ़ाई छोड़नी पड़ी। बाबा हॉस्टल छोड़कर तरियानी छपरा आ गए। बाबा के बड़े भाई कोदई सिंह बहुत पहले चल बसे थे। छोटे भाई छोटे थे। अचानक घर-परिवार की ज़िम्मेदारी आ गई। नौवीं कक्षा में पढ़ने वाले की उम्र ही कितनी होती है। फ़क़त पंद्रह-सोलह बरस! खेतिहर परिवार से ताल्लुक़ रखने के बावजूद तब तक खेती-गृहस्थी का शउर नहीं सीख पाए थे। पटीदारों को मौक़ा मिला। लगे ज़मीन क़ब्ज़ाने। लगभग सारी क़ब्ज़ा ली। बहती गंगा थी। कुछ गाँव वालों ने भी हाथ धोए। खेलने-कूदने की उम्र में बाबा कचहरी और इजलास के चक्कर लगाने लगे। सीतामढ़ी-मुज़फ़्फ़रपुर। रात में खाना खाकर, दही-चिउड़ा गमछा में बाँध के बाबा निकल पड़ते थे सीतामढ़ी। पैदल! अगले रोज़ डुमरा, कचहरी में तारीख़ करते

थे। फिर रात भर चलकर लौटते थे घर। दिन में घर-बाहर का काम। फिर रात को वैसी ही मोटरी बाँध कर मुज़फ़्फ़रपुर। बाबू के जवान होने तक यह सिलसिला चलता रहा। बाबा की जवानी इसी में निकली।

बाबा दौड़-भाग में व्यस्त रहते, और इधर पटीदार लोग बचे-खुचे खेतों से अनाज की लूट में। छोटका बाबा श्रीबिहारी सिंह का किशोरवास्था से यौवनास्था में ट्रांजिशन हो रहा था। शिक्षा-दीक्षा को ठेंगे पर लेकर चलते थे। कहते थे, 'सुरूजे सिंह पढ़ के कोन भिरभिरी हो गेलऽई सऽ हम पढ़े जाऊ *(सुरुज सिंह ने ही पढ़कर कौन-सा तीर मार लिया जो मैं पढ़ूँ)*।' सिलेट-पिंसिन[1] से आगे नहीं बढ़े। स्कूल को कभी प्रपोज नहीं किया। होश संभालते ही लड़कों का खैनी से दिल लगा बैठना तरियानी छपरा की रवायत थी। दो-चार महीने में ऐसा रिश्ता गाँठ लेते थे कि दिन-रात रसास्वादन में लीन रहते थे। आज भी करते हैं। अब आशिक़ी की उम्र थोड़ी और घट गई है। छोटका बाबा ने भी परंपरा का निर्वहन किया। खैनी देवी को थाम लिया था। गाँजे को जलन हुई। छोटा बाबा पर ऐसी क़ातिल निगाह डाली कि बाबा गिरफ़्तार हो गए। एक समय में दो अफ़ेयर। जीवन-पर्यंत वे दोनों के प्रति वफ़ादार रहे। सुना है, खैनी और गाँजा से जिसने निभा ली, उसका जीवन सदैव आनंदमय रहा। तरियानी छपरा में ही सुना है, 'गाँजा पिए राजा आ दारू पिए उबारू[2]।' छोटका बाबा ताउम्र राजा जैसे रहे। राजाओं की दोस्ती अपने जैसे राजाओं से होती है। छोटका बाबा की भी हुई। राजाओं के पास लड़ाके भी होते हैं। जिससे वे वक़्त-बेवक़्त वैसे राजाओं की सहायता कर मित्र-धर्म का पालन करते हैं, जिनकी सैन्य क्षमता क्षीण होती है। छोटका बाबा के दोस्तों ने उस मित्र-धर्म का पालन कर तरियानी छपरा के इतिहास में अपना नाम दर्ज करवाया। छोटका बाबा की ओर से हमारे बाबाओं पर ज़ुल्म ढाने वालों पर हमला बोल दिया। कुछ को बुरी तरह ज़ख़्मी कर दिया। उन्हें एहसास हो गया कि सुरूज सिंह अब अकेला नहीं रहा। दोबारा उन्होंने वैसी कोशिश नहीं की। डेरा पर फ़सलों के बोझे आने लगे। आँगन की कोठियों में अनाज डाले जाने लगे।

बाबा का कोर्ट-कचहरी आना-जाना लगा रहा। छोटका बाबा के मित्रों की मदद से जो हिंसक वारदात हुई थी, उसके बाद स्थिति बदली। खेती का काम होने लगा था। छोटका बाबा ने डेरा पर रहना शुरू कर दिया। उन्होंने खेती-बाड़ी संभाल ली। बाबा भी समय और सुविधा के मुताबिक़ खेती के कामों के लिए समय निकाल लेते थे। छोटका बाबा अपने बड़े भाई यानी बाबा को बुड़बक मानते थे। छोटका बाबा इसे साबित करने के लिए बार-बार एक क़िस्सा सुनाया करते थे। 'हम्मर बाबू जऽन के जौरे सुरूज सिंह के भेजलऽथीन बैल लागी मेला में। बाबू सोचलऽथीन की समांग रहतई तऽ निम्मन

1. स्लेट-पेंसिल, 2. बेकार/फ़ालतू क़िस्म के लोग

रहतऽई। बाबू सुरूज सिंह के चार आना पैसो देलथीन आ कहऽलथीन कि भूख तऽ लगबे करतऊ। कुछियो कीन के खा लिहे। इ सुरूज सिंह दिन भर मेला में चाउर फाँक के रऽह गेलई। एक्कर पइसा ओनाहिए रऽह गेलई। फेर इ सोचलक कि बाबू डँटिहऽन, तऽ इ एक पइसा के गजरा किन के कचर-कचर चिवऽबइत आ गेलई घरे ले। बाबू देखलथीन गजरा चिवबइत। हुनका बोखार ध लेलकई। लग में अबते खूब डँटलथीन, आ ओही घड़ी कहऽलथीन कि इ हमर सब सैरात के नाश के देत *(हमारे पिता ने सुरुज सिंह को मज़दूर के साथ बैल खरीदने मेला भेजा। पिता को लगा था कि घर का एक सदस्य होगा तो अच्छा रहेगा। उन्होंने सुरुज सिंह को चार आने पैसे दिए और कहा, भूख तो लगेगी ही। कुछ खा लेना ख़रीदकर। ये सुरुज सिंह, दिन भर कच्चे चावल फाँक कर रह गया। पैसे यूँ ही बच गए थे। फिर इसने सोचा कि पिताजी डाँटेंगे। इसलिए इसने एक पैसे का गाजर ख़रीद लिया ओर कचर-कचर चबाता हुआ घर आ गया। पिता ने गाजर चबाते देखा तो उन्हें बुख़ार चढ़ गया। पास आते ही ख़ूब डाँटा और कहा कि ये हमारी संपत्ति का नाश कर देगा)*।' क़िस्सा सुनाने के बाद छोटका बाबा खिल-खिलाकर हँस पड़ते थे। तब बिना दाँत वाला उनका मुँह देखने वाला होता था। हालाँकि वे मुक़दमे के मार्फ़त ज़मीन-जायदाद की वापसी में बाबा के योगदान को महत्त्वपूर्ण मानते थे। पर उनका मानना था कि ये काम उनके मित्रों के मार्फ़त ज़्यादा आसानी से और जल्दी मुमकिन था, जिसकी इजाज़त न देकर बाबा ने नुक़सान किया था।

जवानी में वे बाबा को 'मउगा[1]', 'मंगमेहर[2]' और 'डरपोक' जैसे ख़िताबों से नवाज़ते रहते थे। किस वक़्त वे किस ख़िताब से नवाज़ेंगे उसका सीधा संबंध इस बात से होता था कि उस वक़्त तक उन पर कितने चिलम का सुरूर था। बाबा कभी कोई प्रतिक्रिया नहीं देते थे। बस, मुस्कुरा देते थे। जिससे एक 'हेहे हेहे ...' की ध्वनि आकर रह जाती थी। मैंने दोनों भाइयों को साथ बैठ कर बतियाते नहीं देखा। न कभी कोई रायशुमारी करते। तीनों बाबाओं में हमारी सात फुआएँ थीं। आँगन में औरतें कहा करती थीं कि सबकी शादियाँ छोटका बाबा ने की। यानी सबके लिए अगुअई-बर्तुहई[3] का काम उन्होंने किया। इतना पता चलते ही कि लड़िका ठीक है, परिवार अच्छा है और ज़मीन-जायदाद समुचित है, लोटा और धोती लेकर निकल पड़ते थे छोटका बाबा। हर ना-नुकुर से उलझते हुए मामला फरिया[4] कर ही निकलते थे। चाहे तीन-तीन महीने डेरा ही क्यों न डालना पड़े। हमारी फुआओं के बच्चे हमारे परिवार के बच्चों से अच्छे निकले।

बाबा बुजुर्ग हो चुके थे। फिर भी डेरा पर से माथे पर टोकरी लादकर घर आते थे। साग-सब्ज़ी, दतुवन-अतुवन[5] लेकर। जब उम्र और ढली तो डेरा-डंडा छोड़ दिया उन्होंने। भोरवा में जगने की उनकी आदत जाते वक़्त भी नहीं गई थी। एक पहर अन्हरिया रहते बिस्तर छोड़ देते थे। खुर्पी और मुंगड़ी[6] लिए पहुँच जाते थे धनदेव सिंह

वाली ज़मीन पर। दस बजे तक लगे रहते थे वहीं, मिट्टी और घास के साथ। ज़मीन में हाथ भर नीचे तक से समूल घास निकाला करते थे। मुंगड़ी से पलीद करके मिट्टी को मैदा की माफ़िक़ महीन बना देते थे। उस ज़मीन पर जो आलू, गोभी, मुरई और रमतोरई उगती थी, उसकी सानी नहीं मिलती थी। बच्चे उनको खौंझाने के लिए उनकी खुर्पी छिपा दिया करते थे। जिस पर पहले तो वे रोनी-सी सूरत बना कर कहते थे, 'रे राजू, रे सुधांशु, रे भुटकुन ... रे देखे न, हमर खुर्पी न मिलऽई अ। बुझाईऽ कोनो नुका देलक। तनिका खोज न दे *(अरे राजू, सुधांशु, भुटकुन... देखो न, मेरी खुर्पी नहीं मिल रही है। लगता है किसी ने छिपा दिया. ज़रा ख़ोज दो न)*।' फिर भी जब नहीं मिलती थी या हम मदद नहीं करते थे, तब बाबा गाली देना शुरू करते थे, 'बहानचोद कोन दोनी हमर खुर्पी नुका लेलऽक हऽ। रे बहानचोद हमर खुर्पी दे नऽ दे, न तऽ तोहर बहिन से बियाह कऽ लेबऊ *(किस बहनचोद ने मेरी खुर्पी छिपा दी? बहनचोद मेरी खुर्पी लौटा दो नऽ, नहीं तो तुम्हरी बहन से शादी कर लूँगा)*।' इस आख़िरी बंद को सुनकर हम ख़ूब हँसा करते थे कि देखो कैसे बुढ़ापे में ये बियाह की बात कर रहे हैं! बाद में बच्चा बाबा की माँ जो उनकी ममेरी बहन भी थीं, मज़ाक़ करती थीं, 'हो सुरजा भैया, तू करबऽ बियाह? केकरा से करबऽ *(अरे ओ सुरजा भैया, आप शादी करेंगे)*?' चाहे नेपाल वाली दाई कहती थीं, 'हे हमरा बेटी के काहे गारी देइत रहली हऽ। भतीजी नऽ लागऽत आहाँ के। बुझाईऽ बुढ़वा के दिमाग फिर गेलऽई (*आप हमारी बेटी को क्यों गाली दे रहे थे? आपकी भतीजी होगी नऽ। लगता है बुड्ढे का दिमाग़ फिर गया है*)।' बाबा हँसते हुए उनकी बातों को टाल देते थे।

दस बजे के आसपास बाबा कल पर आ जाते थे नहाने। ईया, चाची या कोई बच्चा उनकी धोती कोंचिया[7] कर भेज देती थी किसी बच्चे के हाथों। फिर कोई कल चलाता था। बाबा लोटा से नहा लेते थे। जब तक कोई और मदद नहीं करता था, बाबा का पूरा बदन भी गीला नहीं होता था। नहाने के बाद बाबा रामचरित मानस की दो-तीन चौपाइयाँ पढ़ते थे। फिर आँगन में खाना खाते थे। दोपहर का वक़्त, हर मौसम में उनके लिए आराम का होने लगा था। तीसरे पहर फिर बारी में खुर्पी और मुंगड़ी के साथ शुरू हो जाते थे। सर्दी के महीनों में बाबा ख़ुद ही हाथ-पाँव में तेल लगाया करते थे। रात के भोजन के बाद वे कहते थे, 'तनी हमरा दु अँउरी तेल दे देई जा *(ज़रा मुझे दो उँगली तेल दीजिए)*।' फिर वे अपनी तर्जनी और तलवों में तेल लगा कर आग के सामने सेंकते थे, थोड़ी देर।

बाबा के मन में विज्ञान के प्रति बड़ा आदर था। जब कोई कहता था कि 'साइंस पढ़इले *(साइंस पढ़ते हैं)*' तो बाबा बहुत ख़ुश होते थे। कहते थे, 'हमरा जमाना में तऽ

---

1. औरताना, 2. औरतों के बीच रहने वाला, 3. रिश्ता ढूँढ़ने का काम, 4. सुलझाना, 5. दातून, 6. लकड़ी का एक छोटा, मोटा डंडा जो कई बार कपड़े पीटने के काम भी आता है, 7. क़रीने से सहेजना

साइंस न रहऽई। असली पढ़ाई तऽ साइंसे हई। साइंस के चलते दुनिया में कतेक खोज भेलई। जिनगी केहन सुंदर हो गेलई *(हमारे ज़माने में साइंस नहीं था। साइंस के चलते दुनिया में कितने आविष्कार हुए। ज़िन्दगी कितनी सुंदर हो गई)*!' उन्हें जब पता चला था कि बारहवीं के बाद मैं आर्ट्स की ओर आ गया, तो वे निराश हुए थे।

मुज़फ़्फ़रपुर में डेरा बनने के बाद साल में कुछ महीने बाबा हमारे पास भी आ जाया करते थे। कूकर में बनी रहड़ी[1] की दाल के मुरीद थे बाबा। पहली बार जब उन्होंने कूकर में सिझी[2] दाल खायी थी, तब कहा था, 'तोहर माई बड़ा निम्मन से दाल के सिझा देई छऊ। छपरा में एहन न बनऽबई जाई छई *(तुम्हारी माँ बहुत अच्छी तरह दाल पका देती है। छपरा में ऐसी नहीं बनाते हैं)*।' फिर हम उन्हें बताते थे कि 'बाबा माई कुकर में पकऽबई छई दाल, अधन खउला के नऽ *(बाबा, माँ कुकर में दाल पकाती है, अलग से उबालकर नहीं)*।' बाबा बच्चो-सी कौतुहल लिए पूछते थे कि 'इ कुकर कथी होई छई *(यह कुकर क्या होता है)*?' बाबा ने तरियानी छपरा के संस्कार के विपरीत कभी खैनी-बीड़ी या किसी और नशा का सेवन नहीं किया। उनके लड़कों में सिर्फ़ लाल चच्चा ही उनके रास्ते चले। बाक़ी तीनों बेटे नहीं। उधर छोटका बाबा के छोटे बेटे यानी लल्ला ने भी बाबा का अनुसरण किया।

बाबा अकसर कहा करते थे कि 'जब हम मरे लागब तऽ हमरा डांर में घइला बाँध के नदी में बहा दिहे *(जब मैं मरने लगूँ तो मेरी कमर में मटके बाँध कर नदी में बहा देना)*।' 'काहे *(क्यों)*' पूछने पर हँसते हुए कहते थे, 'मछरी सऽ खतई कई दिन ले। मरला के बाद केकरो भूख मेटा सकबऽई से निम्मन न होतऽई *(मछलियाँ कई दिनों तक खाएँगी। मरने के बाद किसी की भूख मिटा सकूँ तो अच्छा होगा न)*।' तब हम हँसा करते थे उनकी इस बात पर। किसी ने उनकी बात पर विचार नहीं किया। देहांत के बाद उनको भी चिता पर ही सुलाया गया। अग्नि के हवाले किया गया।

---

1. अरहर, 2. पकी

ढेकुआ देखाव तऽ

औरा के शिवजी सहनी जब गोता लगाते थे तो पाँच मिनट बाद ही मुड़ी[1] बाहर निकालते थे। गर्दन झटक कर मुँह से कुल्ला भर पानी फेंकते थे। फिर मछली को ऐंठते थे और बग़ल में तैरते एल्युमिनियम के तसले में रख कर, जाल का कोर सैहारने लगते थे। ये काम नदी में होता था। नदी क्या, बढ़म बाबा के पूरब से लेकर अधार भगता के डेरा के नीचे तक की ज़मीन में दो-तीन जगह बरसात और बाढ़ के पानी का संग्रह। इस हिस्से पर हमारे संयुक्त परिवार का क़ब्ज़ा था। ये हमारे परिवार की नदी थी। एक बार सुद्धु भैया ने बताया था कि बढ़म बाबा के पास वाली नदी में एक कुआँ है। मैंने आज तक नहीं देखा उस कुएँ को।

बड़े-बुजुर्गों का कहना है कि बागमती की असली धार यही थी। बाद में पीछे बाँध बाँध दिया गया। जिसके कारण अब पानी इधर नहीं आ पाता है। इसलिए ये धार अब मर चुकी है। बाढ़ के पानी से इसे साल में कुछ महीनों के लिए जीवन मिल जाता है। धार से जितनी सटी जिसकी ज़मीन है वह उतनी दूर के पानी का मालिक है। लोगों का कहना है कि समय के साथ नदी खिसक कर उनकी ज़मीनों पर चली गई इसलिए नदी उनकी हुई। यानी नदी पर ज़मीन क़ब्ज़ाने का आरोप है। पच्चीस-छब्बीस बरस पहले की बात है। आँगन की दीदियाँ और टोले भर की फुआएँ झिझिया[2] खेला करती थीं। आश्विन में दूर्गा पूजा शुरू होते ही झिझिया शुरू हो जाता था और दशहरा के साथ ही झिझिया का विसर्जन। याद है उस साल दो-तीन डेंगियों पर सवार होकर लड़कियों ने नदी में ख़ूब मस्ती थी। पेट्रोमेक्स की रोशनी में छिदे हुए जगमगाते घड़ों की ख़ूबसूरती देखते ही बनती थी। नौका विहार तो कई किए। पैसे ख़र्च कर किए लेकिन वो मज़ा नहीं आया। अब शायद उतने बड़े पैमाने पर झिझिया खेलने का रिवाज नहीं रहा।

नहीं मालूम कि विश्वंभरपुर के पीछे कहाँ से आती है नदी और गंगा धरमपुर

---

1. सिर, 2. लड़कियों द्वारा बिहार के देहात में समूह में खेला जाने वाला खेल, मुख्य आकर्षण जालीदार घड़ों से निकलती दीये की रौशनी होती है। लड़कियाँ घड़ों को घेरकर गीत गाती हैं और सिर पर घड़े लेकर एक-दूसरे के घर जाती हैं। अब लुप्तप्राय हो चला है ये खेल।

के आगे कहाँ तक जाती है। शायद सनिचरा थान[1] तक। यानी शनि स्थान। सामान्य दिनों में कुछेक गड़हों[2] को छोड़कर पूरी-की-पूरी धार पशुओं का चरागाह होती है। चरवाहे पशुओं को नदी में हाँक कर आपस में चेन्हा-परउअल[3] खेला करते हैं। बीस-बाइस सालों में नदी के किनारे उग आए

अनेरूआ[4] शीषम के सैकड़ों पौधे, पेड़ बन चुके हैं। डेरा से खुरपैरिये[5] गाँव आने-जाने के लिए नदी होकर ही रास्ता है। उसके लिए अधार भगता यानी रामाधार सिंह और सामदेव पहलवान यानी श्यामदेव सिंह के डेरा के सामने नदी पार करनी होती है।

अधार भगता और सामदेव पहलवान सगे भाई थे। एक भगतई करते थे और दूसरे पहलवानी। भैंस पालते थे। दूध पीते थे और बेचते भी थे। पहलवान जो दूध नापते थे उस पर आँगन की औरतें भरोसा कर लेती थीं जबकि भगता के हाथों नपा दूध हमेशा संदेह के घेरे में होता था। वज़न और मिलावट, दोनों दृष्टि से। जीवनपर्यन्त कुँआरे रहे दोनों। डेरा पर मड़इया[6] में। भैंस के साथ। बग़ल में गगन सिंह का डेरा था। गगन सिंह चंदेश्वर सिंह 'दरोगाजी' के बड़े भाई थे। दरोगाजी के तीन बेटे अभय, निर्भय और लोहा सिंह हैं और एक मात्र बेटी का नाम मुझे याद नहीं। अभय की तबीयत ठीक नहीं रहती। निर्भय कुछ साल रघुनाथ झा के साथ था। बाद में किसी मुक़दमे के चक्कर में फँस गया। लोहा सिंह कर्मठ जवान है। खेती-गृहस्थी के साथ-साथ छोटी-मोटी ठीकेदारी कर लेता है। बुढ़ापे में गगन सिंह भी डेरा छोड़, गाँव चले गए थे। दो-तीन साल पहले उनका देहांत हो गया। उस बियाबान में दूर-दूर तक सिर्फ़ गाछी और सरेह[7] है। सियार और गीदड़ों के बीच, भगता बाबा और सामदेव पहलवान असगरे[8] रहते थे। बाढ़ के दौरान वहाँ नदी पूरे उफान पर होती है। दूर-दूर तक भौंड़ी[9] चक्कर लगाती रहती थी। लोग कहते थे कि बड़ा-से बड़ा पौड़ने[10] वाला भी भौंड़ी पार नहीं कर सकता। उन दिनों नदी का एक कोर अधार भगता के डेरे पर हिलकोरे मार रहा होता है और दूसरा डेरे के ओर की मिट्टी को धक्का मार-मार कर अपनी पाट की चौड़ाई बढ़ा रहा होता है।

तब गाँव आने-जाने वाले खुरपैरिया छोड़ 'सड़क' यानी पिच रोड का उपयोग करते हैं। मवेशी वग़ैरह भी इस पार ही रह जाते हैं। वैसे में दोनों भाई कई-कई रोज़ सिर्फ़ दूध पीकर, और कई बार कच्चा दूध पीकर ही रह जाते थे। सर्दी के दिनों में देखा करता था दोनों को शरीर पर राख मलते। पूछने पर कहते थे कि 'राख मल लेला पर जाड़ न लगई छई *(राख रगड़ लेने से ठंढ नहीं लगती)*।'

सामदेव पहलवान के डेरा के नीचे मुरघटिया है। श्मशान। हमारे तीनों बाबाओं और दाइयों का अंतिम संस्कार यही किया गया। उनकी पीरी भी बनाई गई थी, जो बाढ़ में बह गई। हर अंतिम संस्कार के बाद चिता के स्थान पर एक पीरी बनाई जाती है, जिसे सारा कहा जाता है। दो-चार टोकरी मिट्टी डाल कर बनाए गए उस छोटे-से टीले पर तुलसी का पौधा लगा दिया जाता था। कुछ लोग सारा की जगह सौ-दो सौ ईंटें जोड़कर चबूतरा बना देते हैं। उस पर गुंबद गढ़ा देते हैं। मंदिरनुमा। नक़्क़ाशी भी करवा देते है। शुरुआत में कुछ समय तक वहाँ रोज़ दीये जलाए जाते हैं। फिर ज्यों-ज्यों स्मृति धूँधली पड़ती जाती हैं त्यों-त्यों दीये के तेल सूखने लगते हैं। एक समय ऐसा आता है जब चबूतरे ढह कर खेत में मिल जाते हैं और उनका वजूद मिट जाता है। दीपक की मौत के बाद उसके परिवार वालों ने उसके सारा पर एक चबूतरा बनवाया था। डेरा के पश्चिम, नदी पार, बाईं तरफ़, रेफ़रल हॉस्पिटल के लिए मुड़ने से पहले सड़क के ठीक दाईं ओर दीपक की समाधि बनायी गई थी। डिट्टू और राजीव ने बताया था कि 'रोज दीपक चा के स्थान पर हुनका घरे के कोनो-न-कोनो दिया बार जाई छई *(रोज़ दीपक चाचा के स्थान पर इनके घर का कोई-न-कोई सदस्य दीप जला जाता है)*।' अब की स्थिति नहीं मालूम।

लंबा क़द। छरहरा बदन। गेहूँआ रंग। चमकती आँखें। ज़्यादातर लुंगी और टी शर्ट में। कंधे पर गमछा भी। यही दीपका था। हमउम्र। रिश्ते में चाचा, लेकिन अच्छा दोस्त। जीवन में पहली बार शराब हम दोनों ने साथ पी थी। सन् 1986 में। होली के दिन। हमने दो-दो रुपए मिला कर बाज़ार पर जय किशोर की गुमती से मृतसंजीवनी सुरा ख़रीदी थी। आठ रुपए में। धुरखेल[11] के बाद हम चले गए थे अपने घर से उत्तर। राम अनुग्रह सिंह की पोखरी पर। भिंडा[12] के नीचे दो-दो ढक्कन सुरापान किया गया। दो-दो रुपए के चक्कर में उस मिशन-मृतसंजीवनी में दीपक ने अपने छोटे भाई दिलीप और रूपकिशोर बाबा के बड़े बेटे सुधाकर को भी शामिल किया था। हम मुश्किल से बारह-तेरह साल के रहे होंगे। दिलीप और सुधाकर और भी छोटे थे। उन्होंने एक ढक्कन के बाद दूसरा लेने से मना कर दिया था। फिर हमने उनको मनाया था, 'ठीक हई। न पिए के हौ तऽ न

1. स्थान, 2. गड्ढों, 3. ज़मीन पर लकीर खींचने वाला खेल, 4. ख़ुद-ब-ख़ुद, 5. पैदल, 6. झोपड़ी, 7. खेत-ही-खेत, 8. अकेले, 9. भँवर, 10. तैराक, 11. धूल वाली होली, 12. मेंड़

पिअई जा, लेकिन केकरो कहिऽ न घरे *(ठीक है, नहीं पिना है मत पिएँ आप लोग, लेकिन घर पर किसी को नहीं बताइएगा)*।' अच्छा तो हमें भी नहीं लगा था लेकिन हमें पीना था इसलिए हमने पी। राज़ आज ही खुल रहा है। दीपक बाद में खेती-बाड़ी के अलावा छोटी-मोटी ठेकेदारी करने लगा। दिलीप को फ़ौज में बहाल करवा दिया था। उस साल टोले के तीन-चार और लड़कों की फ़ौज में बहाली हुई थी। सुना था गाँव के एक एक्सआर्मी की डायरेक्टरेट में अफ़सर से अच्छी पहचान थी। उन्होंने जुगाड़ से काम बनवा दिया था। तब शायद प्रति बहाली चालीस हज़ार का ख़र्चा आया था। चार-पाँच साल पहले किडनी की बीमारी के कारण दीपक की मौत हो गई। उसके बच्चे छोटे-छोटे थे। सुना, दीपक की मौत के लिए उसकी माँ ने उसकी पत्नी को ख़ूब ताने दिए थे। कि उसके कुलछनी होने कारण दीपक नहीं रहा। वो बस मर जाना चाहती थी। लोगों के समझाने-बुझाने के बाद स्थिति थोड़ी बदल रही थी कि दीपक की माँ को कैंसर निकल गया। दवा-इलाज पर ही ज़िंदा हैं। दीपक को मछली बहुत पसंद थी।

तरियानी छपरा के लोग मछली के बड़े शौक़ीन हैं। औरत-मर्द सब। छोटे-छोटे बच्चों को भी जीभ से काँटा निकाल कर छिपा[1] के एक ओर उगल देने में महारत हासिल है। हम तिरहुतिया हैं। तिरहुत में भी मछली का बड़ा महत्त्व है। मछली को शुभ का संकेत माना जाता है। सुनता रहा हूँ कि मछली खाने से जतरा[2] बनता है। पहली बार ससुराल आने वाली नयी-नवेली दुल्हनों को मछली का दर्शन कराया जाता है। एतवार-शनिचर और छठ जैसी पबनियों के बाद पबनैतिन मछली ज़रूर खाती हैं। यात्रा करने से पहले मछली का भोजन करवाया जाता है। शादी-ब्याह में बारात को मछली का भोज दिया जाता है। दीपक की छोटी बहन गुंजा की शादी में जब बारात के लोग खा कर थक गए थे, उसके बाद दीपक के मामा ने प्रति पीस बीस रुपए का इनाम घोषित किया था। उस घोषणा के बाद कुछ बारातियों ने हिम्मत बटोर कर रोहू के कुछ मुड़े खाए थे। मिथिलांचल में इनाम पर भोजन या भोजन पर इनाम पुरानी परंपरा है। मिथिलांचल में इनाम पर खा-खा कर जान गँवा देने वाले बारातियों के बारे में क़िस्से भी चलते हैं। अब चिकन-मटन की डिमांड बढ़ गई है। गाँव में कई पॉल्ट्री फॉर्म चलने लगे हैं। एक हमारा भाई डिट्टू चलाता था, पुरनका घरारी पर। पहले डब्लू भी चलाता था।

आषाढ़-सावन में बरसात और बाढ़ के कारण इस बागमती को कुछ महीनों का पुनर्जीवन मिल जाया करता है। और तरियानी छपरा वालों को मछलियाँ। बागमती की ये कुंद धार तरियानी छपरा के निवासियों की मत्स्य आपूर्ति का सबसे बड़ा स्रोत है। इसके अलावा पोखरों और गबरों की भी भरमार है। शादी-ब्याह जैसे प्रयोजनों को छोड़ दिया जाए तो गाँव में मछली कभी आयात नहीं की गई। आज भी नहीं की जाती है। निभा की शादी में मैं ख़ुद तीन मन से ज़्यादा मछली लेकर आया था नंद किशोर सिंह

'सेठ' की पोखरी से। जुआये[3] रोहू। सुबह गया था तब जाकर तीसरे पहर तक पूरी हो पाई थी मछली।

आँगन की औरतें कहती थीं कि 'नद्दी के मछली त आसिन में दूर्गा पूजा शुरू होए से पहिलहिए निम्मन लगई छई *(नदी की मछली तो आश्विन में दुर्गापूजा आरंभ होने से पहले ही अच्छी लगती है)*।' पूजा शुरू हो जाने के बाद औरतें मछली को हाथ भी नहीं लगाती थीं। तब मछली का नाम लेने पर बड़े-बुजुर्ग भी नाक-भौं सिकोड़ने लगते थे। आँगन के अंदर मछली का पकना नामुमकिन था। तब मर्द आठ-दस दिनों के लिए परिवार की सुन लिया करते थे। यानी औरतों की। हालाँकि, कार्तिक में भी दीवाली और छठ तक छह दिन माँसाहार वर्जित होता है। लेकिन कुछ जाँबाज़ मर्द फिर भी रास्ता निकाल लेते थे। डेरा पर ख़ुद पका लेते थे या फिर किसी जन[4] की मदद से पका-खा कर अघा[5] जाते थे। ऐसे पुरुषों की तादाद पिछले सालों में बढ़ी है।

सुबह-सुबह कुंडल से पालकी की तरह बाँस पर चट्टी लादे दो मलाह और साथ में तसला, तराजू और छोटे-छोटे जाल लिए कुछ और संघतिये निकल पड़ते थे नदी की तरफ़। ऐसे लोगों में सुल्तानपुर और बेलहियाँ के सहनी भी होते थे। नज़र पड़ते ही पानी का मालिक बोल पड़ता था, 'आई केन्ने के चढ़ाई है हो मलाह सऽ ? समय हौ तऽ तनि हमरो नद्दी ओरिया चल लऽ *(आज किधर जा रहे हैं मलाह लोग? समय है तो ज़रा हमारी नदी की ओर भी चलिए न)*।' कार्यक्रम निर्धारित हुआ तो बता देते थे, अन्यथा तुरंत न्यौता स्वीकार, चल पड़ते थे। चट्टी ताँत से बुना हुआ बड़ा-सा जाल होता है। जिसकी मदद से मछलियों के लिए अवरोध खड़ा किया जाता है। फिर जाल फेंक जाता है। चट्टी और जाल की मदद से कई बार बीस-तीस किलो मछलियाँ पकड़ ली जाती हैं। उसके बाद उसे दोनों पक्षों के बीच बराबर-बराबर बाँटा जाता है। तराज़ू पर तौल कर। हमारे परिवार के लिए अक्सर मधु भैया ये काम करवाया करते थे।

मधु भैया बहुत ग़ुस्सैल प्रवृत्ति के हैं। कई बार अपनी पसंद की मछली वे मलाह के तसले में से ज़बरदस्ती ले लेते थे या लेने की कोशिश करते थे। मना करने पर मलाह पर बरसने लगते थे। मधु भैया एक काम और करते थे। मलाह पानी से बाहर निकले भी नहीं होते थे कि मधु भैया बोल पड़ते थे, 'रे सार, ढेकुआ[6] देखाव तऽ *(अबे साले, ढेकुआ दिखाओ तो)* '। नज़दीक पहुँचते ही उनके फाँड़ों और ढेकुओं की तलाशी लेते हुए फिर बोल पड़ते थे, 'सार के देखली हऽ, ढेकुआ में मछरी नुकबइत। रे सार कहाँ धैले हते *(मैंने देखा साले को ढेकुआ में मछली चुराते हुए। अबे साले कहाँ छुपाई मछली*

---

1. थाली, 2. मुहूर्त, 3. तैयार/मेच्योर, 4. मज़दूर, 5. तृप्त 6. कमर में बंधी धोती का वह हिस्सा जिसे दोनों जाँघों के बीच से निकालकर पीछे कमर में खोंसा जाता है

तुमने)?' कुछेक बार मैं मधु भैया के साथ रहा हूँ, लेकिन ढेकुआ से मछली निकलने का चमत्कार का गवाह बनने का मौक़ा नहीं मिला। उल्टा मैं ये सोच रहा हूँ कि मछलियाँ छटपटाती होंगी तो गुदगुदी तो होती होगी। जब भी नदी में मछली पकड़ी जाती थी, गाँव में समाद[1] भिजवा दिया जाता था, 'घरे कह दिअहु, मसल्ला पिसवा लेतई ... हे, तनि बेसिए *(घर पर बोल दीजिएगा मसाला पिसवा लेगी। ज़रा ज़्यादा ही)*।'

पानी की तरह ही मछली पकड़ने के उपकरणों में भी विविधता पाई जाती है। नदी के अलावा कई पोखरे हैं। जैसे चंद्रिका सिंह की पोखरी, मठ वाले की पोखरी, बइनाथ बाबा की पोखरी, हाईस्कूल की पोखरी, चौधरी पट्टी वाली पोखरी, अवधेश सिंह की पोखरी, यमुना प्रसाद के टोला की पोखरी। गबरों की संख्या तो बहुत है। लगभग हर टोले में दो-तीन गबरे हैं। इसके अलावा गाँव में कुछ मॅन भी हैं। हमारे परिवार की कुछ ज़मीन भी मॅन में तब्दील हो गई है। जैसे कि नन्हकु सिंह के डेरा के पास धनदेव सिंह वाली ज़मीन का एक हिस्सा मॅन बन गया है। पोखर और मॅन एक ही श्रेणी में रखे जा सकते हैं। सिर्फ़ एक फ़र्क़ है। मॅन की गहराई ज़्यादा होती है। जबकि गबरे और पोखर में भारी अंतर होता है। पोखर का पानी साफ़ होता है। लोग नहाने-धोने के लिए पोखर का उपयोग करते हैं। पोखर को पूजते भी हैं। गबरे गंदे पानी का जमावड़ा होते हैं। लोगों के घरों की नालियाँ आकर गबरों में मिलती है। अकसर गबरों में कुंभी छायी रहती है। अधिक से अधिक, एमरजेंसी में पनछुए[2] के लिए गबरे का पानी उपयोग किया जाता है बस। बरसात का मौसम गबरों के लिए वरदान होता है। साल में एक बार प्राकृतिक रूप से गबरों की सफ़ाई हो जाती है। या ये कि नए पानी के साथ साल भर का गंदा और कचरा बह जाता है।

गबरों और छोटे पोखरों में मछली पकड़ने के लिए चिलॉन का उपयोग होता था। चिलॉन इंकरी[3] और कमची[4] से बनी एक तरह की टाटी होती है। शहरों में उससे मिलती-जुलती चीक होती है। दो-तीन लोग मिल कर चिलॉन से पानी को गोल या तिकोने दायरे में घेरते हैं। जबकि दो-तीन जने चिलॉन के नीचे कीचड़ के पास हाथ फेरते रहते हैं ताकि इधर-उधर भागने की कोशिश करने वाली मछलियाँ उनके हाथों में ही आए। होता भी यही था। बड़ी मुस्तैदी से वे गरई[5] और सेउरा[6] पकड़ लिया करते थे। नीचे से धीरे-धीरे चिलॉन आगे खिसकाया जाता था और कीचड़ में हाथ फेरने का काम जारी रहता था। ऐसा तब तक होता था जब तक कि चिलॉन एक किनारे पर न पहुँच जाता। किनारे पर चिलॉन के साथ छन-सिमट कर आने वाली मछलियों को बड़े आराम से उठा कर वे अपने तसले में रख लेते थे। गबरों में अमुमन छही और पोठिया मिलती थी, और भूले-भटके इक्के-दुक्के सेउरा, गरई, कवई[7] और गइँची[8]। गबरों से निकलने वाली मछलियाँ बँट जाने के बाद घरवालों के लिए पर्याप्त नहीं होती थी। वैसे में माई

या कोई चाची ईया को दूसरा हिस्सा भी ख़रीद लेने का इशारा करती थीं।

घाना मछली पकड़ने का एक और नायाब उपकरण होता है। बाँस की बारीक कमचियों और महीन इँकरी की डंडियों से तैयार एक आयताकार बक्सा। इसका एक हिस्सा पूरी तरह या आंशिक रूप से खुला होता है। बाढ़ के दिनों में जब पानी ज़्यादा दिनों तक रह जाता है, तब नदी में बारी लगाई जाती है। बारी बाँस के बड़े-बड़े खंभों और जालों की मदद से तैयार किया जाता है। इसका मुख्य मक़सद मछलियों के लिए अवरोध पैदा करना और पानी की रफ़्तार पर अंकुश लगाना होता है। उसके बाद अवरोध के अंदर नाव और छोटे-छोटे जाल की मदद से मछली पकड़ी जाती है। बारी दिन-रात लगी रहती है। हमारे गाँव में ये काम मलाहों के अलावा कुंडल और औरा के सहनी भी किया करते थे। जगह-जगह पानी की सतह पर बारी की बाँस पर घाना टाँग दिया जाता है ताकि फुदक कर भागने की कोशिश करने वाली मछलियाँ फँस जाएँ। पानी लगे खेतों की मेड़ काट कर भी घाना लगा कर मछलियाँ पकड़ी जाती थीं। खेतों में घाना लगाने के लिए किसी महारत की ज़रूरत नहीं होती। छोटे-छोटे बच्चे भी घाना से मछली पकड़ते थे।

जब खेतों का पानी सूखने लगता था तब नंग-धड़ंग बच्चे और साड़ी का फेंटा खोंसे औरतें निहुर-निहुर कर पानी उपछती थीं। और जब बहुत कम पानी रह जाता था, या सिर्फ़ कीचड़ बच जाता था तब वे मछलियों को चुन लेते थे। मिलती थी छही और पोठिया ही। कर लगा कर पकाई गई छोटी मछलियाँ और चाउर का भूजा या कच्चा चिउड़ा बहुत स्वादिष्ट होता है। बंशी पचरा वाले मनोरंजन डॉक्टर साहब ने एक बार बताया था, 'हो राजू बाबू, इहे छोटकी मछरी के चलते न हैजा जइसन बीमारी फैलई छई।' हर साल तरियानी छपरा में हैजे की वजह से दो-चार मौतें होती हैं। विशेष कर दलित परिवारों में।

---

1. संवाद, 2. शौच के बाद की सफ़ाई, 3. एक प्रकार की झाड़ जिसके डंठल बहुत उपयोगी होते हैं, 4. बाँस के महीन और लंबे टुकड़े, 5. मछली की एक क़िस्म, 6. मछली की एक क़िस्म, 7. मछली की एक क़िस्म, 8. मछली की एक क़िस्म

ताश विश्वविद्यालय

अठघरवा में बारह तेरह साल के बच्चे रामदेव बाबा को कुछ ऐसे याद करेंगे कि 'रामदेव बाबा खाने-पीने के शौक़ीन थे, उनके पास किसी भी दरवाज़े पर बैठ जाने की हिम्मत थी, वे चाय पिए बिना हिलते नहीं थे दूरा[1] पर से, टोले से बाहर हमेशा इंडियन फ़ॉर्मल्स यानी धोती-कुर्ता में निकलते थे, दूरा पर हल्के हरे रंग की खादी की लुंगी और गोल गला पहने रहते थे, वे शादी-बियाह में काफ़ी सक्रिय रहते थे, मज़ाक़िया और मिलनसार थे, वग़ैरह-वग़ैरह।' बिल्कुल ठीक। इनके अतिरिक्त भी रामदेव बाबा बहुत कुछ थे।

तक़रीबन सताइस–अट्ठाइस साल पहले, जून। गर्मी की छुट्टियों में गाँव गया हुआ था। पापा गाँव में ही थे। गाछी में ख़ूब आम फला था। तड़कोआ[2] का सीज़न था। कैलसिया मंडल की ओर वाली धूर[3] पर क़रीने से खड़े ताड़ के पेड़ों पर घौर लटके हुए थे। तक़रीबन ग्यारह बज रहे थे। आसमान में हल्के बादल छाए हुए थे। रह–रह कर पछिया का झोंका माहौल को ख़ुशगवार बना जाता था। मथुरा सिंह वाली गाछी के रखवार मथुरा सिंह ही थे। वैसे ही, जैसे बिल्ली माँस की रखवाली करती है। वे जीवन पर्यंत रखवार बने रहे। परिवार वालों ने एक–दो बार कोशिश भी की किसी और को तैनात करने की लेकिन मथुरा सिंह के सामने असफल रहे। बेच चुकने के बाद भी उन्होंने गाछी का सर्वाधिकार अपने पास सुरक्षित रखा था। यह उनके, हमारे और गाछी तीनों के हित में था। उनके भावनात्मक जुड़ाव को किसी प्रकार की चुनौती नहीं मिलती थी, गाछी की चौबीस घंटे रखवाली हो जाती थी और हमें वे आम दे ही दिया करते थे। गाछी में जाने पर आव–भगत भी ख़ूब करते थे। बग़ल में घर था। किसी बच्चे को भेज कर लोटे में पानी मँगवाना, शाम को चिउड़ा भुजवाना[4], खटिया[5] पर लेटने के लिए तकिया और चद्दर मँगवाना, इत्यादि।

दो–तीन खटिया बिछी ही रहती थी गाछी में। मथुरा बाबा, पापा और मेरे अलावा रामदेव बाबा तथा बिचला पट्टी वाले शंकर सिंह भी थे। श्यामबिहारी सिंह मास्साब के घर के नाती उमेश सिंह भी आकर जम गए थे एक खटिया पर। उमेश सिंह बचपन से ननिहाल में ही रह गए थे। अपने मामा के दूरा पर काफ़ी समय तक उन्होंने दुकान चलायी थी। किराने की। 'हो ठीकदार, हो राजा ...' करते हुए बिहार सरकार उर्फ़ चंदर बाबा भी आ बिराजे थे। हर दम गाँजे की मस्ती में चूर रहने वाले चंदर बाबा की बातचीत का यही स्टाइल था। डाढ़[6] हिला–हिलाकर गिराए जा रहे क़िस्म–क़िस्म के आम एक डोल में डूबोये जा रहे थे। लोग चोभा[7] मार–मारकर रसास्वादन कर रहे थे। तभी खटिया पर तर्जनी टिका कर रामदेव बाबा ने कोशिश करके अपनी दाईं जाँघ हल्की–सी ऊपर उठायी। फिर पों ओ. ओ. ओ. ओ. ओ. ओ. ओ. पुर्र.... पों. ओ. ओ. ओ. ओ. पुर्र... पुर्र... की आवाज़ आने लगी। कुछ सेकेंड तक सबको लगा कि आवाज़ थम जाएगी। लोगों का अनुमान ग़लत निकला। समय का औसत बिगाड़ चुकने के बाद भी उनका ट्रैक्टरी पोंपुर्र नहीं थमा। फिर कुछ मुँह खोल कर और कुछ दबा कर हँसने लगे। हँसते–हँसते पापा ने कहा, 'बस करू बाबा, बहुत हो गेलई *(बस कीजिए बाबा, बहुत हो गया)*।' मेरी स्मृति में रामदेव बाबा यहीं से शुरू होते हैं। उसके बाद के रामदेव बाबा कभी न मिटने के लिए गोदा गए मेरे ज़हन में।

---

1. दरवाज़ा, 2. ताड़ के फल, 3. मेंड़, 4. भुनवाना, 5. रस्सी से बुनी, 6. डाल, 7. बिना काटे–छीले चूसना

रामदेव बाबा यानी रामदेव सिंह, चार भाई थे। रामउदार सिंह सबसे बड़े, दूसरे नंबर पर थे रामनंदन सिंह, महादेव सिंह तीसरे और सबसे छोटे रामदेव सिंह। रामउदार सिंह को छोड़कर तीनों सरकारी मुलाज़िम थे। रामनंदन सिंह कलकत्ता पुलिस में जमदार थे। महादेव सिंह सीतामढ़ी डिस्ट्रिक बोर्ड में किरानी। जबकि रामदेव सिंह कलकत्ता पुलिस में ड्राइवर। जमदार साहब अठघरवा के पहले सरकारी नौकर थे। रामउदार सिंह को मैंने नहीं देखा है। मेरी पैदाइश से पहले ही वे शांत हो चुके थे। हाँ, उनके एकमात्र पुत्र शिवजी सिंह यानी शिवजी बाबा ज़रूर मेरे पसंदीदा व्यक्तित्वों में से एक रहे। रामदेव सिंह की क़द-काठी बाक़ी तीनों भाइयों से भारी थी। तीस बरस पहले वज़न तीन मन के क़रीब रहा होगा। खान-पान और सामाजिकता का समुचित ख़याल रखते थे। महादेव सिंह महीन थे। अंदर-बाहर, समान रूप से संपत्ति अर्जित की उन्होंने। गाँव से लेकर सीतामढ़ी और मुज़फ़्फ़रपुर तक। हमारे टोले में पहला कोठा वाला घर इनका ही है। 'अमर भवन 1950' दर्ज है मकान के बीचोबीच। महादेव बाबा की पत्नी को बच्चे कोठा फूआ पुकारते थे। इसलिए कि उनका घर कोठा का था। वे कोठियाँ से छपरा ब्याही गई थीं। थीं बड़ी भद्र। हमारी ईया से उनका बहिनापा था। अमर भवन में रामदेव और महादेव सिंह के फ़रीक़[1] रामनंदन सिंह यानी जमदार साहब और शिवजी सिंह का परिवार भी रहता है। हालाँकि, अब मूल ढाँचे में व्यापक परिवर्तन हो चुका है। कुछ दीवारें खिंच गई हैं। कोठे पर इधर-उधर कुछ कमरे चढ़ गए हैं। दरवाज़े भी अलग-अलग हो गए हैं।

पहली दीवार तक़रीबन तीस साल पहले तब खींची गई थी जब शिवजी बाबा के बेटों यानी गणेश सिंह, महेश सिंह और सुरेश सिंह ने डेरे पर रामदेव बाबा के छोटे बेटे कैलाश सिंह की जमकर पिटाई की थी। किस बात पर, याद नहीं। ज़मीन पर पटक कर लाठी-डंडों से इतना पीटा था कि उनकी सेंकाई करनी पड़ी थी। हल्दी का लेप लगाना पड़ा था। शिवजी बाबा बड़े मस्तमौला थे। अठघरवा के लोग अब भी कहते हैं कि जवानी में शिवजी बाबा देखने-सुनने और बोलने-बतियाने में ख़ासे स्मार्ट हुआ करते थे। फ़ैशनेबल भी। पढ़े-लिखे कितने थे, नहीं मालूम। उनकी शादी बड़े धूमधाम से हुई थी। बिल्कुल राजसी। बारात गई थी पड़ोस के गाँव मारड। एक-एक बाराती के लिए एक-एक कैनोपी लगी थी। खान-पान भी अच्छा हुआ था। उनकी पत्नी को हम मारड़ वाली दाई कहा करते थे। दाई बीड़ी पीती थीं। उनके होंठ काले हो गए थे। नैन-नक़्श अच्छे थे। मैंने उनके घर में गुड़ की चाय बनते देखा है।

शिवजी बाबा ज़ोर-ज़ोर से बोलते हुए चलते थे। हिंदी में। ज़्यादातर पैदल साइकिल को गुड़काते हुए। घुटने से ऊपर तक की धोती, कंधे पर मिरजई[2] और माथे पर गमछे का मुरेठा; सादा और सदाबहार लिबास। हाथ में हरदम लाठी होती थी। उनके मुरेठे में

मुर्ग़े की तरह कल्गी निकली होती थी। मिरजई की जेब में हमेशा गाँजे की पुड़िया, चिलम और चुनौटी होती थी। खींचते थे तो चिलम धनका देते थे। बुढ़ाड़ी में भी दम मारने का लोभ संवरण नहीं कर पाते थे। खोंखने[3] लग जाते थे। बेटे गणेश, महेश और सुरेश नौजवानी में अकड़ में रहे। तरियानी छपरा में हाईस्कूल होने के बावजूद कोई मैट्रिक नहीं कर पाए। खेती-बाड़ी में भी जी न लगाया। जब तक अकड़ ढीली हुई तब तक समय बीत चुका था। गणेश चाचा की पत्नी में मधुबाला का अक्स नज़र आता था। रजनीश उनका बेटा है और बेटी का नाम है प्रियंका। टोले में परिवार के बाहर भैया कहने वाला एक मात्र भाई रजनीश बाहर-भीतर करता रहता है। तरियानी छपरा के बहुतेरे नौजवानों की तरह रजनीश भी कल्ले में गुटखा दबाने का शौक़ीन है।

जमदार साहब यानी रामनंदन सिंह, रामदेव सिंह के दूसरे नंबर के भाई थे। 'अमर भवन' के केंद्र में है उनका घर। एक तरफ़ रामदेव और महादेव सिंह का हिस्सा और दूसरी तरफ़ शिवजी सिंह का। जमकर खेती करते थे जमदार साहब। धान-गेहूँ के मौसम में उनके डेरे पर बोझों के ऊँचे ढेर हुआ करते थे। डेरा भी क़ायदे का था। मुकम्मल घर-आँगन समेत। डेरे पर ही रहते थे। गेरूआ लुंगी पहनते थे। लुंगी के अंदर उसी रंग की बिस्टी[4] बाँधते थे। ज़्यादातर बिना गंजी के ही रहते थे। एक हाथ से साइकिल की हैंडल और दूसरे से बाल्टी थामे, पैडल मारते डेरा से गाँव पहुँच जाते थे। डेरे से पश्चिम उन्होंने भोले बाबा का स्थान बनाया था। पत्थर और त्रिशुल गाड़ कर। इनार[5] भी था शायद वहाँ पर। सावन में वहाँ बोल-बम, बोल-बम उच्चारते बच्चे आते थे जल चढ़ाने। उनके एक मात्र बेटे का नाम शंकर सिंह है। यानी शंकर बाबा। सीधे-साधे, ये बात और है कि कुछ लोगों को उनके सीधेपन में भी चालाकी झलकती है। लंबी क़द-काठी लेकिन जमदार साहब से कमज़ोर। उनकी माँ को मैंने नहीं देखा है। तब शंकर सिंह की पत्नी बहुत सुंदर दिखती थीं। बिल्कुल गए ज़माने की भोजपुरी अदाकारा पद्मा खन्ना-सी। उनको अपनी सुंदरता का एहसास था। शायद तभी वे थोड़ा चौकन्ना रहती थीं। पढ़ाई की शौक़ीन थीं। बच्चे बड़े होने के बावजूद उन्होंने एक से ज़्यादा बार मैट्रिक का इम्तिहान दिया था। आख़िरकार पास हुईं। तब टोले की औरतें उनका मज़ाक़ बनाया करती थीं। उनके घर में यदा-कदा पोप्युलर उपन्यास वग़ैरह भी दिख जाया करते थे। रानू, प्रेम वाजपेई और सुरेंद्र मोहन पाठक के। उनकी तीन संतानों में सबसे बड़ा, पिंटू बहुधंधी मगर मृदुभाषी है। काठमांडू तक जाकर उसने गाँव के लोगों का सहारा इंडिया में एकाउंट खोला। बाद में दुकानदारी और ठेकेदारी की, राजनीति भी। महादेव सिंह का पोता यानी देवेंद्र सिंह का छोटा बेटा सोनू जब बीडीसी चुना गया

---

1. भाई, 2. शर्ट/कुर्ता 3. खाँसने, 4. कपड़े की दो पट्टियों को बाँधकर बनाया जाने वाला इनरगारमेंट 5. कुआँ

तो पिंटू ने चाणक्य की भूमिका अदा की। पिछले पंचायत चुनाव में ख़ुद भी बीडीसी की उम्मीदवारी की थी उसने। छोटका भारतीय सेना में है और सबसे छोटी, बेटी ब्याही जा चुकी है।

सात-आठ साल पहले जब महादेव बाबा का देहांत हुआ उस वक़्त उनकी उम्र अस्सी बरस से ज़्यादा रही होगी। भारी भोज हुआ था। बरबरना। किरानी साहब के नाम से मशहूर, महादेव सिंह जब नौकरी करते थे तब गाँव का कोई भी व्यक्ति उनके पास काम लेकर चला जाता था। उनका रसूख़ अच्छा था। काम करवा दिया करते थे। हालाँकि, कुछ लोगों का कहना था कि महादेव सिंह बहुत चालाक आदमी थे। किसी और की समृद्धि उन्हें बर्दाश्त नहीं थी। उन्होंने लोगों के साथ धोखाधड़ी की, वग़ैरह-वग़ैरह। वैसे, ऐसी बातें करने वालों का मुँह न कोई रोक सका है, न रोक सकेगा। देवेंद्र सिंह, महादेव सिंह के एकमात्र बेटे हैं। मेहनती और मिलनसार। सीतामढ़ी डिस्ट्रिक्ट बोर्ड में ही उनकी नौकरी लगवा दी गई थी। इसलिए नक़द आमदनी का स्रोत लगातार चालू रहा। एक भाई होने के कारण न खेत बँटे न घर। महादेव सिंह ने काफ़ी कुछ अरजा[1] था। सीतामढ़ी गाँव से बहुत दूर नहीं था। खेती अच्छी होती थी। आज भी होती है। अब देवेंद्र बाबू का बड़ा बेटा विनय खेती संभालता है। नियमित गाँव आता-जाता रहता है। छोटा, सोनू यानी विकास सीतामढ़ी में ठेकेदारी करता है। दाई यानी देवेंद्र बाबू की पत्नी पति की तरह ही लंबी हैं। पचास पार होंगी। ख़ूबसूरती अब भी बरक़रार है। स्वभाव भी मधुर। हाड़-तोड़ मेहनत करती हैं अनाज-पानी के दिनों में।

शंभू सिंह और कैलाश सिंह रामदेव बाबा के दो बेटे हैं। शंभू बाबा महीन थे। हैं भी। फ़ैशनपरस्त। खाने-पीने के शौक़ीन। होश संभालते ही गाँजा से इश्क़ कर बैठे थे। आज तक निभा रहे हैं। हायर सेकेंडरी की पढ़ाई की उन्होंने। खेती-बाड़ी में दिलचस्पी नहीं थी। कुछ समय तक उन्होंने बगहा में अपने एक बहनोई के पेट्रॉल पंप की मैनेजरी संभाली। तब वहाँ से एक बार वे आईबीपी के 'की-रिंग्स' लाए थे। मेरी माँ और उनकी पत्नी सहेली थीं। एक-दूसरे को गुलाब पुकारा करती थीं। अब भी गुलाबपन बरक़रार है। उनके आँगन की बाक़ी औरतों के साथ भी माई का गुलाबी रिश्ता हीं है। उस गुलाबपन की वजह से उनके परिवार में हमें विशेष स्थान प्राप्त था। आईबीपी की एक 'की-रिंग' चाभियों को एक साथ सहेजने में काफ़ी समय तक माई के काम भी आई थी। शंभू बाबा की पत्नी बेहद सृजनशील हैं। बाद में उनके ज़ोर पर ही शंभू बाबा ने मुज़फ़्फ़रपुर में जलावन की दुकान की। अपनी ज़मीन पर। उनके बड़े बेटे विमलेश ने बाद में सप्लाई का काम शुरू किया। वे दिवाली, होली और छठ जैसे मौक़ों पर विशेष दुकान भी लगा लिया करते थे। विमलेश का कारोबार बढ़ गया है। छोटे, डिपू भी कम उम्र से ही काम-धंधों में जुट गये थे। शंभू बाबा ने एक बार बताया था कि कर्पूरी

डिवीज़न ने तरियानी छपरा में बहुत सारे मास्टर पैदा किए थे। बाद में उनके छोटे भाई कैलाश बाबा को भी मास्टरी मिल गई! रिटायरमेंट अभी बाक़ी है।

कैलाश बाबा के रहन-सहन में भारी बदलाव आया। मास्टरी मिलते सबसे पहले लिबास बदला। उनके धोती-कुर्ता को पतलून और कमीज़ ने रिप्लेस किया, वे अच्छे दिखे। बातचीत में आत्मविश्वास पैदा हुआ। थोड़ा अहम भी। व्यंग्य ज़्यादा करने लगे। ख़ाली समय में दरवाज़े पर बैठ कर लोगों की नुक़्ताचीनी उनका प्रिय शग़ल बना। गाँव में पहली बार जिस महिला को मैंने सिगरेट पीते देखा, वो कैलाश बाबा की पत्नी थीं। तब थोड़ा अटपटा लगा था लेकिन बीड़ी खींचने वाले मर्दों ने काफ़ी पहले ही सिगरेट के धुँए से छल्ले बनाने शुरू कर दिए थे! हमारे टोले में बीड़ी और हुक्का पीने वाली औरतों की संख्या ठीक-ठाक थी। दाई आँगन की अन्य महिलाओं की तरह ही सुंदर हैं। मृदुभाषी भी। डिम्पल पड़ते गाल और ठुड्डी पर मस्सा उनकी सुंदरता में चार चाँद लगा देते हैं। बड़े बेटे रंजीत ने हायर सेकंडरी से आगे पढ़ाई नहीं की। शादी भी जल्दी हो गई। दूरा पर आटा-चक्की बिठायी और अब खेती-बाड़ी भी संभालते हैं। छोटे सुजीत ने बी.कॉम. की पढ़ाई की। आगे की पढ़ाई करने दिल्ली भी गये। मन नहीं रमा, लौट आये। कुछ समय बाद गाँव के पास ही किसी स्कूल में मास्टरी मिल गई। उनका स्वभाव सीधा है और जीवन सादा।

रामदेव सिंह के ज़माने में उनके दरवाज़े पर रौनक़ रहती थी। बरामदे के आगे क़रीने से फूल सजे होते थे लेकिन शेषा फूआ या कृपाल बाबा के दुरे जितनी वेराइटी नहीं थी। सामने गबरा के किनारे पझाबा पर दो-चार लौके लटके होते थे। दिन के वक़्त शिवजी बाबा के इनार पर लोग नहा रहे होते थे। अब टोले में एक मात्र यही इनार बच गया है। रामदेव बाबा के नौगोल[2] के अगल-बग़ल हमेशा दो-चार आरामकुर्सियाँ, कुछ सामान्य कुर्सियाँ और कुछ चौकियाँ सजी होती थीं। सुबह से शाम तक टोले-मोहल्ले और गाँव के लोग उनके दरवाज़े पर आते रहते थे। कुछ तो ऐसे थे जो सुबह-सुबह दही-चिउड़ा का भोग लगा कर पहुँच जाया करते थे।

रामदेव बाबा जब तक ठेहगर रहे, नियमित रूप से बाज़ार गए। सफ़ेद खादी के जोड़े में। कभी राणा बाबा की दुकान पर बैठे, कभी सुबोध भैया की दुकान पर। वहाँ भी उनके इर्द-गिर्द मजमा लग जाता था। कुछ पार्टनर ऐसे थे जो सिर्फ़ बाज़ार में उनसे मिलते थे। जिस भी ठीहे पर बैठते थे, वहाँ उनके सम्मान में एक-दो कप चाय ज़रूर पेश की जाती थी। रामदेव बाबा ज़बरदस्त हाज़िरजवाब थे। उनका इर्द-गिर्द ठहाकों से गुँजायमान रहता था। बच्चों को छेड़ कर भी वे मज़ा ले लिया करते थे। एक बार की बात है। अंजू की विदागरी[3] के बाद ग़मगीनी पसरी हुई थी। आँगन और दूरा, दोनों

1. कमाया, 2. पुराने घरों के आगे के हिस्से गोल हुआ करते थे। लोग उसे नौगोल कहते थे, 3. विदाई

जगह। अपने कुछ भाइयों के साथ मैं बाहर कुर्सी पर बैठा बतिया रहा था। रामदेव बाबा बेंत टेकते हुए कहीं से आ पहुँचे। हमने उनके लिए एक कुर्सी सरकाई। बैठते ही बाबा फुलकाहाँ वाले रविभूषण से मुख़ातिब हुए। नाम और गाँव जानने के बाद बोल पड़े, 'मर तोरी के, बियाह हो गेलई, बिदागरी हो गेलई, दूरा पर से कुर्सी उठे लगलई, आ तू अभी ले एतही जमल हतऽ *(कमाल है, शादी हो गई, विदाई हो गई, दरवाज़े से कुर्सियाँ उठने लगीं और तुम अभी तक यहीं बने हुए हो)*!' ज़बरदस्त ठहाके पड़े। बस, रविभूषण आपे से बाहर हो गये, 'नानाजी, इ का कहतानी रउआ! हमरा के बेइज्जत क देनी... *(नानाजी, ये क्या कह रहे हैं आप! हमारी बेइज़्ज़ती कर दी आपने...)*!' एक बार रामदेव बाबा बस में सफ़र कर रहे थे। जगह नहीं मिली थी। बग़ल वाली सीट पर बैठा लड़का बार-बार उनकी ओर देखे जा रहा था। दो-चार मिनट बाद जब रामदेव बाबा से नहीं रहा गया, तब उन्होंने उस लड़के से कहा था, 'कथि एन्ने-ओन्ने देखई छऽ। शांति से न बइठाह होई छौ तोरा। तोहर बाप-दादा एना खड़ा होतिऔ तऽ तू एनाहिए बैइठल रहितऽ। बईठऽ चुपचाप *(क्या इधर-उधर देख रहे हैं! शांति से नहीं बैठ पा रहे हैं क्या आप? आपके पिता या दादा खड़े होते ऐसे तब भी आप बैठे रहते! बैठिए चुपचाप)*।' लड़का पानी-पानी होकर खड़ा हो गया। रामदेव बाबा ने बैठ कर आराम से सफ़र पूरा किया।

टोले में किसी भी दूरा पर अगुआ-बर्तुहार[1] आया हो और रामदेव सिंह अनुपस्थित रहें, मुमकिन नहीं था। अगुआ की वापसी तक डटे रहते थे। साथ ही चाय, साथ ही नाश्ता, साथ ही भोजन। बातचीत और तय-तमन्ना में समुचित हिस्सेदारी। कई मर्तबा बिना न्यौते भी। गाँव-घर में लोग कहते थे कि रामदेव सिंह के सामने शादी-बियाह की बातचीत नहीं की जानी चाहिए। न उन्हें कोई जानकारी देनी चाहिए। सुनता था कि वे बियाह काट देते हैं। पुष्ट प्रमाण नहीं मिला कभी। मदद की मिसाल है। दादा यानी मुंद्रिका सिंह की सबसे छोटी बेटी निभा की शादी उनकी मदद से उनकी ही एक रिश्तेदारी में, मोतीपुर में हुई। जब तक शरीर ने साथ दिया, रामदेव बाबा बारात ज़रूर गए। बिस्तर और मच्छरदानी के साथ। उमा बाबा यानी बेला की शादी में बारात बँसघट्ठा गई थी। ख़ुद को तीसमार ख़ाँ समझने वाले वधू पक्ष के किसी नौजवान ने यह कहते हुए रामदेव बाबा की खिल्ली उड़ाने की कोशिश की कि 'अब त अहाँ के पूजा-पाठ आ सेवा-संयम के बेर है, काहे चल अइली हऽ बरियाती हे बूढ़ा!' बाबा ने बड़े प्यार से उसका जवाब दिया था, 'हँ हो बउआ, रउड़ा ठीके कहइले। लेकिन बरियातिये से नऽ अगिला बरियाती के रुख खुलई छई। देखई छि न एह बरियाती में हर उमिर आ साइज के लड़िका है। देख लिऊ, पसंद कऽ लिऊ। कि जाने गेली हमरो कौनो बेरी ज़रूरत पड़ जाएत, फेर कहाँ खोजब *(हाँ बउआजी, आप ठीक कह रहे हैं। लेकिन एक*

1. लड़के के लिए आए रिश्तेवाले

बारात से ही न अगले बारात का रास्ता खुलता है! देख नहीं रहे हैं, इस बारात में हर साइज़ और उम्र के लड़के हैं! देख लीजिए। पसंद कर लीजिए। क्या पता कभी मेरी ज़रूरत पड़ जाए, फिर कहाँ ढूँढ़ेंगे)!' वो लड़का बारात विदा होने तक नज़र नहीं आया। तब रामदेव बाबा की उम्र पचहत्तर पार थी।

रामदेव बाबा रेडियो के शौक़ीन थे। समाचार नियमित रूप से सुनते थे। रात आठ बजे के आसपास उनके दरवाज़े से गुज़रते हुए, उनके बरामदे पर टँगी लालटेन की मद्धम रौशनी के बीच सिर्फ़ ट्रांज़िस्टर की आवाज़ सुनाई पड़ती थी। क़रीब जाने पर पता चलता था कि कुछ लोग बैठकर पिन ड्रॉप साइलेंस में समाचार सुन रहे हैं। समाचार सुनते हुए रेडियो की तरफ़ वे ऐसे देख रहे होते थे जैसे समाचार सुन नहीं, देख रहे हों। कभी-कभार कोई सीतामढ़ी-मुज़फ़्फ़रपुर से लाकर अख़बार छोड़ जाता था उनके दूरा पर। अगला अख़बार आने तक, जिसकी समयसीमा निर्धारित नहीं थी, अख़बार की जमकर चटाई होती थी। सामूहिक पाठ से पन्ना छिटकाऊ अध्ययन तक। यही नहीं, ख़बरों की बेहिसाब घिसाई और छिलाई होती थी। ख़बरों के आधार पर प्रदेश और देश की राजनीति पर भविष्यवाणियाँ की जाती थीं। मुख्यमंत्री की अदला-बदली तक। सतीश सिंह ने बहुत कम उम्र में ही इस कला में महारत हासिल कर ली थी।

सतीश बाबा उर्फ़ छतीस सिंह उर्फ़ सतीश सिंह वल्द रामकृपाल सिंह। भाई में अकेले हैं। जब तक रामकृपाल बाबा का अख़्तियार चला, सतीश सिंह को गाँव के बाहर ही रहना पड़ा। यानी कमाना पड़ा! कमाते क्या थे नहीं मालूम। गुटखों के शौक़ीन थे। शायद अब भी हैं। टोले में ही लोग कहते थे कि उनकी कमाई उनके गुटखे के लिए ही कम पड़ जाती है। कृपाल बाबा बुढ़ापे तक झुकी कमर से कमाते रहे। मरने से कुछ बरस पहले मुझे दिख गए थे माल रोड पर काले राम के ढाबे के पास। नल पर पानी भरते हुए। पहचनाने के बाद गोड़ लागि की। फिर उन्होंने बताया कि चाँदनी चौक में किसी सेठ की दुकान पर काम करते हैं। सेठ ने ही उन्हें बी डी एस्टेट में अपने मकान में रहने की सुविधा दे दी थी। उस अवस्था में भी उन्हें अपने बेटे-बहू की चिंता थी।

रामदेव सिंह कांग्रेसी थे। खादीधारी। उन्होंने कहा भी था कि 'हम जब कलकत्ता पुलिस में रही तऽ अपना गड़ी पर जवाहरलाल के बैठा के घुमएले रहिऽई।' राजनीति में दिलचस्पी रखते थे। गपशप की हद तक। चुनावी मौसम में उनका दूरा एक क़िस्म के अखाड़े में तब्दील हो जाता था। गाँव में कोई भी प्रत्याशी आता था तो उनके दूरा पर हाज़िरी ज़रूर लगाता था। चाहे हो किसी भी दल का। रामदेव बाबा यह भरोसा दिलाते हुए सबको बाहर का संभालने को कहते थे कि 'हम त अंही के जौरे हती।' हालाँकि किसी-किसी को वे बेबाक मना भी कर देते थे।

रामदेव बाबा का दूरा ताश-विश्वविद्यालय था और वे उसके कुलाधिपति। ललन

सिंह, शंकर सिंह, सुशांत चाचा, देवेंद्र सिंह, कैलाश सिंह, बिचला पट्टी वाले शंकर सिंह, सतीश सिंह, कौशलेंद्र सिंह, महेश सिंह, खदन भैया वग़ैरह प्रो.फ़ेसर। दूसरे टोलों के कुछ लोगों ने भी वहाँ से ताश सीख कर प्रो.फ़ेसरी की। अनिल डांगे लंबे समय तक लगे रहे, प्रो.फ़ेसरी की बारी आई तो चंपारण के किसी स्कूल में किरानीगिरी करने चले गए। अनुकंपा के आधार पर। बाद में बच्चाजी, दीपक, पिंटू, रंजीत, विनय, सोनू वग़ैरह भी प्रोन्नत हुए। मेरे पापा, सुद्धु भैया, धीरज, सिंटू वग़ैरह विज़िटिंग फ़ैक्ल्टी रहे। इनमें से कुछ लोगों ने रामदेव बाबा के न रहने पर वोलंटरी रिटायरमेंट ले ली। मेरे जैसे लोग अपनी उदासीनता और अनियमितता की वजह से क़ायदे के विद्यार्थी भी नहीं बन पाए। एक समय में एक से ज़्यादा ताश के सेट हुआ करते थे वहाँ। हर सेट के साथ ताशबाज़ी चलती थी। जब तक रामदेव बाबा ने ऐच्छिक अवकाश नहीं प्राप्त कर लिया, जो उन्होंने तन त्यागने से कुछ महीने पहले तक नहीं किया था– तब तक एक कोना उनके लिए आरक्षित होता था। शेष पर बैठने वाले बदलते रहते थे। ज़्यादातर प्रौढ़ या फिर वैसे शादी–शुदा नौजवान, जिनके पास कोई विशेष काम नहीं होता था, जिन्हें घर पर कोई डाँटने–धमकाने वाला नहीं होता था। ऐसे लोग टोले के बाहर के भी होते थे। कई बार गाँव के बाहर, कुटमैता[1] के भी। गोइयाँ चयन के दौरान अनुभवी तशबाज़ों[2] को वरीयता दी जाती थी। अनुभव का मतलब पत्ती गिनने व याद रखने तथा कार्ड चोरी एवं हेरा–फेरी की कला में महारत प्राप्त और विरोधी जोड़ी को बिना बात पर्याप्त उकसा देने में क्षमतावान। खेलने वालों से कम संख्या में देखने वाले भी नहीं होते थे। 'हे बार[3] लिह अब', 'योहो, यो लागा लागो' जैसे संबोधनों के साथ हुटिंग भी होती थी। ट्वेंटी एट, ब्रे, तीन–दो–पाँच, कोट पीस, दहल–पकड़ वग़ैरह स्थापित खेल थे। रामदेव बाबा के ताश संस्थान से प्रशिक्षण प्राप्त कर दो सौ से भी ज़्यादा तशबाज़ देश भर में अपने जौहर का प्रदर्शन कर रहे हैं। पाँच–छह बरस हुए रामदेव बाबा को गुज़रे। उनकी अनुपस्थिति में भी ताश संस्थान चल रहा है। उसे कोई उपयुक्त कुलाधिपति नहीं मिल पाया है। आजकल उनके सबसे बड़े पोते रंजीत कुलपति की अतिरिक्त ज़िम्मेदारी का निर्वहन कर रहे हैं। व्यवस्था चरमरा गई है। प्रशिक्षुओं की संख्या में भी भारी गिरावट आई है।

रामदेव बाबा की मृत्यु के साल–दो साल बाद दाई यानी उनकी पत्नी का भी देहांत हो गया।

---

1. रिश्तेदारी, 2. ताश के अनुभवी खिलाड़ी, 3. झाँट

चचरी

बाढ़ के दौरान तरियानी छपरा जलमग्न हो जाता है। आवागमन पूरी तरह अवरूद्ध। दो-दो, तीन-तीन महीनों तक। कई मतर्बा इससे भी ज़्यादा। सबसे ज़्यादा विध्वंस सड़कों का होता है। बीस-पच्चीस साल पहले स्थिति और भी भयावह हो जाती थी। पानी सूखने के महीनों बाद भी बस नहीं आती थी गाँव में। निजी वाहनों के मामले में तरियानी छपरा ग़रीब था। दो-तीन महिंद्रा जीप, तीन-चार राजदूत मोटर साइकिल। एक इन्फ़ील्ड भी। लाल रंग की। नवलकिशोर सिंह यानी नवल डाक्टर के पास। डाक्टर साहब सुमहौती बाज़ार पर होमियोपैथी की प्रैक्टिस किया करते थे। पहली हीरो-होंडा संभवतः वीर शमशेर सिंह के कनिष्ठ पुत्र नवीन सिंह के पास आई थी। अपनी थी या दहेजुआ, न मालूम। साइकिल लगभग हर घर में थी। मेरे घर में नहीं। अब तो दरवाज़े-दरवाज़े स्पलेंडर और पल्सर खड़ी होती हैं। किसी-किसी दरवाज़े पर एक से ज़्यादा भी। ज़्यादातर ससुराली योगदान से। चार से ज़्यादा चरचकवा। ट्रैक्टर भी दर्जन के आसपास।

हर छोटे-बड़े काम के लिए छपरियों को मुज़फ़्फ़रपुर, सीतामढ़ी, सिउहर और पटना जाना होता था। किसी को जूरन छपरा में रामउदय सिन्हा से बच्चे का चेकअप करवाना होता था। किसी की पतोह[1] को केजरीवाल[2] ले जाना होता था डिलिवरी करवाने। किसी को विमला जायसवाल के पास सफ़ाई[3] करवानी होती थी। किसी बुज़ुर्ग को सीतापुर आई हॉस्पिटल में मोतियाबिंद का ऑपरेशन करवाना होता था। किसी को लकवा मार देने पर इमरजेंसी में एसकेएमसीएच ले जाना होता था। किसी की बेटी को शादी के लिए आभा या गुप्ता स्टूडियो में स्पेशल फ़ोटो खिंचवानी होती थी। किसी की लड़की को राणी सती या देवी मंदिर में, किसी को मोतीझील के किसी होटल में, लड़के वाले देखने आने वाले होते थे। किसी को सचिवालय में काम होता था। किसी को समधियाने में किसी शादी में जाना होता था। किसी को बौह[4] की बिदागरी में। किसी को श्राद्ध में। वग़ैरह-वग़ैरह। ऐसे ही न्यौता-पेहानी वाले कुछ लोगों को अपनी रिश्तेदारियों में आना

1. पुत्रवधू, 2. मुज़फ़्फ़रपुर के जूरन छपरा मोहल्ले में अवस्थित अस्पताल, 3. गर्भपात, 4. पत्नी

भी होता था तरियानी छपरा।

बाढ़ के दिनों में गाँव से निकलना बड़ा दूभर था। गाँव में नदी–नाले को आर–पार करना पहाड़ जैसा था। अब भी गाँव में हर दो–चार सौ मीटर पर कोई–न–कोई पुलिया है। दो पुल भी हैं। कुछ जगहें ऐसी हैं जो बड़े पुल की माँग लिये सालों से अड़ी हैं। सरकार उनकी सुनती नहीं। बहलाने के लिए डायवर्ज़न बनवा देती है। बेचारी अगले एक–दो बाढ़ में डायवर्ज़न के तहस–नहस हो जाने के बाद अपने कुंड का आकार थोड़ा और फैला देती हैं। जैसे साँप ने कुंडली मार ली हो। इस चुनौती के साथ कि आ सको तो आकर देख लो। नवल डाक्टर के डेरे के पास ऐसे दो डायवर्ज़नों के बनने और टूटने का सिलसिला सालों से चलता आ रहा है। नवल डाक्टर के डेरा के पास हमारे गाँव की सीमा समाप्त हो जाती है, शुरू हो जाता है औरा। हमारे गाँव के लड़कों की शादियाँ होती हैं उस गाँव में। गाँव वाले कहते हैं कि औरा बड़ा ख़राब गाँव है। मुझे कभी ऐसा महसूस नहीं हुआ। मेरे लाल चाचा, सहदेव सिंह का ससुराल औरा में है, रामा सिंह के परिवार में। कुछ बरस पहले विक्रम की शादी औरा में हुई।

एक पुलिया थी वीर शमशेर सिंह के घर से पहले। पुलिया क्या, पुल था। अवधेश सिंह के बाज़ार से श्री फुल्गेन मध्य विद्यालय की ओर जाने वाले रास्ते में। प्राथमिक स्वास्थ्य केंद्र के थोड़ा आगे। कभी इस केंद्र का स्वास्थ्य–कर्म से ताल्लुक़ रहा होगा।

मेरे होश संभालने से पहले। मुझे तो बस सामने वाली दीवार पर 'उद्‌घटानकर्ता: श्री बिंदेश्वरी प्रसाद दुबे, मुख्यमंत्री' वाली पट्‌टी ही दिखी। चौखट-किवाड़ भी तरियानी छपरा के निवासियों के काम आये होंगे। या फिर किसी साल सम्मत[1] में फूँक दिए गए होंगे। इस पुल के नीचे हमेशा धार बहती थी। एक बार लड़कियाँ झिझिया भसाने गई थीं इस धार में। रामअनुग्रह सिंह के भतीजे राजकुमार ने झुंड में घुसकर कुछ लड़कियों के सिर से झिझिया गिरा दी थी। लड़कियों ने ख़ूब गालियाँ दी थीं। कुछ इस तरह, 'सरधुआ, सराध करवावे आएल रहलन ह हमारा बीच में। भोगे चढ़ा देबइन भोग चढ़अुआ के। रे सरधुआ अपना बहिनिया के झिझिया न काहेले फोरले ह जे हम्मर फोर देले ह। जा न तोरा कोढ़ी फुटले बिना न रहतौ *(श्राद्ध कराने आए थे हमारे बीच में। प्रसाद बनाकर भगवान का भोग लगा दूँगी। अबे तेरहवीं के पात्र, अपनी बहन की झिझिया क्यों नहीं फोड़ी तुमने जो मेरी फोड़ी? जाओ, तुम्हें कुष्ठ होगा)* ।'

पुल के उस पार बाबा टोला है। मालूम नहीं बाबा टोला क्यों कहा जाता है उसे। पर उस टोले के सारे लोग रिश्तेदारी में मेरे बाबा लगते हैं। आज पैदा होने वाले बच्चे भी। इस टोले में सरकारी कर्मचारियों की तादाद बाक़ी टोलों की अपेक्षा ज़्यादा थी। कुछ हाकिम भी थे। इसी टोले के रामरेखा सिंह की एक बेटी ने वकालत की पढ़ाई की। वो वकालत पढ़ने वाली गाँव की पहली लड़की थीं। संभवत: एकमात्र का उनका कीर्तिमान अभी सुरक्षित है। रामरेखा सिंह के घर में ही 'वैशाली क्षेत्रीय ग्रामीण बैंक' की शाखा थी, जिसके नीले बोर्ड पर सफ़ेद पेंट से 'प्रवर्तक : सेंट्रल बैंक ऑफ इंडिया' लिखा था। वहीं बचत खाता खोल कर गाँव के लोगों ने बैंकिंग की शिक्षा प्राप्त की थी। मेरी दीदी का आवर्ती जमा खाता भी था उसमें। जो मेरी माँ देखती थीं। शेषा फूआ का भी खाता था उस बैंक में। आजकल बैंक की शाखा राजकिशोर सिंह 'महंतजी' के घर में है। बाबा टोला में रामरेखा सिंह के घर की तरफ़ जाने वाले मोड़ पर मनिया देवी का स्थान है। बाईं ओर। इसके बारे में और जानकारी नहीं है मेरे पास।

इसी पुल के आसपास कपिल सिंह नामक एक शख़्स टहलते रहते थे। मैले-कुचैले कपड़ों में। उनके कपड़ों में चिल्लर जमी होती थी और शरीर पर अथाह मैल। कुछ लोग उन्हें खौंझाया करते थे। फिर कपिल सिंह उन्हें ज़ोर-ज़ोर से गालियाँ दिया करते थे, 'तोरा मतरिया के बूर में लाठी न पेल देबऊ रे मरलाहा के समांग। रे बहानचोद तोरा दाई के पेलऽले रहलियऽऊ कि से अैले से हमरा से गांर मराबे? तोहऽर मौसी न भाग गेल रहलऊ ह हमारा जौरे, बेलसर में डीढ जे गिरबैले रहऊ, से हमरे न रहऽऊ। बहानचोदे, जब गाँड़ में लौड़ा ध के हुमचबऊ त मरलाहा बबो न अतऊ निकाले रे बहानचोद... *(अबे मरे हुओं के रिश्तेदार, तुम्हारी माँ के गुप्तांग में लाठी घुसेड़ दूँगा। अबे बहनचोद, तुम्हारी*

---

1. होलिका दहन

दादी के साथ कुछ ऐसा-वैसा किया था मैंने, जो जो मुझसे गाँड़ मरवाने आ गए? तुम्हारी मौसी मेरे साथ भागी थी न, बेलसंड में जो गर्भपात करवाया वो मेरा ही तो था)।' कपिल सिंह हिंसक भी हो जाते थे। उनके हाथ में हमेशा खुर्पी होती थी। वे चिढ़ाने वाले को दूर तक खहेंट दिया करते थे। कपिल सिंह मानसिक विक्षिप्त थे।

बाबा टोला के सामने घनी गाछी थी। सीज़न में आम लटके होते थे पेड़ों पर। मनिया देवी के मंदिर के सामने सड़क पार भिखारी की आटा चक्की थी। जिन्हें बड़े-बुज़ुर्ग कल कहा कहते थे। दोपहर बाद जैसे ही उससे फुकफुक की आवाज़ आनी शुरू होती थी, टोले-मोहल्ले से सिर पर गेहूँ का बोरा लादे औरत-मर्द का आना शुरू हो जाता था। वहाँ भिखारी के कल पर लोगों को भरोसा था। उनके यहाँ आटा नहीं घटता था। जरती[1] भी ज़्यादा नहीं निकालते थे वे। कुछ समय बाद हमारे टोले के सोहन और मोहन सिंह ने भी मठ के सामने राम ईश्वर के घर के आगे एक चक्की शुरू की थी। उनका धंधा भी जम गया था। बड़े मेहनती थे सोहन और मोहन सिंह। उस्ताद भी पहुँचे हुए थे। किसी भी तरह की बिगड़ी मशीनरी को सुधार देते थे। उनका छोटा भाई सुनील मुझसे उम्र में थोड़ा बड़ा था। उसने भी कुछ समय मशीन चलाने में भाइयों की मदद की थी। बाद में कमाने दिल्ली आ गया था। सन् 1994 की सर्दी में एक रात गाँव से किसी का फ़ोन आया था कि, 'सुनील के समाद दे दहु कि केसर बाबा गुजर गेलथीन। सुनील के नंबर न मालूम है हमरा सऽ के। तनी जा के कऽह दहू, से जल्दी चऽल अतई *(सुनील को ख़बर दे दीजिए कि केसर बाबा नहीं रहे। उनका नंबर नहीं है हम लोगों के पास। ज़रा जाकर कह दीजिए कि जल्दी से चला आए)।*' मैं पहली बार बाहरी दिल्ली के गाँव होलंबी ख़ुर्द गया था। सुनील वहीं एक फ़ैक्ट्री में काम करता था। बाद में गाँव लौट गया। शादी के बाद अब वह अपने परिवार समेत छोटी बहन की ससुराल के पास रहता है। चंपारण ज़िले के मधुबन बाज़ार के नज़दीक। स्टेशनरी की दुकान है उसकी। सोहन और मोहन सिंह की चक्की अब भी चलती है। सुनील के सबसे बड़े भाई रामा सिंह सालों से बाज़ार पर पान की दुकान चलाते हैं। केशर बाबा भी पान की दुकान पर बैठा करते थे।

अवधेश सिंह के बाज़ार से नन्हकु सिंह के डेरा की ओर तीन-चार सौ मीटर आगे एक और पुलिया है। बाढ़ के दौरान उसके नीचे भी धार बहती है। उसके आगे सड़क के दोनों ओर कुछ घर हैं। कुछ बरस पहले वहाँ विश्वकर्मा स्थान बनाया गया। थोड़ा आगे, नन्हकु सिंह के डेरा के पास एक बड़ा-सा पुल हुआ करता था लोहे का। बाढ़ ने उस पुल को बुरी तरह तहस-नहस कर दिया। अब वहाँ पुल के एक-दो खंभे रह गए

---

1. मशीन में गेहूँ या किसी अन्य अनाज की पिसाई के बाद एक विशेष अनुपात में निकाल लिया जाने वाला आटा।

हैं। जिन्हें उखाड़ने की बड़ी कोशिशें हुईं, असफल। बाद में वहाँ नया पुल बनाने का प्रयास भी हुआ। मशीनें भी आईं। पुल नहीं बन पाया आज तक। अब वह धार लुप्तप्राय हो चुकी है। यह स्थान अब नन्हकु घाट के नाम से जाना जाता है।

नन्हकु घाट कई फ़सादों का गवाह रहा है। गाँव का पहला गोली कांड यहीं हुआ था। सन् 1987–88 में। तब किसी वजह से गाँव के कुछ राजपूत नौजवानों की आपस में नहीं बनती थी। दुश्मनी–सी थी। एक बार मौक़ा देखकर एक ग्रुप ने दूसरे पर गोलियाँ बरसानी शुरू कर दी। सामने वालों ने भी आत्मरक्षार्थ शायद कुछ गोलियाँ चलाई थीं। विनोद सिंह को पेट और उँगलियों में गोली लगी थी। देर रात खटिया–उटिया पर लादकर, किसी सवारी से श्री कृष्ण मेडिकल कॉलेज हॉस्पिटल, मुज़फ़्फ़रपुर लाया गया था। ख़तरे में थी जान। डॉक्टरों की मेहनत से बच गई। सात–आठ साल बाद, विनोद सिंह के बड़े भाई मनोज सिंह की किसी ने मुज़फ़्फ़रपुर में गोली मार कर हत्या कर दी। किसी–न किसी रूप में, तरियानी छपरा में गैंगवार आगे भी जारी रहा। पिछले गिरोहों की कुछ और शाखाएँ निकलीं। कुछ नए भी संगठित हुए। किडनैपिंग और फिरौती जैसे 'क्रांतिकारी' विचारों के साथ। कुछ और लड़कों में दबंगई की इच्छा प्रबल हुई। कुछ कर गुज़रने का जज़्बा पैदा हुआ। सुना, सबके पास हथियार है। नलकटुआ से लेकर रायफ़ल तक। कुछ ग्रुप के पास माउज़र और एके सिरीज़ भी। अफ़वाह या सच, नामालूम।

रेफ़रल अस्पताल वाले मोड़ से थोड़ा आगे डेरा की ओर बढ़ने पर तरियानी छपरा का सबसे बड़ा पुल हुआ करता था। बागमती की पुरानी धार पर। जिन दिनों आवागमन का रास्ता तरियानी चौक होकर था, यह पुल गाँव की लाइफ़लाइन हुआ करती थी। तरियानी इस क्षेत्र को कहा जाता है। तरियानी में पचास से ज़्यादा गाँव होंगे। ज़्यादातर के साथ उपसर्ग के तौर पर तरियानी जुड़ा हुआ है। मसलन, तरियानी छपरा, तरियानी औरा, तरियनी डुमरा, तरियानी विश्वंभरपुर, इत्यादि। बोल चाल में लोग तरियानी चौक को चौक कहा करते थे। चौक, गाँव से पाँच–छह किलोमीटर पश्चिम है। जब बच्चा था, तब लोग इसे बिसनपुर चौक कहा करते थे। अस्सी के दशक की शुरुआत में यहाँ थाना और ब्लॉक बने। हमारे हिस्से का थाना और ब्लॉक भी यहीं आया। इससे पहले ये प्रशासनिक दफ़्तर बेलसंड में थे। जिन दिनों वहाँ प्रशासनिक खंड विकसित हुए थे या हो रहे थे, उन दिनों मात्र तीन–चार दुकानें थीं। कुछ चाय–नाश्ते की। कुछ पान की गुमटियाँ भी। किसी भी दुकान पर दर्जन से ज़्यादा आदमी बैठकर सेव–बुनिया और चिउड़ा–घुघनी का जलपान कर रहे होते थे। दिन में। सेठजी की काला–जामुन प्रसिद्ध थी। चायबाज़ तो आते–जाते रहते थे।

होटल कहे जाने वाले उन चाय–नाश्ता केंद्रों पर जमकर राजनीतिक बहसें हुआ

करती थीं। सन् 1985–86 तक लगभग पूरा इलाक़ा लोकसभा (शिवहर क्षेत्र) चुनाव में 'हाथ' और विधानसभा (बेलसंड) में 'चक्रहलधर' पर मोहर लगाया करता था। श्रीमती रामदुलारी सिन्हा सांसद और डॉ. रघुवंश प्रसाद सिंह विधायक। रामदुलारी सिन्हा केंद्र में मंत्री रहीं। उन्होंने कुछ राज्यों में राज्यपाल का पद भी सुशोभित किया। इस क्षेत्र का प्रतिनिधित्व करते हुए हरिकिशोर सिंह केंद्रिय विदेश मंत्री बने। बेलसंड विधानसभा क्षेत्र का प्रतिनिधित्व करते हुए रघुवंश बाबू बिहार सरकार में मंत्री बने। चुनाव हार जाने के बाद विधान परिषद के उपसभापति। दिल्ली में देवेगौड़ा और मनमोहन सिंह की सरकार में मंत्री बने। चुनाव के दौरान चौक पर ख़ूब बहसें हुआ करती थीं। किसी का उम्मीदवार बस जीत गया होता था। वोटिंग तो उनके लिए औपचारिकता भर थी। कोई चाय सुरुकते हुए विरोधी पक्ष के उम्मीदवार की ज़मानत ज़ब्त करवाने का एलान कर रहा होता था। जीवन में पहली बार आदमक़द कटाउट मैंने तरियानी चौक पर ही देखा था। सन् 1989 के विधान सभा चुनाव में प्रो. दिग्विजय सिंह का। उस चुनाव के बाद दिग्विजय सिंह पहली बार विधान सभा पहुँचे थे। फिर न जीत पाए कभी। वैसे भी उसके बाद से कांग्रेस कभी उठ नहीं पाई बिहार में।

तरियानी चौक पर एक कॉलेज की स्थापना हुई सन् अस्सी के दशक में। ठाकुर जुगल किशोर सिंह महाविद्यालय। उसके बाद से हमारे क्षेत्र में कॉलेजिया विद्यार्थियों की गिनती बढ़ गई। कुछ लड़कियों ने पहली बार कॉलेज का मुँह देखा। मुँह ही देखा! क्लास नहीं! दाख़िले के बाद उन्हें सीधे परीक्षा। पत्र लेने आना पड़ता था। कई बार ये काम भी भाई–बाप कर लिया करते थे। लड़कियों की इस पढ़ाई का उनकी शादी से सीधा ताल्लुक़ हुआ करता था। जितनी डिग्री, अच्छा घर–वर मिलने की उतनी संभावना।

चौक पर आगे चलकर अच्छा–ख़ासा बाज़ार विकसित हुआ। लेकिन नब्बे के दशक के मध्य तक आते–आते बाज़ार ने गिरान देखना शुरू कर दिया। सड़कों की बदहाली और लहलहाते अपराध के कारण। मुज़फ़्फ़रपुर से तरियानी के जिस भी गाँव में बस जाती थी, वो तरियानी चौक होकर ही जाया करती थी। शिवहर और पिपराही जाने वाली बसों का मुख्य मार्ग यही था। सड़कों की बदहाली के कारण, विशेषकर बाढ़ के बाद, साल में कुछ महीने बसों के मार्ग बदल जाया करते थे। सड़कों की स्थिति जब लंबे समय तक नहीं सुधरी तब मिनी बसों ने बड़ी बसों का स्थान ले लिया। उनकी हालत भी जल्दी बिगड़ गई। उनके पोर–पोर से चाँय–चाँय की आवाज़ आने लगी। एक साथ बस की दीवारें अलग–अलग दिशाओं में हिलने लगीं। टायरों को पहले से ही कहीं भी पंचर हो जाने की स्वच्छंदता प्राप्त थी। पैडल वाली साइकिलें उन बसों से आगे निकलने लगीं। बदतरी देखते हुए और छोटी बसें, कमांडर, तथा अन्य हल्की सवारी

गाड़ियाँ सड़कों पर उतरीं।

दिन दहाड़े हीरो होंडा छीन लेने या नलकटुआ दिखाकर पैसा छीन लेने की कला तरियानी के नौजवानों से सीख ली थी। अपहरण उद्योग अत्यंत लाभकारी सिद्ध हो चला था। अध्यापक और अध्यापकों के बच्चे मुफ़ीद शिकार माने जाने लगे थे। उनकी नियमित तनख़्वाह के स्रोत के बारे में सबको पता था। ये भी कि पैसा बचाने में उन जैसा कर्मठ कोई होता भी नहीं। ठेकेदारों के बाद सबसे ज़्यादा मोटर साइकिल अध्यापकों ने ख़रीदनी शुरू की। तरियानी चौक पर वारदातों को अंजाम दिया जाने लगा। चौक की प्रतिष्ठा पर बट्टा लगा। व्यवसायियों ने ठिकाना बदलना मुनासिब समझा।

बलुआ बाज़ार वाली सड़क बनने से पहले छपरा के लिए तरियानी चौक होकर रास्ता था। जिन दिनों गाँव में बस नहीं आती थी, उन दिनों लोगों को गाँव से चौक तक की दूरी पैदल तय करनी होती थी। महिलाओं के लिए बैलगाड़ी का इंतज़ाम किया जाता था। हर किसी के पास बैलगाड़ी नहीं होती थी। मँगनी की जाती थी। किराए पर बैलगाड़ी का चलन नहीं था। कई बार हम घर से पैदल चलना शुरू करते थे। आगे चलकर रास्ते में कोई बैलगाड़ी दिख जाती थी, तो हम उससे लिफ़्ट ले लिया करते थे। बशर्ते उसमें जगह हो। कभी बैलगाड़ी पर ओहार[1] के अंदर नयी-नवेली दुल्हन सवार होती थी। कभी खटिया पर लदा कोई रोगी।

तरियानी चौक पैदल आने-जाने में भी आनंद आता था। सामान्य दिनों में खुरपैरिया ले लिया करते थे। यानी शॉर्टकट। औरा से खेते-खेते। लहलहाती फ़सलों के बीच से। वो रोमांचकारी अहसास आज भी ज़हन में गुदगुदी कर जाता है। बाढ़ के दौरान के मंज़र को याद कर सिहरन होने लगती है। पुल-पुलिये पानी में भँस गए होते थे या फिर खंडित। तब गाँव वाले आपस में चंदा इकट्ठा कर आसपास के टुट्टों पर चचरी लगवाया करते थे। पुल का विकल्प होती है चचरी। हरे बाँस के फट्टों से बुनी हुई। बाँस के खंभों के सहारे ही टाँगी गई। पैदल और साइकिल सवारों के लिए चचरी सुविधाजनक होती है। शाम ढलने के बाद चचरी पर चलने में डर लगता था। फिसल गए तो क्या होगा! सावधानीपूर्वक चलना पड़ता था। एक बार किसी काम से मुझे शाम को गाँव से निकलना पड़ा मुज़फ़्फ़रपुर के लिए। मैंने दो चचरियाँ पार कर ली थीं। तीसरी, नवल डाक्टर के डेरे के बाद वाली पार करने ही वाला था कि मेरा बायाँ पाँव चचरी में फँस गया। सिर गड़ा कर देखा, चचरी की बुनावट में जो गैप था, मेरा पैर उसी के हवाले हो चुका था। लाख कोशिशों के बावजूद मैं अपना पाँव नहीं निकाल पाया। अँधेरा छाने लगा था। अचानक साँप का डर भी समा गया मन में। बाढ़ के दौरान जहाँ-तहाँ साँप दिख जाते थे। वैसे भी तरियानी के देहात में साँपों की कोई कमी नहीं है। किसी भी

1. शेड/एक क़िस्म का पर्दा

मौसम में, किसी भी वक़्त निकल आते हैं। डर के मारे मेरी हालत ख़राब होती जा रही थी। यह सोचकर भी घबराहट हो रही थी कि देर हो जाने पर बस नहीं मिलेगी। फिर तरियानी चौक से वापस लौटना पड़ेगा पैदल! इतने में एक साइकिल सवार आया। मेरी स्थिति देख कर उसने अपनी साइकिल वापस सड़क पर खड़ी की। चचरी के गैप को दोनों हाथों से, पूरी ताक़त लगा कर थोड़ा और बढ़ाया। मेरा पाँव निकल गया। शुक्रिया या थैंक्स बोलना न घर में सिखाया गया था न स्कूल में। मैं अपनी ख़ुशक़िस्मती पर संतोष करता हुआ तरियानी चौक की ओर बढ़ गया।

मोबाइल यूज़र मैन्युअल

सात बज रहे होंगे। मैं दातून की तलाश में घर से निकल पड़ा था। लल्ला के दालान तक भी नहीं पहुँचा था कि ज़ोर-ज़ोर से किसी की आवाज़ आने लगी, 'आओर जोर से बोलिए नऽ, नहीं नऽ सुनाई दे रहा है आपका आवाज, हँ बोलिए नऽ, औरो जोर से बोलिए नऽ ...' दो पल के लिए मैं ठहरा, दाएँ-बाएँ नज़र दौड़ाई कोई बातचीत करता नहीं दिखा। आवाज़ अब भी आ रही थी। मैं चलते-चलते लल्ला के घर की मुहार तक आ चुका था। एक बार फिर वैसी ही आवाज़ आई। दो क़दम पीछे लौट कर मैंने फिर अगल-बग़ल ताका। देखा, रामदेव बाबा की छत पर कोई लड़का कान से सेलफ़ोन चिपकाए तेज़ क़दमों से इधर-से-उधर कर रहा था। दूसरे हाथ से उसने लुंगी को थोड़ा ऊपर उठाया हुआ था।

लल्ला के आँगन में पहुँच कर मैंने दोनों चाचियों से प्रणाम-पाती की। मेरी आवाज़ सुनकर मिनी कमरे से बाहर निकली। उसने तपाक से कहा, 'गोड़ लगई छिऔ राजू चच्चा *(चरण स्पर्श राजू चाचा)*'। मिनी, दादा की पोती है। मधु भैया की बड़ी बेटी। मधु भैया का ससुराल बंसघट्टा में है। कटरा से थोड़ा आगे। पहली बार जिस शादी में मैंने पूरी रात फ़ोटोग्राफ़ी की थी, वो इनकी ही थी। 'ख़ुश रहऽ' कह कर मैंने मिनी से पूछा, 'काहे अतेक जोर-जोर से बोलइत रहलई ह ओई छत पर कोनो *(क्यों उस छत पर कोई इतनी ज़ोर-ज़ोर से बातकर रहा था)*?' मिनी पहले ज़ोर से खिलखिलाई। फिर मेरी नादानी पर मुस्कुराते हुए उसने कहा, 'फोन पर नऽ बतियाइत रहलई हऽ। न नु न मिलइत रहई छई फोन। नेटबर्कें न पकड़ईत रहई छई हाली *(.फोन पर बात कर रहा था। .फोन नहीं न मिलता है अकसर। नेटवर्क ही नहीं पकड़ता है जल्दी)*।' 'ओ ..., अच्छा' कहकर मैंने उससे एक दातून माँगी। अबकी बार थोड़ा झिझकते हुए उसने जवाब दिया, 'जा ..., कहाँ है दतुअन! हम सऽ तऽ बरस से मुँह धोई छी *(अरे...कहाँ है दातुन! हमलोग को ब्रश इस्तेमाल करते हैं)*।' 'गाँव में रहियो के तु सऽ दतुअन न रखई जाई छे। केहन बुड़बक छे गे हे *(गाँव में होते हुए भी तुमलोग दातून नहीं रखते! कैसी बुद्धू हो तुम)*' कहकर मैं उससे

हालचाल बतियाने लगा। मिनी शायद प्राइवेट से बी. ए. पढ़ रही है। भाभी मन-ही-मन मिनी की शादी के बारे में सोचने लगी हैं। अगले कमरे में जाकर दइया से मिला। दइया बिस्तर पर लेटी थीं। प्रणाम करने के बाद मैंने पूछा, 'दइया चिन्हले ?' दइया कुछ देर दिमाग़ पर ज़ोर डालने के बाद फुसफुसाई, 'राजू .... सत्यदेव बउआ के बेटा'। मेरे छोटे बाबा की पत्नी, दइया कुछ साल पहले नहीं रहीं। 'न नु देले दतुअन मिनी, जाइले कोनो औरो के घरे माँगे' कह कर मैं आँगन से बाहर निकल गया।

नवल बाबा के कल पर कुल्ला कर मैं आगे बढ़ गया। राणा बाबा के कल तक पहुँचा ही था कि सिर पर आँचल संभालती एक महिला दिख गईं। वो प्रभु बाबा की पत्नी थीं। जुलूम सिंह की माँ। प्रभु बाबा, चंद्रशेखर बाबा के चौथे नंबर के भाई हैं। चंद्रशेखर बाबा वशिष्ठ सिंह के सबसे बड़े बेटे हैं। सुना है जवानी में बड़े नफ़ासत-पसंद थे चंद्रशेखर बाबा। गाँव भर में उम्दा कलाकार माने जाते थे। लड़कियों की शादियों में मंडप सजाने के लिए उन्हें बुलाया जाता था। बहुत सुंदर मंडप सजाते थे। रंग-बिरंगी साड़ियों, धागों तथा रंगीन काग़ज़ की मदद से। फूल-पत्ती भी रंग-बिरंगी लगाते थे। रंजीत, दिलीप, दीपक तथा टोले के कुछ और लड़कों के साथ मुझे भी यदा-कदा उनकी शागिर्दी का अवसर मिला है। चंद्रशेखर बाबा पढ़ाई-लिखाई के बाद कहीं काम-धंधा करने नहीं गए। बाद में काफ़ी समझाने-बुझाने पर गए कहीं तो दस दोष बता कर वापस आ गए। खेती-बाड़ी ख़ास नहीं थी। बाद में स्थिति लचर-सी गई। बाँट-बखरा कर के भाइयों से अलग हो गए। अब बेटा टुनटुन बाहर कमाने लगे हैं। बचपन में हम टुनटुन की आँखों का नाच देखा करते थे। एकमात्र बेटी की शादी मीनापुर के नज़दीक किसी संपन्न परिवार में हो गई है।

छोटे भाई लक्ष्मण बाबा बेहद सरल इंसान हैं। हर तरह से। बोलते कम हैं। जो बोलते हैं, वो उनकी धीमी आवाज़ के चलते सामान्य तौर पर श्रवण-योग्य नहीं होता है। हमेशा मुस्कुराते रहते हैं। मेरे ख़याल से वे अपने परिवार में सबसे ज़्यादा मेहनती हैं। अब तो उनकी उम्र भी सत्तर के क़रीब पहुँच गई होगी। लेकिन सिर पर टोकरी और हाथ में डोल लेकर अब भी वे घर-डेरा करते रहते हैं। उनकी शादी बंगाल में हुई थी। कुंज बिहार के किसी गाँव में। एक दौर में हमारे गाँव में कुंज बिहार की काफ़ी लड़कियाँ ब्याह कर लाई गईं। कृष्णा सिंह ने परिश्रम न किया होता, तो आज बहुत से छपरिए राजपूत बिन ब्याहे रह गए होते। 'चोरवा क्रिसना' के नाम से विख्यात कृष्णा सिंह कुंज बिहार से कई लड़कियों को अपने साथ लाए और ज़रूरतमंदों का कल्याण किया। उन्होंने अपने अग्रज मथुरा सिंह के लिए भी एक पत्नी का प्रबंध किया। अब तरियानी छपरा में दोनों भाइयों का सिर्फ़ नाम रह गया है। मथुरा बाबा के देहांत के बाद उनकी पत्नी अपनी उस बेटी के पास चली गईं, जिसकी शादी उन्होंने बारह-चौदह

साल की उम्र में कर दी थी। कृष्णा सिंह तो बहुत पहले गाँव छोड़ चुके। मुज़फ़्फ़रपुर में रहते हैं। सपरिवार।

प्रभु बाबा थे ज़बरदस्त गपोड़ी। उनके क़िस्सों का बाकस हमेशा भरा रहता था। उनसे जब सुना, लगा पहली बार सुन रहा हूँ। कुछ उन्होंने एकत्र किये थे और कुछ अफ़वाहों, मनोहर कहानियों और सत्यकथाओं के टुकड़ों को जोड़-जाड़ कर गढ़ लिया था। होते सारे दिलचस्प थे। ख़ास कर ज़मीनदारों और 'ख़ानदानी' परिवारों और उनसे संबंधित व्यक्तियों के बारे में उनके क़िस्से। व्यंग्य से लबालब। ज़्यादा लिखे-पढ़े नहीं। समय से ही निकल पड़े रोज़ी-रोटी की तलाश में। गोहाटी। वहीं दशकों से होटल की मनेजरी संभाल रहे हैं। होटल के क़िस्से सुनाते थे कि कैसे कुछ नहीं होता था चोरी करने के लिए तो होटल के स्टाफ़ डालडा पीकर और चीनी फाँक कर मस्त हो लिया करते थे। शायद ऐसी किसी वजह से प्रभु बाबा एक बार बहुत बुरी तरह बीमार पड़े थे। मुज़फ़्फ़रपुर में हमारे डेरा पर रहते हुए उनका इलाज हुआ था। अब भी वे गोहाटी रहते हैं। जुलूम सिंह प्रभु बाबा के एक मात्र बेटे का नाम है। नाम ही जुलूम है। हैं बिल्कुल गोरे-पिचके। एक लीवर से भी कम के। सिगरेट की तरह पतली टाँगे। उनकी विशिष्टता है, गर्दन तक लटकती उनकी चुटिया।

जुलूम ने दातून दिया। मैं कूची बनाते-बनाते उनकी दीवार में पीठ टिका कर दाई से घर-परिवार का हालचाल लेता रहा। जिस आँगन को प्रभु बाबा और उनके भाइयों ने बड़ी मेहनत और लगन से बनाया था, जिसकी एक-एक ईंट सबने अपने माथे पर ढोई थी, वो आँगन अब कई हिस्सों में विभक्त हो चुका है। कई मुहार[1] बन चुके हैं उसमें। जुलूम सिंह की माँ से बतियाते-बतियाते मैंने अपने दाँतों की घिसाई कर ली। कुल्ला भी उसी कल पर कर लिया।

थोड़ी देर बाद मैं वापस अपने दरवाज़े पर आ गया। छोटी चाची ने आवाज़ दी। आँगन में पहुँचा। प्रियंका ने दही-चिउड़ा और आलू की भूजिया परोस दिया। नाश्ता करते हुए भी फ़ोन वाली बात रह-रह कर मेरे दिमाग़ में आती रही। नाश्ता निबटा कर मैं सामने पलंग पर लेट गया। तब तक डिट्टू भी आ गया था। मेरी दुविधा जानने के बाद हँसते हुए उसने कहा, 'बड़ा कसरत करे के होई छई तरियानी छपरा में फ़ोन से बतिआए ला हो राजू भैया।' डिट्टू भाई ने कहा कि उसने अपने मोबाइल को कोने वाले कमरे में एक ख़ास स्थान पर रख दिया है। जब भी घंटी बजती है तो वहीं जाकर बात करते हैं उसके घरवाले। बात भी ख़ास ऐंगल से गर्दन को मोड़कर करनी पड़ती है। अन्यथा बीच में फ़ोन कट जाता है। एक बार उसके मोबाइल की घंटी ख़राब हो गई। यानी फ़ोन आने पर घंटी नहीं बजती थी। तब उसे फ़ोन सुनने के लिए ख़ासी मशक़्क़त करनी

1. गेट / प्रवेश

पड़ी थी। एक थाली में पतली पेंदी वाली कटोरी उल्टा करके रखा और फिर कटोरी की पेंदी पर फ़ोन। फ़ोन को वायब्रेशन मोड पर कर दिया। जब भी कोई कॉल आती थी तो वाइब्रेशन की वजह से काँप-वाँप के फ़ोन कटोरी पर से नीचे थाली में गिर जाता था। फिर झनाक्-सी आवाज़ आती थी। जो भी आँगन में होता था वो जाकर फ़ोन रिसीव कर लेता था। जब तक घंटी ठीक नहीं हुई तबतक ऐसे ही चला।

एक रात मेरे फ़ोन की घंटी बजी। देखा, बाबू लिखा आ रहा था। कुंजी दबाकर मैं फ़ोन को कान से चिपकाया और हेलो-हेलो करने लगा। अंदर कमरे में चाचा सो रहे थे, शायद मेरे 'हेलो-हेलो' से उनकी आँख खुल गई होगी। बोल पड़े, 'बाहर चल नऽ जो, न तऽ छत पर चल जो, उहाँ साफ़-साफ़ सुनाई देतऊ अवाज'। अगले दिन मिनी के घर गया। पीढ़ा पर बैठा था कि निगाह छप्पर के अगले सिरे से टँगे सेलफ़ोन पर गई। पूछा तो बताया उसने, 'कखनियो घंटी बजई छई तऽ सुनाई पड़ जाई छई आ अई तर नेटबर्को ठीक पकड़ई छई *(कभी घंटी बजती है तो सुन लेते हैं। यहाँ नेटवर्क भी आसानी से मिलता है)*।'

बिजली के अभाव में गाँव में सेलफ़ोन जीवित रखने के लिए लोगों को कड़ी मशक़्क़त करनी पड़ती है। रोज़ाना शाम को चार-छह फुकफुकिया आटा-चक्की शुरू हो जाती है। जिसका इंधन होता है मीनापुर पर 'घाट' के पेट्रोल पंप से साइकिल पर लाद कर लाया गया डीज़ल। आवाज़ सुनते ही कुछ सेलफ़ोनधारी चक्की पर पहुँच जाते हैं। जहाँ चक्की मालिकों ने मशीन और डायनमो की मदद से दस-बारह प्लग की व्यवस्था की हुई है। शुरू-शुरू में मोबाइल चार्ज करने का कुछ चार्ज भी था शायद। अबकी मालूम नहीं, है या नहीं। जनरेटेर गाँव में बिजली आपूर्ति का एक अति महत्त्वपूर्ण ज़रिया है। दो-तीन जनरेटर चलते हैं। लेने वाले लोगों ने प्रति बल्ब के हिसाब से अपने घरों में उसका कनेक्शन लिया हुआ है। रात में कुछ घंटों तक होने वाली उस बिजली की मदद से भी मोबाइल चार्ज किए जाते हैं। शादी-बियाह या अन्य जग-जाप के दौरान भी लोग जनरेटेरों से मोबाइल चार्ज करते हैं। तब उनकी तत्परता देखने लायक़ होती है। कभी-कभी उनकी वही तत्परता फ़साद की जड़ बन जाती है। कुछ अतिसतर्क लोगों ने अतिरिक्त बैटरियों का प्रबंध किया हुआ है।

बीते चार-पाँच बरस में गाँव में कुछ मोबाइल कंपनियों के टावर खड़े हो गए। उन परिवारों के नौजवानों को रोज़गार का एक साधन मिला साथ ही अतिरिक्त आमदनी का स्रोत भी, जिनकी ज़मीनों पर टावर इरेक्ट हुए हैं। दरवाज़े पर बैठे-बैठे कुछ हज़ार रुपयों की बँधी-बँधाई तनख़्वाह और हर दो-चार दिन पर बेच लेने के लिए कुछ लीटर डीज़ल। सुना, संपन्नता के इस नये नुस्ख़े को देखकर कुछ और छपरिए अपनी ज़मीन पर टावर खड़ा करवाने के जतन में जुट गए थे। लाख-दो लाख की रक़म जेब में रख

कर। ग़रज़ पड़ने पर जिसे वे किसी भी वक़्त रिश्वत में बदल देने को तैयार थे। न जाने सफलता मिली या नहीं। हाँ, जो कुछेक टावर खड़े हुए, उससे आम छपरियों का मोबाइल–लाइफ़ आसान ज़रूर हुआ।

ई दिल्ली थोड़े है

एक शाम तिमारपुर में दो-तीन पैग सिगनेचर गटकने के बाद मैंने हैदराबाद में सिंटू को फ़ोन मिला लिया था। बातचीत का अंत होते-होते उसने पूछ लिया था कि मैं चुनमुन की शादी में गाँव पहुँच रहा हूँ कि नहीं। तीनों दादा-दादियों के संयुक्त परिवार की आख़िरी बेटी और हमारी दूसरी सबसे छोटी बहन चुनमुन। काग़ज़ी नाम प्रतिभा। चुनमुन हमारे लल्ला यानी अनिल सिंह की सबसे छोटी संतान है। कुछ पल के लिए बचपन में लौट गया। उस आँगन में, जहाँ चूल्हे तो कई जलते थे लेकिन छोटे-बड़े भाई-बहन जौरे[1] खाते-खेलते थे। धमा-चौकड़ी आँगन में ही मचाते थे। सिंटू से वायदा किया कि चाहे जो हो जाए, चुनमुन की शादी में ज़रूर शामिल होऊँगा। आनन-फ़ानन में अगले दिन टिकट बुक करवाया। किलकारी और मैं पहुँच गए मुज़फ़्फ़रपुर। किलकारी मुझसे भी ज़्यादा उत्सुक थी। पहली बार शादी में शामिल होने गाँव जा रही थी। वो भी सिर्फ़ पापा के साथ। दोनों बहुत मस्ती करते गये थे। पटना होते हुए लाल किला एक्सप्रेस से। अब भी कभी-कभी किलकारी बोलती है, 'पापा चलो न दादी के पास, लाल किला एक्सप्रेस से।'

मुज़फ़्फ़रपुर से अगले रोज़ माई, पापा और दीदी के साथ हम बाप-बेटी गाँव पहुँचे। पूजा-मटकोर था। रिश्तेदारों का जमावड़ा लगा हुआ था। छोटे-बड़े मिला कर तक़रीबन दो सौ। बाँट-बखरा हुए सालों हो गए। घर के लोग अब जहाँ-तहाँ छितरा गए हैं। मुज़फ़्फ़रपुर से लेकर दिल्ली, पूणे, चेन्नई, बैंग्लोर, अरुणाचल, हैदराबाद से लेकर यूएस तक। शादी-ब्याह के दौरान सबके जुटान की कोशिश होती है। सबको न्यौता जाता है। आँगन की बेटियों को ख़ास कर। यानी फूआ और बहनों को। जिसको जिस आँगन में जगह मिली, उसने अपने-आप को वहीं अटा लिया। सोने-खाने की कोई चिंता नहीं। दूरा पर चूल्हा जलता रहता था।

---

1. साथ

रात के साढ़े सात–आठ का वक़्त होगा। पंडिजी शालीग्राम पूजन के बाद सामने रखे माइक के आगे लय, छंद और ताल में सत्यनारायण कथा का वाचन कर रहे थे। जो बाँस पर टँगे दो–तीन लाउडस्पीकरों के माध्यम से प्रसारित हो रहा था। हाथ में गिलास और लोटा लिए ग्रामीण इधर–उधर पसरी कुर्सियों और चौकियों पर ख़ुद को अटा कर, पंडिजी द्वारा पूर्णाहूति की घोषणा का इंतज़ार कर रहे थे। दरवाज़े पर उत्साही लड़कों की टोली राजीव और सुद्धु भैया के निर्देशन में प्रसाद वितरण के इंतज़ाम का जायज़ा ले रहे थे, जो थोड़ी देर में आरंभ होना था। आंगन में मटकोर की तैयारी चल रही थी। सजी–धजी औरतों का झुंड संवेत स्वर में गीत गाते हुए दरवाज़े से आगे की ओर बढ़ रहा था। सिर पर डलिया संभाले हजामिन आगे–आगे चल रही थीं। छोटे–छोटे बच्चे अपनी मम्मियों की साड़ी पकड़े साथ चल रहे थे। किलकारी को दीदी अपने कलेजे से चिपकाए फिर रही थी। पूजा से लेकर मटकोर तक। हर जगह।

ख़ूब एन्ज्वॉय कर रही थी किलकारी। अगले दिन बिलौकी में भी एक–दो आँगन गई किलकारी दीदी के साथ। गाँव बड़ा है। पहले बिलौकी में दो–दो दिन लग जाते थे। धीरे–धीरे गाँव में भी सामाजिक दायरा सिमटा है। अब अक्सर परिवार की ओर से टोले के अलावा गाँव के कुछ गिने–चुने परिवार में ही बिलौकी माँगी जाती है। जैसे कि टोला–पड़ोस के अलावा दुनतवों, क़रीबियों और अपने जन–बन के घर। बस। बुढ़िया मइया, मनिया देवी, बढ़म बाबा और आम–महुआ पूजने के लिए लड़कियों को गाँव के एक कोने से दूसरे कोने तक के चक्कर लगाने पड़ते हैं। ब्याही बेटियाँ बिलौकी में ज़रूर जाना चाहती हैं। उन्हें गाँव में घूमने और सखि–बहिनपा का हाल–चाल बूझने का मौक़ा मिल जाता है। चुनमुन की शादी में भी लड़कियों ने गाँव के ख़ूब चक्कर लगाए।

सुशांत चाचा वाली पुरनका घरारी पर हलवाई का टेंट टँगा था। मिठाई–उठाई कई दिन पहले से बन रही थी। कुटमैता के कुछ बुज़ुर्ग और कुछ छपरिये मधु भैया के दूरा पर बैठ कर इंतज़ाम पर निगाह रख रहे थे। उनके हाव–भाव से ऐसा प्रतीत हो रहा था कि वे काम को लेकर बेहद संजीदा हैं। विशेष कर इस बात को लेकर कि हलवाई का काम समय पर और क़ायदे से निबटे। अगले दिन बारात के स्वागत की तैयारी हो रही थी। लल्ला, टूना बाबा, सुशांत चाचा और टोले के बुजुर्गों के मार्गदर्शन में राजीव, अमित, जुगनू, डब्लू, खदन भैया, सुद्धु भैया, वग़ैरह जुटे हुए थे। अगले रोज़ पंडाल वाला सामान लेकर थोड़ी देर से आया। लल्ला का बड़ा बेटा राजीव, कोई और काम बीच में छोड़कर उसके पास गया। जितना शालीन रह सकता था, रहने की कोशिश की। फिर फुफकार उठा, 'साला तुम लोग समय पर नहीं आ सकता है। बहानचोद सऽ बेइज्जत करवा देगा ...।' दो–चार ऐसे आशीर्वचनों से टेंट वाले का तारण कर वह

वापस अपने काम में जुट गया। सुशांत चाचा और खदन भैया के घर के बीच की ख़ाली जगह पर पंडाल लगना था। लिहाज़ा आसपास की दुभी छीलने के काम में कुछ मज़दूरों के साथ जुटे थे प्रभु दयाल भी।

प्रभु दयाल लल्ला के परिवार के लिए बचपन से काम कर रहे हैं। उनसे पहले उनके बाप-दादा छोटका बाबा स्वर्गीय श्री बिहारी सिंह के लिए काम करते थे। प्रभु दयाल का परिवार गाँव में रहने वाले गिने-चुने दुसाध परिवारों में से एक है। प्रभु के पिता का नाम वीरन है और माँ को लोग चनकी पुकारते हैं। उनकी बहनों और बाद में बेटियों और फिर बेटों ने लल्ला और मधु भैया के परिवार के लिए चरवाही की। बाद में प्रभु के बेटे जुड़े इस काम में। अक्षर ज्ञान इनके परिवार तक पहुँच बना पाने में नाकामयाब रहा। बीते दस बरस में कोई साक्षर हो गया हो तो पता नहीं। पूर्णरुपेण भूमिहीन। मुस्कुराहट से ख़ासी दोस्ती है प्रभु की। जब मैं बहुत छोटा था तब वे अंडर पैंट और गोल गला[1] में दिखते थे। बाद में अंडर पैंट पर लुंगी बाँधने लगे। कुमटैता-उटमैता जाते वक़्त, वे धोती-कुर्ता धारण कर लेते हैं। साल-दो साल में एक-आध बार।

फतिया में जैसा घर इनका पहले था वैसा अब भी है। इँकरी और खर से बना छप्पर वाला। छोटे भाई चंदर, किशोरी बाबा की हरवाही करते थे। कुछ बरस पहले चंदर का बेटा दिल्ली गया था कमाने। वापस नहीं लौटा गाँव। साथ वालों ने घर पर बताया कि काम पर निकला तो लौटा नहीं। कोई कहता है दिल्ली में हेरा गया। कोई कहता है रुपये-पैसे के चक्कर में किसी ने उसकी जान ले ली। दो महीने पहले अमित ने बताया कि वह तमाम आशंकाओं को निर्मूल साबित करते हुए वापस गाँव पहुँच चुका है।

पच्चीस-तीस बरस पहले की बात है। एक बार प्रभु दूध और सब्ज़ी वग़ैरह का दउरा माथा पर से उतारने के बाद कल पर आए हाथ-मुँह धोने। मैं वहीं था। कलेजे की ज़ोर से कल चलाने की कोशिश कर रहा था। उनको देखते ही मैंने कहा था, 'प्रभु, तनि कल चला दऽ, पानी पियब।' तब उन्होंने अपनी चिर-परिचित मुस्कुराहट के साथ कहा था, 'केहन बात बतियाइले राजू बउआ, हम्मर चलाएल कल से रउड़ा पानी पियब! छुआ जाएब।' मैंने उनकी बात नहीं मानी थी तब। उसके बाद से हमारी अंडरस्टैंडिंग अच्छी बन गई। अब भी उस बात को याद करके हम दोनों ख़ूब हँसते हैं।

हमारे तीनों बाबाओं में सिर्फ़ लल्ला की खेती ही बटाई पर नहीं है। कुछ साल हुए लल्ला को मास्टरी से रिटायर हुए। गाँव के पास ही सुभईगढ़ में स्कूल था। ड्यूटी पर जाने से पहले, भोरे-भोरे खेत-पथार का हालचाल ले लिया करते थे। आगे चल कर खेती-बाड़ी के काम में राजीव लल्ला की सहायता करने लगा। राजीव लल्ला का बड़ा

1. सूती बनियान

बेटा है। तेज़, कर्मठ, मेहनती और मिलनसार। राजनीति में ख़ासी दिलचस्पी है उसकी। चुनाव लड़ना चाहता है। एक बार मुझसे उसने भाषण लिख देने को कहा था। राजीव ने कुछ महीने दिल्ली में भी नौकरी की। 'डेल्हाइट जिनगी न सुहलौ हो राजू भैया हमरा, जाई छिऔ वापस घरे' कह कर राजीव छपरा लौट गया। दोगुनी मेहनत से खेती में जुटा। अब खेती के साथ गाँव में टेंट-हाउस का कारोबार करता है। इससे पहले वह खैनी और पाउच का व्यापार कर चुका है। ताज़ा सूचना के मुताबिक़ उसने अब छपरा बाज़ार पर एक होटल की शुरुआत कर दी है। मधौल वाली चाची ने बताया कि समोसा और मिठाई अच्छी मिलती है राजीव के होटल में। छोटा अमित एमबीए है। दिल्ली में नौकरी करता है। मेरी तरह ही उसे भी खेती-पथारी की एबीसीडी नहीं मालूम। एकदम भुसकोल[1]।

चार बजते-बजते पंडाल बन कर तैयार हो गया था। पहले की तरह घर-घर से कुर्सी, मेज और टेबल-क्लॉथ नहीं इकट्ठे किये गये थे। न गुलदस्ते। 'होरिल विकास समिति' का सामान भी उपयोग में नहीं था। समिति का वजूद समाप्त हो चुका है। प्रति परिवार दो-दो रुपए वार्षिक चंदा के दम पर समिति के पास सौ-डेढ़ सौ कुर्सियाँ थीं। कुछ टेंट और कनात भी थे। खाना बनाने के बड़े-बड़े बर्तन, पानी के टब और बैठने के लिए दरियाँ और आसन भी। कुछ खो गए, कुछ चोरी हो गए और कुछ समिति के सदस्यों ने व्यक्तिगत इस्तेमाल के लिए रख लिए। सारा सामान पास के किसी गाँव के टेंट हाउस से मँगवाया गया था। पंडाल में प्लास्टिक की लाल-लाल कुर्सियाँ कतार से सजायी गईं। मैं भी अपने चाचाओं तथा दूसरे रिश्तेदारों से बतियाते हुए अँगौछे से कुर्सियाँ पोछ रहा था। किलकारी वहीं खेलती रही थी। छोटे-छोटे बच्चों के साथ। दिल्ली से गई थी। इसलिए सारे बच्चे उसके साथ खेलना चाहते थे। उसके पास रहना चाहते थे।

अँधेरा होने से पहले कोई ख़बर लेकर आया कि बारात हाईस्कूल में पहुँच गई है। पहले हमारे परिवार की शादियों में आने वाली बारात, दो-तीन सौ मीटर दूर, मठ के बग़ल में, गर्ल्स स्कूल में टिका करती थी। अन्य परिवारों और आसपास के टोलों में आई बारात भी गर्ल्स स्कूल में टिका करती थी। अब तो स्कूलों के पास ख़ुद के लिए ही पर्याप्त भवन नहीं है। ले-दे कर हाईस्कूल के दो कमरे ही काम आते हैं। पहले सवर्ण लड़कियों की शादी में नाच का आयोजन होता था। बारात की तरफ़ से। सामान्य परिवारों की बारात में लौंडा नाच जबकि 'धनी-मनी' में चतुर्भुज स्थान की बाईजी आती थीं। महफ़िल सजती थी। दूरा-लगने[2] के बाद बरातियों के साथ-साथ गाँव वाले और घराती भी नाच देखते थे। लौंडे के नाच में पाठ खेला जाता था। कई लौंडे तो मेकअप के बाद लगते ही नहीं थे कि वे मर्द हैं। ब्लाउज़ के अंदर कपड़े ठूँस कर वे अपनी छाती

1. फिसड्डी, 2. द्वार-पूजन

को उठान दिया करते थे। लौंडे कमर लचका कर ज़ोरदार ठुमकों के साथ 'लौंडा बदनाम हुआ, नसीबन तेरे लिए' या 'खो रे मंगला पड़ल रह नीन टूटई छउ चढ़ल रह *(खाओ रे मंगल, पड़े रहो, नींद टूटे जब चढ़े रहो)*' जब गाते, तो ज़बरदस्त पिहकारी पड़ती थी। ख़ुश होकर लोग बख़्शिश देते थे। फिर लौंडे कुछ इस तरह से धन्यवाद ज्ञापन किया करते थे, 'जिन बाबू ने दिया रुपैया, उन्हें बनाऊँगी मैं अपना सइयाँ, हमारे नाच पर ख़ुश होकर रविंदर बाबू ने दो रुपया दिए हैं, मैं अपने तहे-तहे दिल से, नन्हे-मुन्हे दिल से, खट्टे-मीठे दिल से उनका शुक्रिया अदा क... र... ती हूँ'। कई बार करती ... करती... करती हूँ भी। अंतिम 'करती हूँ' के साथ वे घुटने तक साड़ी उठा कर ज़ोरदार ठुमके लगाया करते थे और नगाड़ा मास्टर देर तक ढन, ढन, ढन, ढन, ढन ... की आवाज़ निकालते थे। सुंदरता, हाव-भाव और नाच से कुछ लौंडे इतना मोह लिया करते थे कि बारात वापसी के बाद भी कई दिनों तक नौजवान उनकी चर्चा किया करते थे और पाठ के दृश्यों को याद। जोकर के संवादों को ख़ास तौर से दुहराया जाता था। जोकरों का आदर्श 'मेरा नाम जोकर' वाले राजकपूर ही थे। वैसे ही रंगे नाक और गाल। वैसी ही पोशाक। बाद में पता चला कि कुछ लोग गदराए लौंडों के साथ गिटिर-पिटिर भी करते थे।

गाँव में कई मर्तबा एक ही दिन मिडल स्कूल, हाईस्कूल और गर्ल्स स्कूल; तीनों जगह शामियाने तने होते और नाच चल रहा होता। कहीं लौंडा तो कहीं बाईजी का। फिर हमारे पास विकल्प होता। हम झुंड में रात को एक नाच देखने जाया करते थे, अगले दोपहर को दूसरा और शाम को तीसरा। कोशिश होती कि महफ़िल जमने से पहले पहुँच जाया जाए। दो फ़ायदे होते थे। पहला, बाईजी के ग्रीन रूम में ताक-झाँक का अवसर मिल जाता था, जो स्कूल का ही कोई कमरा होता। जिसके दरवाज़े अच्छी तरह बंद कर दिए जाने के बावजूद मुस्कुराते रहते थे! दूसरा, बैठने लिए मनमाफ़िक़ स्थान चुनने में सहूलियत होती थी। मिडल स्कूल पर एक नाच में, कुछ लोग बार-बार बाईजी से किसी गाने के लिए फ़रमाइश कर रहे थे, जिसे वो शालीनतापूर्वक नकार रही थीं। धमकाने के बाद भी न मानीं। बवाल मच गया। नाच के आनंद में उत्पन्न विघ्न से बेचैन दर्शक शामियाना में शोर-शराबा मचाने लगे। गाली-गलौच पर उतरने में देर कहाँ लगती है! बाईजी के साथ संगत कर रहे हारमोनियम मास्टर तैश में आकर लॉक-वॉक लगा कर खड़े हो गए, 'मैडम रुक जाइए, न होगा प्रोग्राम। एक बूँद के होंगे तऽ अब फेर हरमुनिया न बजाएँगे आई।' दो-चार घुड़की में ही उन्होंने बूँद-परीक्षण करवा लिया। नाच में आने वाली बाईजी पर बारात के लोग अपना मालिकाना हक़ समझते थे। कुछ ले-दे कर 'सेटिंग-वेटिंग' भी हो जाती थी, भोरवा में। सिर्फ़ वीआईपी टाइप लोगों के लिए ही। कई मर्तबा बारातियों और गाँव वालों में इस बात को लेकर तू-तू, मैं-मैं हो जाती थी। आगे चल कर मार-पीट की कुछ घटनाएँ भी हुईं। धीरे-धीरे नाच की

ये परंपरा ढीली पड़ गई। बाईजी अब भी कभी-कभार आ जाती हैं नाचने। लौंडे नहीं आते। लौंडों को 'संभ्रांतों' ने मान-सम्मान पर धक्का मानना शुरू कर दिया। धीरे-धीरे लोक संस्कृति का एक अहम तत्त्व विलुप्त होने की कगार पर पहुँच गया। कुछ समय तक बारात में विडियो पर फ़िल्में दिखाई गईं। उसके बाद ऑर्केस्ट्राओं में 'कनवा में सोभे वाली, जूरा से लगा के जाली', चला। आजकल 'समियाना के चोप, तोरा ढोंढ़िए में घोंप' दिया जा रहा है।

शाम होते-होते केसरिया के नज़दीक सिसवाँ का मेरा एक फुफेरा भाई संजय आया। दुबली-पतली काया। बड़ी-बड़ी, बाहर निकली आँखें। लाली से लबालब। अब क़मीज़ और जींस पहनता है। झकाझक उज्जर। सामान्य क़द। उम्र में मुझसे छोटा। चरण-स्पर्श के बाद बड़ी गर्मजोशी से मिला। हाल-चाल पूछा। किलकारी को देख कर ख़ुश हुआ। पंडाल को देख कर खिन्नता प्रकट की। उसके मुताबिक़ पंडाल स्तरीय नहीं था। वह इंतज़ामिया के लोगों पर बरसने लगा। बोला, 'आपलोग मुझे बेइज़्ज़त करवा देंगे'। बाद में पता चला कि चुनमुन की शादी उसी की जान-पहचान वालों में हो रही है। थोड़ी देर बाद वो वहाँ से चला गया। निर्देश दे गया कुर्सियों को थोड़ा ढंग से लगाने और इंतज़ाम टाइट रखने का। रात को बातचीत हुई। पता चला, आजकल संजय एक-दो बस और कमांडर चलवाता है। जेसीवी है उसके पास। ऐसा ज़ाहिर किया कि केसरिया और आसपास के इलाक़े में उसकी 'चलती' है। उसकी राजनीतिक महत्त्वाकांक्षा जागृत हो चुकी है। बताया, 'जेतना पइसा लगेगा, देंगे; लेकिन अगला विधान सभा का एलेक्शन ज़रूर लड़ेंगे।' अभी क्षेत्र बना रहे हैं। आप तऽ दिल्ली में रहते हैं भईया, तनि ई बताइए कि राहुल गाँधी का पार्टी कइसन है आजकल?'

अंधेरा हुआ। बारात आयी। दरवाज़ा लगा। अंग्रेज़ी बाजे की धुन पर दो-चार बाराती नाचे जा रहे थे। पर न गर्मी थी न जोश। दरवाज़े पर औरतों का गायन चल रहा था। जिससे पता चला कि पिछले वर्षों में रिवाज बदला है। गायन पहले भी होता था महिलाओं का। पर्दे के अंदर ही। अब ज़्यादातर जगहों पर शारदा सिन्हा की सीडी से काम चला लिया जाता है। मोतिहारी की तरफ़ एक शादी में देखा था, दो लड़कियाँ पूरी रात गाती रही थीं। द्वार पूजा समाप्त होने से पहले ही बाराती पंडाल में अपना स्थान ले चुके थे। द्वार पूजन के बाद दूल्हा और समधी भी अपने स्थान पर विराज चुके थे। टेबल-कुर्सियों के बजाय अब सिर्फ़ कुर्सी थी। बारात में धोती-कुर्ता वालों की संख्या कम थी। औसत आयु पच्चीस-छब्बीस साल। कमीज़-पतलून तथा जिंस और लाल-पीली जर्सियों में ज़्यादा थे। सबको उनकी कुर्सियों पर नाश्ते का पैकेट पकड़ाया गया। पैकेट में सिंघाड़ा, दालमोट और एक और कोई नमकीन तथा काले और सफ़ेद रसगुल्ले के अलावा मुरब्बा और बरफ़ी थी। शरबत की जगह कोक और पेप्सी। बाराती जब उठे

तो वहाँ से कई टोकरी प्लास्टिक की गिलास समेटी गई। मालूम नहीं कहाँ फेका गया उसे। उसके बाद गाँव-समाज और कर-कुटुम को भी जलपान कराया गया। कुछ जन-मज़दूरों को भी शायद पैकेट दिए गए।

थोड़ी देर बाद बारातियों को भोजन कराया गया। मुर्ग़ा-भात। उसके बाद रिश्तेदारों और न्यौतहरियों की बारी आयी। वे भी खा लिए। रात के बारह-एक बज रहे होंगे। बाद में औरतों को बुलाया गया। झाड़ू लगाने के बाद आसनी बिछायी जा रही थी। इतने में धनुक टोली और उस पार के जन-मज़दूरों के कुछ बच्चे और महिलाएँ भी बैठने के लिए धरफराने लगीं। बच्चों के हाथ में छिपा[1] और कटोरे थे। इंतज़ामिया में से कुछ लोगों ने बहुत ज़ोर से झिड़का उन्हें। मैं बीच में आ गया 'इन्हें भी बैठने दो। जगह तो है ही।' जिस पर कोई बोल पड़ा, 'राजू भैया, रेवाज खराब न कीजिए गाँव का! इ दिल्ली थोड़े है! जन-मजदूर आ सर-सोलकन के जौरे खाने का टाइम नहीं आया है अभी छपरा में।' तब तक जिन्हें बैठना था वो बैठ चुके थे। मैंने अपने हाथ में मुर्ग़े वाली डोल थाम ली। बहुत दिनों बाद बारिक का काम करते हुए अच्छा लगा था। किलकारी भी अपनी फूआ यानी दीदी और मुन्ना भैया की पत्नी के बग़ल में इसी पाँत में बैठी थी।

उसके बाद नंबर आया जन-मज़दूरों का। घिरस की बेटी की शादी में उन्हें भी ख़ुशी थी। इंतज़ाम में दिन-रात एक कर दिया था। केला कटाई, धुकाई, दूध ढुलाई,

साफ़ –सफ़ाई समेत जो भी काम दिया गया; जी–जान लगा कर किया था सबने। गगन, धनबीर, रामचंद्र जैसे बुज़ुर्ग हो चुके लोग भी आए थे। सबके बदन पर आम दिनों से ज़्यादा साफ़ कपड़े थे। कुछ के बिल्कुल नए। कुछ के पाँव में प्लास्टिक के जूते भी थे उस रात। ये लोग न्यौता[2] भी करते थे। खिलाया उन्हें भी गया। सामान्य आँखों से देखने पर सामान्य ही लग रहा था। पर था नहीं। ज़्यादातर के पत्तल पर भात के ऊपर ख़ाली झोर[3] था। बोटी[4] ख़तम हो गई थी। कोशिश करने पर डोल के पेनी में से इक्का–दुक्का गोड़ या मुड़ी निकली थी।

अंत में आठ–दस लोगों का स्पेशल ग्रुप बैठा खाने के लिए। ज़मीन पर नहीं। डिट्टू के दालान से चौकी खींची गई, जिसे मेज़ बनाया गया और कुर्सियाँ तो थीं ही। पत्तल पर चावल और मुर्ग़ा परोसा गया। हड्डी वाला, बोटी नहीं थी। पर लोगों की पसंदीदा पोटा–कलेजी[5] थी। लोग खा रहे थे। 'ओटी' की बोतल खुल चुकी थी। पिआई चालू था। रिश्तेदारी में चार पीढ़ियाँ एक साथ थीं। राजीव, बच्चा बाबा, शंभू बाबा, धीरज, मोतीपुर वाला संजय सिंह तथा कुछ और लोग। हालाँकि मैं खा चुका था लेकिन राजीव के कहने पर बैठा था उनके साथ। पहली बार गवाह बना था खुली शराबख़ोरी का।

दूर दरवेशी बाबा के गबरा के कोण पर बैठा कोई मल्लिक पत्तल पोंछ कर एक बर्तन में डाल रहे थे। आते–जाते लोग उनको बेवजह कुछ बोल जाते थे। नहीं कुछ तो यही कि, 'तोरा औरो कोनो जगह न मिललऊ हऽ बैठेला रे डोमबा।' वो तब तक बैठा रहा जब तक सारे लोग खा कर चले नहीं गए। मालूम नहीं, उसे शादी वाले दरवाज़े पर खाना मिला कि नहीं। वैसे आज तक किसी भी दरवाज़े पर उन्हें बिठा कर नहीं खिलाया गया है। शादी–बियाह और जग–जाप में तो बिल्कुल नहीं। हमारा समाज कितना लिबरल हो गया है! खुली शराबख़ोरी पचा जाता है पर साथ बैठ कर खाने से रिवाज ख़राब होने लगता है!

---

1. थाली, 2. शगुन, 3. रस, ग्रेवी, 4. टुकड़ा, पीस, 5. मुर्ग़े की भोजन–थैली

ईंटालियन

छोटे क़द पर चालीस-बयालीस किलो की काया लादे जब वे झटकते हैं तो लगता है किसी ने खिलौने में चाभी भर दी हो। स्प्रिंग ढीली होने तक नहीं रुकेंगे। अपने हिसाब से वे हमेशा नियमित और समयबद्ध होने की कोशिश करते हैं। अकसर सफल होते हैं। जब नहीं हो पाते हैं तो उसमें उनकी ग़लती नहीं, उनके घिरस लोगों की ज़बरदस्ती होती है। बुलाए होते हैं दाढ़ी बनवाने के लिए, कटवाने लगते हैं केश भी। घिरस लोगों को सालों से झिड़कने, घुड़कने और हेकड़ी दिखाने की आदत पड़ी हुई है। बाज़ नहीं आते हैं। बचपन से स्तूरे और कैंची से खेलने वाले चंद्रिका ने भी सीख लिया है कि ऐसी झिड़कियों और हेकड़ियों से कैसे निबटना है। दो होंठों से मुस्कुराहट का खेल, खेल के संभाल लेते हैं। कोई ज़्यादा ही अकड़ दिखाए, उसके लिए चंद्रिका ने स्तूरा फेरते-फेरते एक जवाब सज लिया है, 'ठीक है, त जेना होएत, तेना कऽ लिऊ घिरस। हमरा से नऽपार लागऽत ठीक है *(गृहस्थ, जैसे हो वैसे कर लीजिए। हमसे नहीं हो पाएगा)*।'

चंद्रिका यानी चंद्रिका ठाकुर। तरियानी छपरा में चनदीरका पुकारे जाते हैं। पचपन-छप्पन बरस की उम्र। मेरे होश संभालने से लेकर आज तक हमारे पारिवारिक हज्जाम। उनके पिता थे जंगली ठाकुर। वे भी जजमानी संभालते थे। उनके पिता का नाम नहीं मालूम। संभालते वे भी जजमानी थे। उनके पिता भी। बाज़ार से पश्चिम और हमारे पुरना गाछी के दक्षिण जिस टोले में वे पुश्तों में रहते चले आ रहे हैं, उसे गाँववाले हजमटोली कहते हैं। उसके ठीक थोड़ा और पीछे, गाछी से सरपट्टी की ओर मुड़ने से पहले वाले टोले को गाँव वाले गोअरटोली कहते हैं। मुझे जाति के आधार पर टोले का नामकरण कभी नहीं जँचा। सुनने और बोलने में कभी सहज महसूस नहीं कर पाया। देखा जाए तो यह नामकरण सभी जातियों पर समान रूप से लागू नहीं होती। गाँव में एक भी टोले का नाम राजपूत टोला या राजपूत टोली नहीं है। न ही कोई कहता है रजपूतवा टोला। सात-आठ घर बाभन भी हैं, पर किसी ने बाभनटोला या बभनटोली नहीं कहा कभी। सुना, बाबा टोला, बीचला पट्टी, अठघरवा, अलोरा या ऐसे ही नाम, जिसमें न कहीं उपसर्ग और न ही प्रत्यय के तौर पर राजपूत या बाभन जुड़ा है। लेकिन धानुक

जिस टोले में रहते हैं उसे धनुक टोली, चमार जिस टोले में रहते हैं उसे चमटोली या चमरटोली, बिन जिस टोले में रहते हैं उसे बिन टोली, धोबी के मुहल्ले को धोबिया मोहाल, मुसलिम जिस टोले में रहते हैं उसे मियाँ टोला/टोली, सोनार जिस टोले में रहते हैं उसे सोनर टोली, कुम्हार जहाँ रहते हैं उसे कुम्हरटोली, नुनिया जिस टोली में रहते हैं उसे नुनिया टोली या ऐसे ही अन्य टोलों के लिए जातिवाचक संज्ञा।

मालूम नहीं, ऐसा नामकरण कब और कैसे हुआ। अपना अंदाज़ा ये है कि हिंदू धर्म और स्वामी मनुदेव महाराज की व्यवस्था के अनुरूप गाँवों की बसाहट हुई होगी। जिसको हंसौर में बैठे मुट्ठी पर ब्राह्मण, जिनमें से ज़्यादातर मेरे होश संभालने तक विपन्न ही नहीं, फटेहाल थे, ने निर्देशित किया होगा। फिर ब्राह्मण देवता ने ही अपनी सुविधा से नामकरण किया होगा। वैसे भी शब्द-चयन और नामकरण का सर्वाधिकार उनके ही पास सुरक्षित होता रहा है। जब तक उनके 'अधिकार' का दो-चार गुना अधिक प्रभाव से प्रतिरोध नहीं होता, तब तक भारतीय राज की संविधान व्यवस्था भी वहाँ खूँटे में बँधी गाय से ज़्यादा कुछ नहीं होती। लिहाज़ा हर जाति के नाम पर टोला है। बस राजपूत और ब्राह्मण के नाम पर नहीं। 65 साल के आज़ाद भारत में। सूचनार्थ, यह सिर्फ़ तरियानी छपरा की सच्चाई नहीं है। बिहार, उत्तर प्रदेश, राजस्थान, हरियाणा, पंजाब, पश्चिम बंगाल, मध्य प्रदेश, गुज़रात समेत देश के विभिन्न राज्यों के सैकड़ों उन गाँवों में आज भी यह व्यवस्था बनी हुई है, जिनमें राजपूत, बाभन, पटेल, भूमिहार, जाट, इत्यादि सवर्णों का वर्चस्व क़ायम है। वैसे यह जानना दिलचस्प होगा कि सरकारी रिकॉर्ड्स में टोले-मोहल्लों के क्या नाम हैं। जातिसूचक नाम हुए तो सरकार भी जातिवाद खेलती रही।

चंद्रिका ठाकुर के टोले में बीस घर हजाम होंगे, या थोड़े और। अलग-अलग जगहों पर हजाम को नाई, नाउ, नउुवा, नौवा कहने का चलन है। सब पीढ़ियों से जजमानी करते आ रहे हैं। जजमानी यानी घिरस के परिवार के सदस्यों की हजामत बनाना तथा हर वो कर्मकांड जिसे 'शास्त्रों' में नाई के हाथों संपन्न होना ज़रूरी बताया गया है। हमारे गाँव के हजाम घिरस के परिवार के सदस्यों के बाल, दाढ़ी और नाख़ून की कटाई करते हैं जबकि महिलाएँ घिरस के आँगनों की महिलाओं का नाख़ून काटती हैं और आलता लगाती हैं। जिन दिनों मैं गाँव में था, उन दिनों हमारे परिवार में मेरे एक चाचा, एक बाबा के अलावा छोटका बाबा और उनके दोनों बेटे और उनके दो-तीन बच्चे रहते थे। मेरे बाबू के चार बेटे थे ही। कुल मिलाकर छह-सात लोग दाढ़ी-मूँछ वाले थे। हर हफ़्ते सबकी शेविंग और पंद्रह दिनों पर केश-कर्तन चंद्रिका ठाकुर की ज़िम्मेदारी थी। माई के अलावा पाँच चाचियाँ, तीन दादियाँ और एक भाभी थीं। चंद्रिका की पत्नी को उनके नाख़ूनों की कतराई के साथ-साथ उनके औंवें-पौंवें पर आलता-रोगन करनी होती थी।

हमारी तरह कम-से-कम एक दर्जन परिवार चंद्रिका ठाकुर के जजमान थे। आज भी हैं। चंद्रिका को जब देखा, कुर्ते-धोती में देखा। कुर्ते की एक जेब में लत्ते में लपेट कर वे रखते हैं एक से ज़्यादा स्तूरे, एक से ज़्यादा कंघी और लहरनी[1]। पहले वे स्तूरे में शान चढ़ाने के लिए पत्थर और चमरउटी[2] भी रखते थे। ऊपर वाली जेब में शीशा यानी आईना भी होता है। हालाँकि, अपना चेहरा बड़ा देखने के लिए कुछ लोग अपने शयनकक्ष की दीवार पर टँगे आइने उतरवा कर मँगवा लिया करते थे।

शहरों में एचआईवी/एड्स के ख़तरे महसूस किए जाने के थोड़े समय बाद तरियानी छपरा में भी उसकी आहट पहुँची। सजग छपरियों द्वारा यह जानकारी भी आयात हुई कि एड्स लाइलाज बीमारी है और यह कि असुरक्षित यौन संबंध और शेविंग में इस्तेमाल होने वाले ब्लेड के एक से ज़्यादा व्यक्ति पर उपयोग से इसके संक्रमण का ख़तरा पैदा होता है। यदा-कदा तरियानी छपरा में कुछ नौजवानों को जेब में कंडोम लेकर टहलते देखा है। ऐसा वे कंडोमप्रेमी यौन संबंधों को सुरक्षित बना लेने की ज़िद में करते हैं। एकाधिक यौन संबंधों के बारे में उनकी राय में कुछ तब्दीली आई है या नहीं, न मालूम। चंद्रिका ठाकुर और उन जैसे हजामों ने पुराने स्तूरों का इस्तेमाल छोड़ दिया। अब वे भी पत्ती[3] रखने लगे हैं। ज़्यादातर समय बिना दाल के भात घोंटने वाले चंद्रिका के लिए हर जजमान की दाढ़ी पर स्तूरा फेरने के लिए पत्ती जुटाना बेहद मुश्किल होता है। न होने पर जजमान गरियाने से नहीं चूकते, 'रे सार, पत्ती बदऽल नऽ। मरवैबे की ?' हालाँकि, पिछले सालों से कुछ जजमानों ने ब्लेड रखना शुरू कर दिया है। ज़रूरत पड़ने पर वे किसी बच्चे को कहकर घरवाली से ब्लेड मँगाकर ठाकुर को दे देते हैं। मैं तो दाढ़ी बनवाता ही नहीं। मेरी दाढ़ी का भी कर्तन होता है। सो पत्ती-उत्ती की झंझट से मुक्त रहा हूँ। पर ऐसा सुना है कि जो मज़ा पुराने स्तूरे से दाढ़ी बनाने में आता था वो पत्ती वाले स्तूरे से नहीं आता।

अंदाज़ा लगाया जा सकता है कि कितना विकट रहा होगा चंद्रिका ठाकुर के लिए जजमानी संभालना। संभालते आ रहे हैं। एक भी न छोड़ी। हाँ, अब नयकी दुलहनों को हजामिन का आलता रास नहीं आता, इसलिए श्रीमती चंद्रिका ठाकुर को अब थोड़ी राहत है।

चंद्रिका दंपत्ति को स्तूरे और लहरनी से किए जाने वाले कामों के अलावा उत्तर भारत के अन्य हजामों की तरह ही बहुत सारी जिम्मेदारियाँ निभानी पड़ती हैं जो सिर्फ़ और सिर्फ़ उनकी जाति और पैदाइश पर आधारित है। पूजा-पाठ, शादी-ब्याह और

---

1. नाख़ून काटने का धारदार उपकरण, 2. चमड़े की एक छोटी पट्टी जिसपर स्तूरे को रगड़कर तेज़ किया जाता है, 3. ब्लेड

मरनी–हरनी जैसे अवसरों पर नाइयों का काम बहुत ज़्यादा बढ़ जाता है। मर्द–औरत, दोनों की रेल बन जाती है। पूजा–पाठ के लिए आवश्यक सामग्री–जुटान और बाभन से लायज़निंग एवं उसके आवभगत से लेकर अँगिया–हकार[1] और बीड़ी[2] बिछाने तक, सारा काम नाई को करना होता है। शुभ लग्नों के अकाल वाले सीज़न में, जब एक दिन में चार–चार, पाँच–पाँच यज्ञ संपन्न हो रहे होते हैं, चंद्रिका ठाकुर को सहायता के लिए नाते–रिश्तेदारों को बुलाना पड़ता है। लेकिन लग्नी अकाल की चपेट में तो सब समान रूप से आते हैं। पूरे इलाक़े में मैथिल पंचांग ही फॉलो किए जाते हैं। तिरी–बिरी लगी रहती है चंद्रिका जैसे ठाकुरों की।

'प्राचीन काल' में, अर्थात् मोबाइल युग से पहले ठाकुरों को घिरस के रिश्तेदारियों में जग–जाप का सनेस[3] भी लेकर जाना पड़ता था। किराया–भाड़ा थमा कर घिरस ठेल देते थे सनेस। चार–चार दिन तक घूमते रहते थे ठाकुर एक कुटमैते से दूसरे और दूसरे से तीसरे और तीसरे से चौथे कुटमैते ....। इस बीच घर में कुछ ऊँच–नीच हो जाए, तो हो जाए। शादी–ब्याह में नाई की भूमिका बेहद महत्त्वपूर्ण हो जाती है। अक्सर वर पक्ष किसी–न–किसी बात पर भड़क जाते हैं, धान नहीं बाँटते हैं, शगुन फेर देते हैं या फेर देने की धमकी दे देते हैं। वैसे में नाई को क्राइसिस मैनेज करने के लिए विशेष दूत के तौर पर भेजा जाता है। क्योंकि बाभन के बाद नाई को घर–परिवार का सबसे ज़्यादा क़रीबी माना जाता है। माना जाता है कि नाई को पेट के अंदर की बात भी मालूम होती है। उनकी बातचीत की शैली ऐसी होती है कि वे बड़ी–से–बड़ी बिगड़ी सुधार सकते हैं। दूसरे पक्ष वाले उनकी बातों पर यक़ीन कर लेते हैं। अकसर ऐसा देखा गया है कि ठाकुर सफलतापूर्वक धान बँटवा कर ही लौटते हैं। चंद्रिका ने भी कई मर्तबा ऐसा किया है।

तरियानी छपरा के ज़्यादातर हजाम भूमिहीन हैं या फिर नाममात्र की ज़मीन है उनके पास। कुछ ने वैसे घिरस लोगों की खेती बटाई पर लेनी शुरू की, जो स्वयं या तो गाँव में नहीं रहते या फिर रहते तो हैं, पर विभिन्न वजहों से खेती नहीं करना चाहते हैं। पर जजमानी के फेर से बचें तब न खेती के लिए फ़ुरसत निकालें। ले–देकर बारी–झाड़ी[4] कर ली, बहुत हुआ।

बचपन में देखा करता था, छपरा के हजाम सुबह जजमानी संभालते थे और शाम को बाज़ार में कतारबद्ध होकर ईंटालियन सैलून चलाते थे। यानी ईंट पर बिठाकर लोगों की हजामत बनाया करते थे। ईंटालियन पर हजामत बनवाने वालों में ज़्यादातर गाँव के ग़रीब, किसान–मज़दूर होते थे या फिर दलित–पिछड़ी जातियों के लोग। ग़रीब सवर्ण

---

1. घूम–घूमकर निमंत्रण देना, 2. पुआल के गुच्छे से बना बैठने का आसन, सामुदायिक भोज के अवसर पर उपयोग होता है, 3. संदेश, 4. घर के आगे–पीछे साग–सब्ज़ी, फूल–पत्ती की बाग़वानी

भी। चंद्रिका ठाकुर की ही तरह कपिल ठाकुर और बाद में उनके बेटा उमेश भी जजमानी में जुटे। बावन और सोनेलाल भी थे। जब हम छोटे थे तब एक नाई हुआ करते थे बेला ठाकुर। पचहत्तर पार रही होगी उनकी उम्र। स्तूरा-कैंची त्याग चुके थे। सिर्फ़ मालिश किया करते थे। बहुत निहोरा करने पर। मालिश करते-करते गले के नीचे, कंधे की हड्डी को जब वे उँगलियों से मसलते थे तो बड़े-बड़े बॉडी बिल्डर छटपटा पड़ते थे। बुढ़ापे में भी उनकी ताक़त और हड्डी-मालिश की कला का जवाब नहीं था।

चंद्रिका ठाकुर तीन भाई थे। जिनमें से एक कलकत्ता कमाते हैं और दूसरे गोहाटी। इन्होंने ख़ुद को जजमानी की गिरफ़्त से बचा लिया। चंद्रिका के तीन बेटे हैं। दिलीप, गुड्डू और मुकेश। तीनों बाहर कमाते हैं। बीच वाला गाँव आने पर जजमानी में पिता की हाथ बँटा लेता है। पर बेमन से। वैसे भी इस काम में रखा ही क्या है! फ़सल कटाई पर फ़सल का एक नगण्य हिस्सा! जो कभी मिलता है। कभी नहीं। कई बार चंद्रिका ठाकुर को ये कहते सुना है कि 'घिरस हमर रबियो के बाकी है *(गृहस्थ हमारा रबी वाला पारिश्रमिक भी उधार है)*।' रिवाज ये था कि फ़सल कटाई के वक़्त खेत में ही खड़ी फ़सल के कुछ हिस्से नाई, माली, धोबी इत्यादि के लिए छोड़ दिये जाते थे, जिसे बाद में वे आकर काट ले जाते थे। पर ये पुरानी बात है। बाभन के लिए तो अनाज तैयार होने पर घर ले जाने से पहले एक ढेरी निकाल दी जाती थी। अब फ़सल तैयारी की हवा सूँघ कर बाभन डेरे पर स्वयं पहुँचने लगे हैं।

ये रिवाज अब भी जारी है। कभी लगता है कमज़ोर हुआ है और कभी ज़्यादा मज़बूत होते जाने का एहसास होता है। फ़िलहाल तरियानी छपरा में नाई जजमानी कर रहे हैं। जब तक पूजा-पाठ और कर्मकांड चलता रहेगा, और शादी-ब्याह पंचांग के आधार पर होते रहेंगे; इस व्यवस्था को किसी-न-किसी रूप में बरक़रार रहना होगा। जब तक यह व्यवस्था बनी रहेगी चंद्रिका ठाकुर जैसे लोग ऐसे ही पेड़े जाने के लिए अभिशप्त रहेंगे। फ़िलहाल, चंद्रिका ने सुद्धु सिंह के बाज़ार पर एक सैलून आरंभ कर दिया है, जिसे वे जजमानी का काम निपटाने के बाद चलाते हैं।

डिलरई

वीर शमशेर सिंह के फ़रीक़ थे मुंशीजी। एक ही आँगन। एक ही दूरा। मुंशीजी के गाल पिचके हुए थे। मूँछें घनी थीं। हल्की मटमैली। लगता था जैसे किसी ने पटुए की लट काटकर साट दी हो। दो–चार बार ही देखा है उन्हें। शायद मूँछों को ऐंठने में उनकी दिलचस्पी नहीं थी। या फिर नहाने के बाद ही एक बार ऐंठ लेते होंगे। उस गर्म दोपहरी गें गिरी हुई थीं। उनके दूरा पर बहुत सारे लोग जमा थे। एक कमरे में चीनी तौली जा रही थी। मुंशीजी नहीं, कोई और तौल रहा था। मुंशीजी के निर्देशन में। अधिकतम दो किलो। किसी–किसी को तीन किलो। तराजू के उस पलड़े को ख़ाली करने के लिए, जिस पर चीनी रखी होती थी– ज़्यादातर लोग गमछा पसार देते थे। फिर गमछे का एक छोड़ कंधे पर रखकर वे गर्दन से दबाते और निचले सिरे के दानों खूँटों को बाँधकर चीनी की मोटरी बना, कमरे से बाहर निकल लेते थे। झोला कम ही लोगों के पास था। अपनी बारी आने पर मैंने कहा था, 'बाबा, पाँच किलो दिऽऊ, माई कहलऽई हऽ पाँच किलो ला। पिछलो बेर के बाकिये रह गेल रहऽई *(बाबा, पाँच किलो दें। माई ने पाँच किलो के लिए बोला है। पिछली बार का भी बाक़ी रह गया था)*।' जिस पर मुंशीजी ने कहा था, 'तऽ ओमरिए न काहे ले गेल रहे? अखुनि तऽ एतने मिलतऽऊ। फेर अतऽई तऽ ले जइऽहे *(तो उसी समय क्यों नहीं ले गए? अभी तो इतनी ही मिलेगा! फिर आएगा तो ले जाना)* ।' एक–दो बार गिड़गिड़ाने के बाद मुशीजी खउँझ[1] गए थे। अब रजिस्टर में नज़र धँसाए लोगों से दस्तख़त और अँगूठा का निशान लगवाने में व्यस्त मुंशीजी ने नीचे लटक आए चश्मे को उँगली से ऊपर ठेला। कुर्सी से उठ खड़े हुए और बोल पड़े, 'बाँटे देई जैबे चीन्नी कि न बाँटे देई जैबे? जाई जो अखुनि, काम करे देई जो *(चीनी बाँटने दोगे कि नहीं तुम लोग? अभी जाओ, काम करने दो।)*।'

मुंशीजी तरियानी छपरा में डीलर थे। कोटा चलाते थे। कोटा माने राशन की सरकारी दुकान। खाद्य और आपूर्ति विभाग वाली। जनवितरण प्रणाली के अंतर्गत। हालाँकि, इसकी कोई औपचारकि पट्टिका नहीं टँगी थी। तरियानी छपरा के नब्बे फ़ीसदी घरों में

1. खीझ गए

कोटे की चीनी से मिठास आती थी। कोटे के मटिया तेल से ही रौशन होते थे आँगन। अब ऐसे घरों की तादाद कम हो गई है। बहुत कम। तीस-चालीस फ़ीसदी। कोटा हर महीने नहीं आता था। आता भी होगा तो छपरावासियों को पता नहीं होता था। कोटा आने का हिंदू तीज-त्यौहारों से सीधा संबंध हुआ करता था। होली, दिवाली, चौरचन्ना के मौक़े पर। इन त्यौहारों के आसपास ऐसी बातें सुनाई पड़ जाया करती थी कि 'चीनी बँटाई छई डीलर साहेब के दूरा पर। अपन-अपन कोटा ले लेई जा *(डीलर साहब के दरवाज़े पर चीनी बँट रही है, अपना-अपना कोटा ले जाएँ)*।' कोटा संबंधी सूचना-प्रसारण की वह सबसे प्रचलित प्रणाली थी। पर इसमें डीलर साहब का कोई योगदान नहीं होता था। कोई वैसा भला आदमी ये काम कर जाता था, जो अपना कोटा लेकर लौट रहा होता था। ऐसी सूचना की अफ़वाह में तब्दील हो जाने की संभावना उतनी ही रहती थी जितनी सच साबित हो जाने की।

गाँव बड़ा होने के कारण चीनी वितरण का काम एक से ज़्यादा दिनों तक चलता था। एक दिन किसी टोले का, तो दूसरे दिन किसी टोले का। वार्ड के हिसाब से। सबसे अंत में बारी आती थी उस पार की, यानी दलित बस्ती की। जहाँ से अव्वल तो ज़्यादातर लोग आते नहीं थे। जो आते थे, उन्हें किलो से ज़्यादा चीनी नहीं दी जाती थी। कह दिया जाता था 'अतेक देर से अएले हऽ, सब बँटा गेलई। फेर अतई तऽ ले लिहे *(इतनी देर से आए हो? सब बँट गया फिर जब आएगा तब लेना)*।' बिना सवाल-जवाब किए जो मिलता था, उसकी मोटरी-चोटरी बाँधते हुए वे चले जाते थे। मिट्टी तेल के मामले में भी लगभग ऐसा ही होता था। लोग कंटर यानी टीन की गैलन लेकर पहुँचते थे डीलर साहब के दूरा पर। हमारे घर में कैस्ट्रॉयल के एक से ज़्यादा गैलन थे। मुझे वही थमाकर भेजा करती थीं माई। कहकर कि, 'पूरा भरवा लिहे।' उसी मुताबिक़ पैसे भी दिया करती थीं। मैं हमेशा आधा या तीन चौथाई गैलन के साथ मुँह लटकाए लौटता था। जिस पर माई डीलर पर ग़ुस्से का इज़हार किया करती थीं। तेल देने के मामले में भी डीलर महोदय के हाथ तंग थे और नपना छोटा। शायद ही कोई ग्राहक ख़ुश होकर लौटता था। बाढ़ के दौरान अकसर डीलर साहब गाँव की सीमा पर लोगों को बुलवा लिया करते थे। उफनती बागमती और टूटे पुल-पुलियों के चलते चीनी के बोरों और केरोसिन के ड्रमों को गाँव पहुँचाना दुश्वारियों भरा काम था।

कई घरों में कोटे से आई चीनी फिर से तौली जाती थी। घर वाली बाट ज़्यादा वज़नी हुआ करती थी या कोटे वाली कम! चीनी अकसर कम निकलती थी। उसके बाद परिवार की महिलाएँ दिन का वो पहर, डीलर महोदय के तारण के प्रति समर्पित कर देती थीं। उपयुक्त और भरपूर गालियों से। जिसमें बेईमान, अधर्मी, भिखार जैसे विशेषणों का इस्तेमाल बड़ी उदारतापूर्वक होता था।

तरियानी छपरा में ऐसे परिवारों की गिनती सैकड़ों में होगी जो गाँव में नहीं रहते लेकिन उनके नाम का वैध राशन कार्ड है। मतदाता पहचान पत्र भी बन गए हैं। ऐसे ज़्यादातर लोग मतदाता पहचान पत्र अपने साथ रखते हैं लेकिन राशन कार्ड गाँव में रह रहे किसी पटीदार[1] को दे दिया है। उन कार्डों के आधार पर मिलने वाली सुविधाओं का उपभोग वे ही करते हैं अथवा किसी को करा देते हैं। ज़रूरत पड़ने पर कभी-कभी असली कार्डधारक को भी लाभ पहुँचा दिया जाता है। मेरे लाल चाचा का राशन कार्ड सुशांत चाचा के काम आया करता था। ज़रूरत पड़ने पर कभी-कभी मेरे घर वाले भी लाभ ले लिया करते थे। लाल चाचा रिटायरमेंट के बाद मुज़फ़्फ़रपुर आ बसे। हालात बदल गए।

हर कुछ बरस पर तरियानी छपरा में डीलरई बदलती रहती थी। घूम-फिर कर कुछ लोगों के बीच ही। सालों तक अलोरा पर श्री मुंद्रिका सिंह ने डीलरई संभाली थी। अलोरा धनुकटोली के आगे है। अलोरा से कुछ क़दम के बाद सरेह आरंभ हो जाता है। धनुकटोली और अलोरा को जोड़ने के लिए एक पुलिया है। जो पहले अकसर टूट जाया करती थी। बाढ़ के दिनों में विकराल धार बहती थी वहाँ से। लंबे समय तक डीलरई ही मुंद्रिका सिंह का मुख्य पेशा रहा। खेत-पथार तब भी थे उनके पास, लेकिन समय ज़्यादा वे डीलरई में लगाते थे। हीरालाल सिंह मास्साहेब के घर के आगे, मंगनू सिंह के घर के पीछे की तरफ़ है उनका घर। वे अपने कोटे का संचालन अपने दूरा[2] पर से करते थे। उनका दूरा मंगनू सिंह के दूरा के सामने है। मंगनू सिंह का घर किसी ज़माने में गाँव के गिने-चुने कोठे वाले घरों में से एक था। बड़ा। चमकदार। चूना-पोचारे युक्त। हमेशा उनके दरवाज़े पर एक से ज़्यादा पथार पसरे होते थे। उनके छत के बाहरी हिस्से पर एक मूर्ति स्थापित है। शायद गाँधी बाबा पालथी मारे बैठे है। अब भी हैं। देश भर में मूर्तियों के मस्तकों पर पक्षी जो कार्य करते हैं, वो नित्य कर्म इस मूर्ति के माथे पर होता रहता है। मंगनू सिंह के आँगन के बहुत सारे लोग गौहाटी में रहते थे। अब भी कुछ लोग रहते हैं। वहीं छोटा-बड़ा कारोबार है सबका। पान-गुमटी से लेकर किराना और जेनरल स्टोर्स तक। सिंटू की एक मौसी उनके आँगन में ब्याही हुई हैं। आठ-दस बरस पहले उनके बेटे से चोरनिया वाली आंटी की बेटी रीना की शादी हुई। मैं जब छोटा था तब मंगनू सिंह के आँगन के जग्गू सिंह की शादी हुई थी। उनकी बारात में जाने के लिए मैं बहुत रोया था। नहीं मालूम था कि हमारे परिवार को बारात में शामिल होने का न्यौता नहीं मिला था। पहली बार मैंने जिस नर-पाँव में आलता लगा देखा था, वे जग्गू सिंह के ही थे। ब्याह के दौरान ससुराल में हुई थी वो रंगाई। तिरहुत, मिथिला, अंग प्रदेश और भोजपुरिया इलाक़े में शादी के अगले दिन सालियाँ दूल्हे के हाथ-पाँव

---

1. रिश्तेदार, 2. दालान

की उँगलियों को रंगती हैं और औवें-पौवें पर चित्रकारी करती हैं। हल्के हेर-फेर के साथ आज भी ग्रामीण क्षेत्रों में यह रिवाज क़ायम है।

इसी टोले के सुखदेव सिंह के बड़े बेटे राम ईश्वर सिंह ने मुज़फ़्फ़रपुर में घाट के ट्रांसपोर्ट में नौकरी शुरू की। मेरे होश संभालने से पहले। आगे चलकर वे अपने मालिक के ख़ासमख़ास हो गए। संकटमोचक माफ़िक़। मालिक उन पर अटूट विश्वास करने लगे। आज भी करते हैं। विभिन्न रूपों में इसका लाभ राम ईश्वर सिंह को मिला। आर्थिक ज़्यादा। उनके टोलेवासी भी इससे प्रत्यक्ष रूप से लाभान्वित हुए। उन्होंने अपने टोले के नौजवानों को घाट में नौकरी दिलवाई। या फिर उनकी धाक की वजह से ही रोज़गार पाने में नौजवानों कामयाबी मिलती गई। जवान होते-होते अलोरा के लड़के घाट की बसों में कंडक्टरी करने लगे। जैसे ये काम उनके लिए आरक्षित और सुरक्षित हो! ललन सिंह, भूषण सिंह, विश्वनाथ सिंह, राजू, समेत दर्जनों लोगों ने घाट पर कंडक्टरी की। आज भी कर रहे हैं। गाँव में ही सुना था कि 'सुखदेव सिंह के खनदान के घाट के नोकरी बड़ा धारलऽई। ताड़ देलऽइन हुनका *(सुखदेव सिंह के खानदान को घाट की नौकरी ने ख़ूब बरक्कत दी)*।' राम ईश्वर सिंह ने अपने लिए कोठे का मकान बनवाया। ईंट की ख़ूबसूरत पशुशाला बनवायी। उसकी पशुशाला जैसा घर उन दिनों तरियानी छपरा में कम ही लोगों को नसीब था। राम ईश्वर सिंह ने मुज़फ़्फ़रपुर में भी डेरा बनवाया। साधुगाछी मोहल्ला में। बाँध के पास। पलटन बाबा के डेरे के पीछे। ज़रूरत पड़ने पर, घाट के बस में कंडक्टरी करने वाले हमटोलिये वहीं रहते थे। घाट की कमाई से बहुत बरकत हुई। आगे चल कर कंडक्टरी करने वाले ज़्यादातर अलोरावासियों ने साधुगाछी और ज़ीरो-माइल में अपने-अपने मकान बनवाए। राम ईश्वर सिंह की बेटियों की शादी अच्छे घरों में हुई। ख़ूब धूमधाम के साथ। चार-पाँच बरस पहले उन्होंने अपने एक बेटे की शादी की। तब उन्हें बड़ा चरचकवा मिला था। हम तिलक का भोज खाने गए थे। मुर्गा-भात।

मुंद्रिका सिंह ने किसी वक़्त मेरे परिवार से कुछ पैसे उधार लिए थे। जिसमें से ज़्यादातर उन्होनें चीनी दे-देकर सधाए। 'कहिअऽही बेसिए देवे ला। जब कहऽई छिऽइन तब कोनो-न-कोनो बहाना बना के टाऽर देई छथिन *(बोलना ज़्यादा देने के लिए जब कहती हूँ तो कोई न कोई बहाना बनाकर टाल देते हैं)*' कहकर ही मुझे भेजती थीं माई उनके पास चीनी लेने। ज़्यादातर समय मुंद्रिका बाबा हमारी माँग मान लिया करते थे। कभी-कभी उनके छोटे लड़के विनोद सिंह उनके इस काम में हाथ बँटा दिया करते थे। मुंद्रिका बाबा का स्वभाव अच्छा है। मिलनसार भी हैं। 2005 के पंचायत चुनाव के दौरान एक बार वे हमारे दूरा के आगे से गुज़र रहे थे। 'गोड़ लगई छी मुनदिरका का, आ जाऊ, एक कप चाय पी के चऽल जाएब *(प्रणाम मुद्रिका काका, आइए, एक कप चाय*

पीकर चले जाइएगा)' कहकर पापा ने उन्हें बुला लिया। उस वक़्त हमारे बग़ल में एक कुर्सी पर लक्ष्मण बैठे थे। लक्ष्मण राम। उन्हें देखते ही लक्ष्मण खड़ा हो गए। 'लक्ष्मण रउड़ा बैठू, हम अबइले दोसऽर कुर्सी लेले *(लक्ष्मण, आप बैठिए। मैं दूसरी कुर्सी ले लेता हूँ)'* कहकर मैं घर की चौखट में दाख़िल भी नहीं हुआ था कि मुंद्रिका सिंह बोल पड़े, 'कथी तू सब गाँव के रीति-रिवाज खराब करई जाई छऽ। अब इहे सब बाकी रऽह गेल रहलऽई हऽ। तू सऽ इहो शुरू क देलऽ *(तुम गाँव के रीति-रिवाज क्यों ख़राब कर रहे हो! अब यही सब बाक़ी रह गया है। तुम सबने यह भी शुरू कर दिया)*।' उनके चेहरे के बदलते रंग ने बता दिया था कि वे पर्याप्त खिन्नता को प्राप्त हो चुके थे। जब अंदर से चाय बनकर आई तब उनकी भंगिमा से लगा कि चाय का स्वाद कसैला था। आधा कप में ही छोड़कर उठ गए।

आगे चलकर नवल डॉक्टर ने भी डीलरई संभाली थी। वे डोरा के नज़दीक अपने डेरा पर ही चीनी और मिट्टी तेल का वितरण किया करते थे। गाँव में दबंग माने जाते थे डाक्टर साहेब। ग्रामीण राजनीति में दिलचस्पी रखते थे। अपनी पुत्रबधु को आगे कर, उन्होंने एक बार पंचायत चुनाव में दावेदारी की थी। कुछ बरस हुए, गाँव में, उनके डेरे के समीप ही उनकी हत्या कर दी गई। इससे पहले उनके कुछ रिश्तेदारों की भी हत्या कर दी गई थी।

हमारी उमरऊआ फूआ ने भी बुढ़ापे में डीलरई का कारबार शुरू किया था। कई बरस तक चला उनका काम। हरदी बाज़ार के नज़दीक जगदौन छपरा में कोटा लिया था

उन्होंने। फूफाजी श्री राजनंदन सिंह के नाम। फूफाजी बहुत सरल और सीधे-साधे थे। दिन भर में चार शब्द से ज़्यादा नहीं बोलते थे। कभी-कभी इतना भी नहीं। अयोध्या के महंत नृत्य गोपाल दास से उन्होंने गुरु दीक्षा ली थी। फूआ भी उसी गुरु की शिष्या हैं। जवानी पूजा-पाठ और तीर्थ-भ्रमण में गुज़रा उनका। ज़मीन-जायदाद अथाह थी। बीस-पच्चीस बरस पहले तक उनके घर में कभी किसी कोने से कभी किसी कोने से अशर्फ़ियों की गगरी निकलती रहती थी। इसलिए कष्ट नहीं हुआ। बाद में उन्होंने ज़मीनें भी उदारतापूर्वक बेची। बच्चे लायक़ी-नालायक़ी के बीच डोलते रहे। थकने पर फूआ के मन में विचार आया डीलरई का। दौड़-भागकर सफलतापूर्वक डीलर साहेब की उपाधि ले आईं। मिलने पर उन्होंने बताया था, 'बहुत नु दउड़े के पड़ल हऽ ए डीलरऽई का फेरा में। अब जे बा से कि हर महीना मोतीपुर से कोटा उठाके उहऽवें दोकान वाला के दे दिले। ख़ाली पबनी-त्यौहार में ला के बाँट दिले कबहुँ-कबहुँ गाँव में। मालिक जी से ना नु होखऽलई अब कउनो काम। हमरा के तऽ सऽब केहु जान गईल बा ब्लॉक में। हमार कउनो काम ना नु अटकलई *(बहुत न दौड़ना पड़ा है इस डीलरशीप के चक्कर में, अब जो है सो हर महीने मोतीपुर से कोटा उठा के वहीं दुकान वाले को दे देते हैं। पर्व-त्यौहारों पर कभी-कभी लाकर बाँट देते हैं। मालिकजी से नहीं न होता है अब कोई काम! हमको को तो ब्लॉक में सब पहचान गया है। कोई काम नहीं अटकता है)*।' कभी-कभार अपने भाई-भतीजों के पास भी सनेस में चीनी और मटिया तेल भेज दिया करती थीं फुआ। एक बार किसी ने हमारी डीलर फूआ की शिकायत कर दी। फूफाजी को पुलिस जीप में बिठाकर ले गई। फूआ ने बताया था, 'रुपइया ले के गइनि आ सीधे दरोगा से बात कइनि। जतना चाहिं ले लीं बाकी मालिकजी के जाए दीं। रे बउआ, साँझ ले मालिक जी के जौरे ले अइनि। पइसा त बहुत खर्चा भइल, बाकी मोंछ त ना नु कटऽल *(रुपये लेकर गए और सीधे दारोगा से बात की। जितना चाहे ले लीजिए बा.की मालिक जी के जाने दीजिए। बउआ, शाम तक मालिकजी को साथ ले आए। पैसे तो बहुत ख़र्च हुए लेकिन मूँछ तो नहीं कटी न)*।' मधुबन बाज़ार के नज़दीक एक और भइया ने का.फ़ी समय तक डीलरई की थी। उनके हिस्से तो एक से ज़्यादा पंचायत की डीलरई थी। उनकी कारोबार-प्रणाली भी कमोबेश उमरऊआ फूआ जैसी थी। ये वाले भैया इला.क़े के दबंग भी थे। राइ.फ़ल-कारतूस और विधायक-सांसद वाले। एक बार भैया ने बताया था, 'का कहिअऽव बउआ, एह काम में जौले दबंगई ना करबऽ, तौले ना नु टिके देतबऽ कोई। आ हमार इलाका त जनबे करऽ लऽ, केतना खतरनाक हवऽ *(क्या कहें बाबू, इस काम में जब तक दबंगई नहीं करोगे तब तक कोई टिकने नहीं न देगा। और हमारे इला.क़े को तो जानते ही हो, कितना ख़तरनाक है)*।' डीलरई के धंधे में अब भी भैया के बताए नुस्ख़े का बड़ा महत्त्व है।

हनुमान मंदिर

तक़रीबन दस–बारह बरस हुए बाज़ार पर हनुमान मंदिर की स्थापना हुए। पहले यह बाज़ार अवधेश सिंह का बाज़ार कहा जाता था। क्योंकि जो दो–चार दुकानें और गुमटियाँ थीं, वो अवधेश सिंह की ज़मीन में ही थीं। अवधेश सिंह के पिता चुल्हाई सिंह की ज़मींदारी चलती थी। ज़माना था, जब उनका जलवा था। एक से ज़्यादा गाँवों में मौजा फैला हुआ था। खेती–बाड़ी करवाने के लिए सिपाहियों की फ़ौज थी। ये भी सुना है कि सिलिंग कानून से बचाने के लिए अपने नौकर–चाकरों के नाम भी ज़मीनें कर दी थीं उन्होंने। अवधेश सिंह और हमारे बाबू यानी ताऊजी सकलदेव सिंह उर्फ़ ऑडिटर साहब की अच्छी यारी थी। उन्होंने बाबू के नाम भी सरोपट्टी की कुछ ज़मीनें लिख दी थी। परिवार में ही सुना, जिनकी क़ीमत बाबू ने अवधेश सिंह के बड़े बेटे राजा की पढ़ाई का ख़र्च अदा कर–कर के सधायी थी। अब भी अवधेश सिंह के घर का हाता तरियानी छपरा के गिने–चुने हातों में से एक है। काफ़ी बड़ा! सुरेश सिंह अवधेश सिंह के अनुज थे। सरकारी हाकिम। दक्षिण बिहार में किसी सड़क दुर्घटना में उनकी मृत्यु हो गई थी। सुना, मरने के बाद उनको देवत्व प्राप्त हुआ। अवधेश सिंह के घर के आगे, उन्हीं की पोखरी के एक कोण पर सुरेश सिंह का स्थान है। जिसे लोग सुरेश बाबा का स्थान कहते हैं। अवधेश सिंह के तीन बेटे हैं। राजा, गोनु और गुड्डू। पहले वाले बैंक में हाकिम हैं, दूसरे के पास हौमियोपैथी की डिग्री है और तीसरे भी कुछ करते हैं। वैसे पढ़ाई कृषि विज्ञान की की थी उन्होंने। बाढ़ और गाँव में आई समृद्धि के चलते अवधेश सिंह का बाज़ार ढीला पड़ गया। बाज़ार में उनकी ज़मीन पर अब चाय और समोसे की दुकान के अलावा, सुबोध भैया का जेनरल स्टोर, एक हेयर कटिंग सैलून और कुछ ताड़ी की गद्दियाँ रह गई हैं। शायद एक अंडा वाला भी बैठने लगा है वहाँ। सबसे पहले राणा बाबा ने सड़क से पश्चिम ज़मीन लेकर कुछ दुकानें बनवाईं। दो–तीन अपने पास रखीं और कुछ किराए पर दे दी। अन्य जगहों की तरह ऐसी व्यवस्था को तरियानी छपरा में भी मार्केट कहने का चलन है।

राणा सिंह के मार्केट के बग़ल में कुछ और दुकानें हैं। एक में होमियो चिकित्सा

केंद्र-सह-दवाख़ाना है। जिसका संचालन स्वर्गीय रुद्रदेव सिंह यानी रुदलदेव डॉक्टर के छोटे बेटे सुनील करते हैं। रुद्रदेव सिंह स्वतंत्रता सेनानी थे। राजीव गाँधी ने मध्य अस्सी के दशक में स्वतंत्रता सेनानियों को मिलने वाली सरकारी सुविधाओं में सम्मानजनक इज़ाफ़ा किया था। पेंशन की राशि में बढ़ोत्तरी और घुमने-फिरने के लिए मुफ़्त रेल पास की व्यवस्था भी। वो भी एक अटेंडेंट के साथ। हमारे इलाक़े में स्वतंत्रता सेनानियों के लिए अब भी बस की अगली सीट आरक्षित होती है। हरियाणा, उत्तर प्रदेश, मध्य प्रदेश और कुछ अन्य राज्यों में भी बसों में ऐसी व्यवस्था का वजूद क़ायम है। डाक्टर साहब ने भी मेहनत और दौड़-भाग के बाद अपने काग़ज़ दुरुस्त करवाए और तमाम उपलब्ध सुविधाओं का क़ायदे से लाभ लिया। जीवनपर्यंत लेते रहे। एक बार उन्होंने दिल्ली में कह-सुन कर अपने छोटे बेटे सुनील के लिए नौकरी का जुगाड़ कर लिया था। ऐसा मुज़फ़्फ़रपुर में विशंभरपुर वाली दाई के डेरा पर विनोद चाचा ने बताया था। क्या हुआ, मालूम नहीं। सुनील सिंह ने तरियानी छपरा नहीं छोड़ा।

राजीव गाँधी की उस घोषणा के बाद बड़ा ल्युकरेटिव हो गया स्वतंत्रता सेनानी का पद। बढ़ गया रुतबा भी। अन्य जगहों की तरह हमारे गाँव-जवार में भी बिलबिला[1] कर स्वतंत्रता सेनानी निकले। न निकल पाने वाले कोशिश करते रहे। लहेरियासराय के नज़दीक, अंदामा में मेरे बाबू के ससुर यानी सुधांशु के नाना तो बहुत बाद में, मध्य नब्बे के दशक में स्वतंत्रता सेनानी का पेपर-वर्क करवाना चाह रहे थे ताकि पेंशन व अन्य सुविधाओं का लाभ भोगा जा सके। इसके लिए उनकी किसी से बात भी हुई थी। ऐसा उन्होंने ख़ुद बताया था। काग़ज़ात तैयार होते, इससे पहले सांसारिक मोह-माया ने उन्हें मुक्ति दे दी। हमारे घर के बग़ल में एक बड़े धाकड़ स्वतंत्रता संग्रामी हुआ करते थे। थे बिचला पट्टी के लेकिन आ बसे थे अठघरवा में। अठघरवा वालों ने भी उन्हें अपना मान लिया है। नाम था दरवेशी सिंह। गिरजानंदन सिंह के मुताबिक़ 'दरवेशी सिंह नमक सत्याग्रह में भाग लेले रहई, गाँव-गाँव से अनाज एकट्ठा कऽ के कांग्रेस ऑफिस पहुँचऽवई।' उनको गुज़रे पचीस साल से बेसी हो गए। कर्मठ थे। ताउम्र ईमानदार रहे। अपने छुटपन में उन्हें रोज़ शाम गाँधी टोपी धारण किए निकलते देखा करता था। चाहे जाएँ किधर भी, टोपी लगाना नहीं भूलते थे। पता नहीं किस संपर्क और जुगाड़ से, बहुत दूर नेपाल के नेपालगंज जिले के किसी गाँव की अपने से लगभग आधी उम्र की लड़की से उन्होंने विवाह रचाया था। चार बच्चे हुए। तीन बेटियाँ गायत्री, रिखा और शिखा तथा एक बेटा राकेश। जब उनका देहांत हुआ तब गायत्री के अलावा उनके बाक़ी बच्चे छोटे-छोटे थे। दाई यानी दरवेशी सिंह की पत्नी ने बहुत कष्ट से बच्चों को पाला। रिश्तेदारी के उनके एक दामाद ने तब उनकी सहायता की थी। दाई के स्वतंत्रता

1. अचानक, बहुत से

सेनानी के काग़ज़ात दुरुस्त करवाने के लिए उन्होंने काफ़ी दौड़-भाग की थी। तब से दाई नियमित पिंसिन यानी पेंशन पा रही हैं। अनगिनत रेल-यात्राएँ कर चुकी हैं। जब राकेश दिल्ली में होता है तो दाई उससे मिलने आती रहती हैं। सभी बच्चों की शादियाँ हो गईं। ख़ुश हैं। क़रीब बीस बरस पहले उनके पिता बुद्धिबहादुर खत्री कैसे-कैसे ढूँढ़ते-ढूँढ़ते अपनी बेटी के पास पहुँचे थे। तब से दाई का उनके मायके से भी संबंध क़ायम हो गया।

सुनील डॉक्टर के बग़ल वाली दुकान पर उनका भतीजा बैठता है। स्टेशनरी और इलेक्ट्रॉनिक्स के साथ। दो साल पहले तक मोबाइल रिचार्ज करने के कूपन सिर्फ़ उसकी दुकान में मिला करते थे। उसके बग़ल वाली दुकान जेंट्स एंड लेडीज़ टेलर की है। और उसके बग़ल वाली बबलू यानी तरुण की। तरुण अठघरवा के हेमनारायण सिंह के बड़े बेटे हैं। सुनील डाक्टर के बारे में सुना है कि अब वे देशी और ठर्रे पर उतर आए हैं। भोरे भोरे गाउच से ही कुल्ला करते हैं।

उधर अवधेश सिंह के घर की ओर से आने वाली सड़क की बाईं ओर भी आठ-दस दुकानें हैं। कपड़े और परचून की। सड़क की दाईं ओर गाँव के एक ब्राह्मण देवता घड़ीसाज़ का धंधा करते हैं। उससे लगते ही थी पहले किरिसिन बाबा यानी कृष्णा सिंह की पान-गुमटी। किरिसिन बाबा हमारे टोले में बसीठ बाबा यानी वशिष्ठ सिंह के तीसरे नंबर के पुत्र थे। चंद्रशेखर सिंह, और लक्ष्मण सिंह किरिसिन बाबा से बड़े भाई हैं जबकि प्रभु सिंह, ललन सिंह और बच्चाजी यानी ललित सिंह छोटे। अपनी नौजवानी में किरिसिन बाबा शेषा फूआ के दूरा पर सुबह-शाम बच्चों को पढ़ाया करते थे। ट्युशन। बच्चे अपने-अपने घरों से बोरा लेकर आते थे बैठने के लिए। कतारबद्ध बैठ कर दुक्का दू, दू दुनी चार, दू तिया छौ ... का सामूहिक गान किया करते थे। किरिसिन बाबा बड़े सख़्त थे। सज़ा देने में निर्दयी। नील डाउन से लेकर मुर्ग़ा बनवाने, हाथ पर ईंट रखवाने और लंबी-सी छौंकी[1] से बबरा[2] उगा देने तक से नहीं चूकते थे। पढ़ाई का मतलब तब रटंती थी। रटवाने में जितना आनंद उन्हें आता था, शायद उतना ही या उससे ज़्यादा सज़ा देने में। मुमकिन नहीं था कि किसी रोज़ कोई बच्चा बच जाए। इक्के-दुक्के लड़कियाँ बच जाती थीं। पीछे से नरेश बाबा का बेटा अरुण आता था। नरेश बाबा कलकत्ता पुलिस में थे। अरुण दस बरस का भी नहीं था और खाता था खैनी। उसकी इस बात के लिए ही पिटाई होती थी। लगभग तीस बरस पहले किरिसिन बाबा ने बाज़ार पर पान दुकान शुरू की। शानदार गुमटी। बड़े-बड़े आईने जड़े। फुल-पत्ती टँगी। ज़बरदस्त चलती थी दुकान। बाद में ललन बाबा भी जुड़ गए थे उस गुमटी से। पर गाँव वालों की उधारी के चलते उनका दीवाला निकल गया। दुकान बंद हो गई। बाद में दो-चार

1. छड़ी, 2. निशान

बार फिर उन्होंने दुकान शुरू की। अंतिम बार दुकान के संचालन में तरियानी छपरा के एक नौजवान अशोक बैठा ने भी उनकी मदद की। लेकिन पुरानी रफ़्तार नहीं पकड़ पाई। पानबाज़ नहीं सुधरे। किरिसिन बाबा ने 'आज नक़द कल उधार' वाला स्टीकर भी नहीं चिपकाया था दुकान पर। वे किसी को मना नहीं कर पाए। एक बार फिर डूबे। इधर परिवार में पत्नी और बच्चे थे। किरिसिन बाबा ने थोड़ी-बहुत खेती भी आज़माई। जैसे-तैसे दाल-रोटी चल रही थी। एक दिन उनका दिल दौड़ पड़ा। किरिसिन बाबा दुनिया छोड़ चले। परिवार को बहुत कष्ट उठाना पड़ा। कम उम्र के उनके बेटे पर बड़ी ज़िम्मेदारी आ गई। किरिसिन बाबा ने बच्चों को पढ़ाया था। उनके बच्चों की पढ़ाई छूट गई।

पाँच-छह बरस पहले राणा बाबा की दुकान की बाईं ओर सुद्धु भैया ने एक मार्केट का निर्माण करवाया। सुद्धु भैया छोटका बाबा श्रीबिहारी सिंह के बड़े बेटे श्री मुंद्रिका सिंह के छोटे बेटे हैं। मुंद्रिका सिंह को हम दादा कहा करते थे। पापा के हमउम्र थे। पढ़ने में ठीक-ठाक। नफ़ासतपसंद। बला के ग़ुस्सैल। आगे चलकर वे मानसिक रूप से विक्षिप्त हो गए। कांके से इलाज भी चला। विशेष फ़ायदा नहीं हुआ। सालों दलान में रहे। फुआजी यानी उनकी पत्नी खाना दे दिया करती थीं। बस इतना ही। दिन भर कुछ-कुछ बोलते रहते थे, जैसे 'हॉ, हॉ, थम थम, हजार चौरासी मुंदिरका जा रहा है', 'रे साला, मुंदिरका को तुम नहीं जानता है, मुंदिरका तोरा मतरिया पर चढ़ कर हुमच देगा। मुंदिरका से रग्गड़ करता है ...' दस-बारह साल से ज़्यादा हुए दादा को दूरा छोड़कर गए। घर वालों ने बहुत खोजा। नहीं मिले। पहले भी वे घर छोड़कर गए थे लेकिन जल्दी लौट आए थे। अबकी नहीं लौटे। रो-रो कर परिवार वालों के आँसू सूख गए। फुआजी अब भी कभी-कभी फूट पड़ती हैं।

सुद्धु भैया यानी संजीत सिंह दो भाई हैं। बड़े हैं मधु भैया यानी अजीत सिंह। बचपन बहुत कष्ट में बीता है इनका। घर में तीन बहनें भी थी। लल्ला यानी अनिल सिंह गार्डियन थे। सख़्त। कई बार अपने और बड़े भाई के परिवार को लेकर निष्पक्षता में चूक जाते थे। मैट्रिक फेल होने के बाद बड़े मधु भैया, पुषा दिदिया के दूल्हा श्रीनाराण सिंह के साथ उड़ीसा चले गए और सुद्धु भैया, देवसती फूआ के जौरे अरुणाचल में इंक्यिांग। मधु भैया थोड़े ढीले और लापरवाह क़िस्म के थे। कहीं टिक कर नहीं रह पाते थे। सुद्धु भैया हैं मेहनती और कर्मठ। अपनी मेहनत के बूते उन्होंने बड़े भाई और छोटी बहन की अच्छी तरह शादी की। अपनी भी की। मुज़फ़्फ़रपुर में ज़मीन ख़रीदी। गाँव में मार्केट बनवाया। अरुणाचल में दुकानदारी चल रही है। चार बेटियाँ हैं। दो बरस पहले उन्होंने कहा था, 'जब तक बेटा पैदा नहीं होगा तब तक लगे रहेंगे'। कुछ दिनों पहले मालूम हुआ कि पुत्र-रत्न की उनकी चाह अब पूरी हो चुकी है। बाज़ार पर सबसे बड़ा

मार्केट सुद्धु भैया का है। कपड़े, दवाइयों, किराना, बर्तन इत्यादि की दुकानों के अलावा गैस सिलेंडर, मिट्टी तेल और आलू-प्याज का कारोबार भी उनके मार्केट में होता है। गाँव में शराब का एक अनऑफ़िशियल ठिकाना उनके मार्केट में भी है। गर्मी के दिनों में वहाँ 'जिंगारो चिल्ड बीयर' भी मिल जाती है।

इसी बाज़ार पर तक़रीबन बारह-तेरह साल पहले एक हनुमान मंदिर की स्थापना की गई। इसकी सबसे ज़्यादा कमी महसूस हुई थी श्री रामजी सिंह को। गाँव में तीन मंदिर पहले से हैं। हाईस्कूल से पहले, नककटा मुन्दिरका के डेरा के सामने, सत्यदेव बाबा के डेरे के बग़ल में पुरना मठ। सत्यदेव बाबा का डेरा अब नहीं रहा। हमारे घर के आगे दुर्गा देवी द्वारा निर्मित एक ख़ूबसूरत मठ और तीसरा यमुना प्रसाद के टोले में शिवालय। पुरना मठ के पास ठीक-ठाक भवन था और अच्छी-ख़ासी संपत्ति भी। भवन ढह-ढाह कर अब सिर्फ़ उतना ही रह गया है जितने में ठाकुरजी विजारमान हैं। समय-समय पर पुजारी यानी सेवइत बदलते रहते हैं। दर्शन-वर्शन करने कम ही लोग आते हैं इस मठ में। मठ के पास एक औरा यानी आँवला का बड़ा पेड़ था। बड़े-बड़े आँवले फला करते थे। बच्चे झटहे[1] से औरा तोड़ कर भाग जाया करते थे। बाढ़ या बरसात के दिनों में, जब बस आगे नहीं जा पाती है तब इस मठ पर, विशेष कर सेवइत पर कुछ उपकार हो जाता है। लोग रुपया-दो रुपया चढ़ा जाते हैं ठाकुरजी पर या फिर सीधा सेवइत की हथेली पर छोड़ देते हैं। बचपन में इस मठ पर रहने वाले साधु बाबा जब टोले में सीधा[2] माँगने आते थे तो बच्चे उनको खिझाने के लिए गाते थे, 'हो साधु बाबा राउड़ लंगौटा बड़ा छोट बा, का करु बचवा हमार चुतड़ा बड़ा मोट बा'। साधु बाबा बहुत भड़कते थे। खहेंट[3] देते थे लाठी ले के। ईया हँसती थी और साधु बाबा को दिखाने के लिए कस के डाँट देती थी। हाल में मालूम हुआ कि इस मठ पर ठाकुरजी की दुर्दशा देख कर कोई भला आदमी एक रात उन्हें अपने साथ ले गया। आजकल ठाकुरजी कहाँ हैं, नहीं मालूम। गाँव वालों ने भी जहमत नहीं उठाई अपने ठाकुरजी की खोज-ख़बर लेने की। दुर्गा देवी वाला मठ बड़े मौक़े की जगह पर है। दुर्गा देवी निःसंतान मुसमात[4] थीं। अच्छी-ख़ासी संपत्ति श्री रामजानकी के नाम कर गई थीं। पर उनके फ़रीक़ के लोगों ने मंदिर को सार्वजनिक से निजी संपत्ति में तब्दील कर दिया। मठ पर क़ब्ज़ा जमाने और मठ की संपत्ति का सुख भोगने के लिए वे सधुऽई पर उतर आए। उम्र के तीसरे पड़ाव पर आकर सरनेम बदल लिया। जैसे इंद्रदेव सिंह, महंत इंद्रदेव दास हो गए। बाद में उनका बेटा महंत जंगबहादुर दास। जंगबहादुर दास उर्फ़ जंघ बहादुर सिंह उर्फ़ जंघी सिंह एक्स-आर्मी हैं। हम उन्हें जंघी बाबा कहते हैं। उनके ज़माने में मठ उनका घर-असोरा[5] हो गया। मठ के सामने पोखरी है, जिसकी मछली पर मंहतजी का अधिकार है। महंती

1. लकड़ी के छोटे डंडे, 2. अनाज तथा अन्य भोज्य सामग्री, 3. खदेड़, 4. विधवा, 5. बरामडा

संभालने से पहले जंघी बाबा और लल्ला में ज़मीन के एक टुकड़े को लेकर भयानक टंटा खड़ा हुआ था। जंग के हालात पैदा हो गए थे। मठ के पास लल्ला की एक ज़मीन थी जिस पर जंघी सिंह एक महिला को बसाना चाह रहे थे। जिसका नाम रमसुनरी था। रमसुनरी के बारे में सुना था कि वो जंघी सिंह की रखैल है। वस्तुस्थिति नहीं मालूम। रखैल परंपरा के बारे में काफ़ी-कुछ सुना है। कोई राजपूत या दलित महिला किसी की रखैल रही हो, ऐसा नहीं सुना। श्रवण किया है कि दलित महिलाओं के साथ गाँव के दबंग जबरन शारीरिक संबंध बनाते थे लेकिन उनके साथ निभाते नहीं थे। जबकि मझली जाति की महिलाओं के साथ किसी-किसी ने निर्वाह किया। हाँ, रखैल के बच्चों को अन्य जगहों की तरह यहाँ भी पिता का नाम देना कभी चलन का अंग नहीं बना। वैसे, राजपूत लड़के-लड़कियाँ आपस में शारीरिक संबंध बना लिया करते थे। कभी राज़ी-ख़ुशी तो कभी जबरिया। पहले वाले को लफा-सुटिंग कहा जाता था और लाग-बाज भी।

जंघी सिंह के ज़माने में मंदिर ग्रामीण राजनीति और गाँजे का अड्डा बना। वैसे पहले भी दर्शन-वर्शन करने कोई ख़ास जनता आती नहीं थी लेकिन जंगबहादुर दास की महंतई में तो बिल्कुल बंद हो गया। यमुना प्रसाद के टोले वाले शिवालय के पास का वातावरण भी रमणीक लगता था। मिडल स्कूल के ज़माने में जाया करता था उधर। तीन-चार साल पहले जब गया था तो स्थिति अच्छी नहीं थी। शिवालय भी सार्वजनिक कम निजी ज़्यादा था। महंतों या मंदिर प्रभारियों को कभी घंटी डोला कर आरती करते नहीं देखा। न ही किसी बाभन को देखा शंख फूँकते। ये काम सड़क पार हजाम टोली के हजाम करते रहे। अब भी कोई हजाम करता है। नाम ध्यान नहीं। पुराने मठ पर भी कभी कोई बाभन नहीं दिखा। वजह नामालूम। हनुमान मंदिर पर बाभन डोलाते हैं घंटी। लगाते हैं तिलक। बाँटते हैं मिस्री। जमा करते हैं नोट और सिक्के।

मैंने गाँव के किसी भी मंदिर में किसी दलित को घुसते नहीं देखा। कभी नहीं। हमारे गाँव में दलितों में चमार, धोबी, दुसाध, मुसहर, और मात्र एक परिवार डोम है। आबादी में राजपूतों के बराबर या थोड़े ज़्यादा। सारे-के-सारे आज भी हिंदू धर्म के अनुयायी हैं। 'मझली' जातियों से कुछ परिवार ज़रूर कबीर पंथी बने। पर किसी दलित ने हिंदू धर्म नहीं छोड़ा। बौद्ध धर्म गया से निकल कर दुनिया भर में फैला लेकिन तरियानी छपरा उसके रूट में नहीं पड़ा। इसाईयत भी नहीं आई इधर। इस्लाम आया, पर मुग़लिया दौर में ही। पंजाब-हरियाणा की तरह कोई राम-रहीम, रामानंद या रावण महाराज भी इधर नहीं खड़े हुए। निरंकारी भी नहीं। कभी किसी ने मंदिर के चौखट तक पहुँचने की कोशिश नहीं की। न ही किसी प्रकार का प्रतिरोध खड़ा हुआ। सुबह से शाम तक मेहनत करते-करते कभी उन्होंने व्यक्त नहीं किया कि वे मंदिर में ठाकुरजी का

दर्शन करना चाहते हैं। करना भी चाहते होंगे तो शायद सहज नहीं महसूस कर पाए होंगे। उन्होंने कैलेंडरों में देवी-देवता देखे होंगे लेकिन तरियानी छपरा के मंदिरों में नहीं। उनको नहीं मालूम कि उनके गाँव वाले ठाकुरजी देखने में कैसे हैं। सीता मइया, भगवान राम के और राधाजी, कृष्णजी के किस ओर बिराजी हैं। हनुमानजी ने गदा किस हाथ में थामा हुआ है। ग्रामीण व्यवस्था 'सुचारू' रूप से चलती रही। सामाजिक 'समरसता' बनी रही। देश-दुनिया में तरह-तरह की राजनीतिक लहरें उठीं। दलित और नारी मुक्ति के लिए अंजुमन बने, पार्टियाँ बनीं, नीतियाँ बनीं, तहरीकें शुरू हुईं। तरियानी छपरा तक इनमें से ज़्यादातर नहीं पहुँच पाई। दस-बारह सालों से इलाक़े को माओवाद का गढ़ बन जाना बताया जा रहा है। यह भी कि तरियानी छपरा हिट लिस्ट में है। तरियानी छपरा और आसपस के कुछ मुसहर और चमार लड़के-लड़कियाँ ख़तरनाक माओवादी घोषित कर सीतामढ़ी जेल में क़ैद हैं। कांग्रेस ने ग़रीबी मुक्ति और दलित-उत्थान के नाम पर आधे दशक से ज़्यादा इस देश पर राज किया। राम नाम लेकर आई वाजपेयी जी की सरकार ने भी जाते-जाते दलित राग अलापना शुरू कर दिया था। पिछले कुछ विधान सभा चुनावों से बहुजन समाज पार्टी के झंडे भी कुछ छप्परों पर लहराने लगे। तरियानी छपरा से लगभग दो सौ किलोमीटर के बाद बहन मायावती जी की राज-सीमा आरंभ हो जाती है। दिल्ली-पटना में सैकड़ों की तादाद में ऐसे राष्ट्रीय-अंतर्राष्ट्रीय स्वैच्छिक संस्थाओं के दफ़्तर हैं जिनके 'एनुअल रिपोर्ट्स' में बिहार में दलित उत्थान, ग्रामीण विकास, 'सोशल हारमनी', जातीय हिंसा से मुक्ति जैसे ज्वलंत प्रश्नों पर रचनात्मक हस्तेक्षप के सकारात्मक प्रभाव फ़ोटो व ग्राफ़िक्स की मदद से समझाए जाते हैं और अंतिम पन्नों पर बैलेंस शीट में करोड़ों के ख़र्च दर्शाये जाते हैं। पंचायत-चुनावों में भी दलित, शोषित, पीड़ित, वंचित और ग़रीबों के उत्थान के वादे किए जाते रहे। फिर भी स्थिति जस की तस। दलित मज़दूरी करते रहे। राजपूत घिरस बने रहे।

रामजी सिंह का घर बिचला पट्टी में है। दो भाई हैं। छोटे नवल सिंह मास्टरी से रिटायर हुए हैं। रामजी सिंह की उम्र अब पचहत्तर से ज़्यादा होगी। वे अमीन भी हैं। सिक्कड़-कड़ी है उनके पास। पटीदारों की लड़ाई के वक़्त उनका भाव बढ़ जाता है। निहोरा करने पर भी ज़मीन नापी-जोखी का समय नहीं निकाल पाते हैं। अब तो ख़ैर, साधु ही हो गए हैं। धरम-करम में ज़बरदस्त आस्था है। पता नहीं, किस संप्रदाय के किस गुरु से उन्होंने दीक्षा ली है। आधे नाक से लेकर पूरे ललाट तक त्रिपुंड धारण करते हैं। शाम तक उनके त्रिपुंण में ताज़गी बरक़रार रहती है। लंबी-छरहरी काया पर पर लंबी ही दाढ़ी है। बाल भी लंबे। झक सफ़ेद। गले में माला धारण करते हैं। शायद तुलसी की। धुन के पक्के। राम-नाम के लिए कुछ भी। तरियानी छपरा में पिछले पच्चीस-तीस सालों में जो भी यज्ञ हुए उनमें रामजी सिंह की भूमिका निर्णायक रही। तरियानी छपरा

के लोग जिस-जिस शहर में हैं, वे हर शहर में गए। चंदा इकट्ठा किया। सफलतापूर्वक यज्ञ संपन्न करवाया। भगवान के नाम के जाप और हवन हुए। मेले सजे। झूले लगे। विडियो पर फ़िलिम चले। बाइस्कोप पर स्वाधीनता आंदोलन दिखा। देर रात तक दुकानें सजीं। माला, बद्धी, मरीचदाना, बताशा, बालुशाही, चमचम, कचरी, सेव, कालाजामुन, रसगुल्ला, बुनिया, जिलेबी, घुघनी-चिउड़ा, लड्डू, टिकुली, पीपा सेनुर से लेकर तेल, साबुन, सेंपू, एसनो पाउडर, फ्राक, कछिया, कलम, जंघिया, कॉपी, फ़ेयर एन लबली, बोरोलिन, बरेसियर, गेंद, कुरूस, गंजी, लुंगी, लुगा, लंगोट, धोती, साड़ी, साया, झुल्ला, काँटा, चोटी, झालड़, बाली, मोती, झुमका, सुईया, चूड़ी, डोरा, बाला, डांरा, बैटरी, लहठी, फुलौना, पिपही, अँगूठी, चाँपी, सिटी, रब्बड़, घइला, हड़िया, डगरा, सूप, बढ़नी, डलिया, फुलडलिया, शिव-पार्वती से लेकर गोविंदा, मिथून, चंकी पांडेय, माधुरी, जूही और तब्बू की फ़ोटो, हँसुआ, खुर्पी, तवा, बेलना, चकला, सिलौटी-लोढ़ी तक : सब बिके। कुटमैते से लड़के-लड़कियाँ आये। हाथ से नाप-जोख हुआ। बातचीत मेले में हुई। फाइनल गठुल्ले में। छत पर या मामी। भाभी के कमरे में। ख़ूब हुआ। होता रहा। बीते दस-बारह सालों में तरियानी छपरा में नौजवानों की एक और पीढ़ी तैयार हो चुकी है। कोई यज्ञ नहीं हुआ!

यज्ञोपरांत कुछ छपरियों को अपने ग्राम में अंजनीपुत्र हनुमान के लिए एक स्थान की तीव्र इच्छा जगी। सार्वजनिक स्थान पर। श्री रामजी सिंह अर्थात् हमारे रामजी बाबा के प्रयासों से वो उत्कंठा आवश्यकता में परिवर्तित हो गई। हालाँकि, बाज़ार के बहुत क़रीब एक मंदिर पहले से है। जिस पर जंघी सिंह की महंती क़ायम है। रामजी सिंह ने जंघी सिंह से उसी में हनुमान जी के लिए भी एक कोने की व्यवस्था करने के किसी समझौते की पहल नहीं की। वे चाहते तो पुरना मंदिर का जीर्णोद्धार का आह्वान कर सकते थे। वहीं हनुमानजी के लिए एक सीट या अलग कमरे की व्यवस्था करवायी जा सकती थी। वे ऐसा करते तो दो फ़ायदे होते। मंदिरों का लोकतांत्रिकरण होता और हनुमानजी पर ज़मीन क़ब्ज़ाने का आरोप नहीं लगता। उन्होंने बाज़ार पर भव्य मंदिर निर्माण के लिए लोगों से मदद की अपील की। धरम का मामला था। लोगों ने यथाशक्ति तथाभक्ति का अनुसरण किया। बाज़ार पर महात्मा गाँधी की पासपोर्ट साइज प्रतिमा अर्थात् गले तक की मूर्ति, जिसका सिर कुछ महीने पहले तोड़ कर कुछ लोग साथ ले गए- से थोड़ा हट कर, दाईं ओर सरकारी भूमि पर मंदिर की स्थापना हुई और पवनसुत हनुमान की प्राण प्रतिष्ठा। रामजी सिंह ने ख़ुद को पूरी तरह मंदिर पर न्यौछावर कर दिया। तन-मन-धन, सब कुछ लाल-लंगोटे वाले के लिए। मंदिर के शीर्ष पर, गुंबद के थोड़ा नीचे लाउडस्पीकर बाँधे गये। अब सुबह-शाम 'लाल देह लाली लसै, अरू धर लाल लंगूर ...' से लेकर हनुमान चालीसा, हनुमान आरती और सुंदरकांड का

नियमित प्रसारण होता है। जो लोग पहले गाँव के किसी मंदिर में नहीं जाते थे, वे अब शाम को आरती के समय, चप्पल को पैर से जाँतकर[1] करबद्ध खड़े हो जाते हैं। उनकी आँखे रह-रह कर खुलती और बंद होती रहती हैं। मंगलवार को युवा भक्तों की संख्या अपेक्षाकृत ज़्यादा हो जाती है। कुछ युवतियों के आ जाने से लिंगानुपात संभलने लगा है और रौनक़ भी रहने लगी है आरती में। इक्के-दुक्के दलित भी इस सामूहिक धर्म-कर्म में शामिल होने लगे हैं। फ़िलहाल तरियानी छपरा के इस चौथे मंदिर का सेंसेक्स बेहिसाब उछाल पर है।

---

1. दबाकर

थ्री पीस में नायाब पीस

घर में सिलाई मशीन का आगमन हो चुका था। हाथ से बखिया और गुलाई करने वाली मेरी माई मशीन पर काम करने लगी थीं। साया, ब्लाउज़ और सलवार, कुर्ती मशीन पर ही सिलने लगी थीं। बखिया का साइज़ घटाना-बढ़ाना भी सीख लिया था उन्होंने। एक दिन सिलाई करते वक़्त उनके मशीन की सुई टूट गई। अपने साथ-साथ परिवार की बाक़ी औरतों का दिमाग़ खपा चुकने के बाद भी उन्हें समझ नहीं आया कि सुई कैसे बदली जाए। भेज दिया मुझे बच्चा बाबा को बुलाने। बच्चा बाबा यानी फूआ दाई के सबसे छोटे बेटे। फूआ दाई मेरे बाबा की ममेरी बहन लगती थीं। टोले में ही वशिष्ठ बाबा से ब्याही गई थीं। बच्चा बाबा पढ़ाकू और होनहार माने जाते थे। शालीन थे। पिछली मर्तबा गाँव जाने पर मालूम हुआ कि फूआ दाई आख़िरी वक़्त में बिस्तर पकड़ चुकी थीं। देह-नेह का भी होश नहीं था। बच्चा बाबा ने तब फूआ दाई की हर तरह से सेवा की थी। मौक़े-बेमौक़े ज़रूरत पड़ने पर माई और चाचियाँ बच्चा बाबा को बुलवा लिया करती थीं। थोड़ी देर में बच्चा बाबा आ गए। माई रिश्ते में बच्चा बाबा की पुतोह लगती हैं। वे शरमा रहे थे। माई ने भी माथ पर अँचरा संभाल लिया। कोठली के दरवाज़े पर खड़े होकर बच्चा बाबा को उन्होंने अपनी परेशानी बताई और कहा कि किसी तरह वे मशीन ठीक करवा दें। बच्चा बाबा के पास अपनी क़ाबिलियत, तत्परता और सामाजिकता साबित करने का मौक़ा था। 'हो जतई कोनो न कोनो बेबस्था *(हो जाएगी कोई-न-कोई व्यवस्था)*' कह कर वे निकलने लगे थे कि मैं भी उनके साथ हो लिया।

चंद मिनटों बाद हम एक दूसरे बच्चा के दरवाज़े पर थे। ये बच्चा दर्ज़ी थे। सारी बात सुनने के बाद अपने घर के मुहार की ओर मुँह करके 'अबऽइले तनीका ठीगदार साहेब के घरे से *(आ रहे हैं ज़रा ठीकेदार साहबके घर से)*' कहते हुए हमारे साथ चल पड़े। कुछ सेकेंड में ही माई की समस्या का समाधान हो गया। आगे से ऐसी समस्या से निबटने के उपाय पर उन्होंने माई को एक संक्षिप्त डेमो भी दे दिया। माई ने एहतियात के तौर पर कुछ और बातें पूछ ली। बच्चा जब वहाँ से चलने को हुए तो माई ने कुछ मेहनताना की पेशकश की, जिस पर बच्चा का शालीन जवाब था, 'कथी... रउड़ो

मलकिनी ... *(क्या... आप भी मालकिन...)*!' तब से दो बच्चा आपस में दोस्त हो गए। एक यह लेखक, जो उम्र से बच्चा था और दूसरा बच्चा दर्ज़ी। घंटे भर के लिए भी गाँव जाने पर कोशिश रहती है कि बच्चा से मुलाक़ात हो जाए, उधर उनकी जब भी पापा से मुलाक़ात होती है, वे मेरी खोज-ख़बर ज़रूर ले लेते हैं।

बच्चा ही असली नाम है या कुछ और। न मालूम है और न आज से पहले कभी जानने की ज़रूरत महसूस हुई। ये जानने की कोशिश नहीं की कभी कि उनके मोहल्ले में किसी का नाम इद्रिस है, किसी का इस्लाम है, किसी का इस्माइल है और किसी का सटहु, पर बच्चा का ऐसा नाम क्यों नहीं है या है तो कभी सुनने में क्यों नहीं आया। मैं ही नहीं, लगभग पूरा गाँव उन्हें बच्चा के तौर पर जानता है। कुछ अकड़े हुए लोग उन्हें बचवा भी पुकारते हैं।

तरियानी छपरा में बच्चा समेत दस-पंद्रह मुस्लिम परिवार हैं। जिनमें से चार-पाँच पेशेवर दर्ज़ी हैं। एक ही ख़ानदान या फ़रीक़ के। रहते भी एक ही जगह हैं। गाँव के दखिनवारी किनारे की ओर। उनके टोले को गाँव में मियाँटोली कहने का रिवाज है। मियाँटोली के एक ओर कुछ घर धोबी और सोनार हैं जबकि दूसरी ओर बनिये और तेली। इन्हीं घरों से थोड़ा आगे बढ़ने पर बाबा फूले टोला में दाख़िल हुआ जाता है। बाबा फूले टोला में चमार जाति के लोग रहते हैं। गाँव में पहले उसे चमटोली कहते थे। चार साल पहले 'सफ़र' ने तरियानी छपरा में एक मीडिया शिविर आयोजित किया था। तक़रीबन आठ राज्यों के लगभग पच्चीस सामाजिक कार्यकर्ता उस शिविर में आए थे। शिविरार्थी गाँव के हाईस्कूल में रहते थे और बाबा फूले टोला समेत कुछ दलित बस्तियों में सामुदायिक काम करते थे। दस दिवसीय उस शिविर के दौरान उन्होंने जाति, जेंडर, बचपन, शिक्षा इत्यादि विषयों पर लोगों से सघन बातचीत की थी और कुछ फ़िल्में बनाई थी। उसी दौरान शिविरार्थियों ने टोले के लोगों से बातचीत के बाद उसका नाम चमटोली से बदल कर बाबा फूले करने का सुझाव दिया था। जिसे लोगों ने तत्काल मान लिया था। सुनते हैं, अब टोले का बच्चा-बच्चा अपने आप को बाबा फूले टोला का वासी बताता है।

बच्चा के टोले में अमूनन सबके घर कच्चे हैं। यूँ तो उनके टोले में प्रवेश के लिए कोई मुकम्मल सड़क नहीं है। सड़क के नाम जो कुछ है भी उस पर कभी सोलिंग, ईंट या बजरी नहीं बिछी। बरसात के दिनों में चप्पल हाथ में लेकर घुसना पड़ता है। टोले का हर परिवार लगभग भूमिहीन है या नाममात्र की ज़मीन का मालिक। दर्ज़ीगिरी ही उनकी आमदनी का ज़रिया है। तरियानी छपरा की आबादी को देखते हुए, चार-पाँच घर दर्ज़ी वैसे ही हैं जैसे ऊँट के मुँह में ज़ीरा। अल्लस्सुबह से देर रात तक, इनके दरवाज़ों पर मशीनों के चलने की आवाज़ आती रहती है और लोग बेंचों पर बैठे होते हैं। आज भी

टेलरिंग शॉप के नाम पर बाज़ार पर गिनती की एक-दो दुकानें हैं। सिलाई का पूरा उद्यम दर्ज़ी टोले से संचालित होता है। बच्चा, सटहु, इद्रिस वग़ैरह के दूरा से। न मालूम गाँव में बैठे-बैठे कैसे इतने हुनर जुटाए इन्होंने। लड़कियाँ डिजाइन-पर-डिजाइन समझाए जाती थीं और इद्रिस दो दिन बाद उन डिज़ाइनों को समेटे, तैयार कपड़ों का गट्ठर लिए आँगन में हाज़िर हो जाते थे।

तब बच्चा नौजवान थे। हैंडसम। मृदुभाषी और मिलनसार तो वे हैं ही। पहनावे-ओढ़ावे से बिल्कुल साधारण। चेक वाली लुंगी और सफ़ेद क़मीज़ पहना करते थे। फबते थे। युवाओं में उनके प्रति ख़ास क़िस्म का लगाव था। कुछ बरस ऐसे भी बीते, जब किशोरावस्था में क़दम रखने वाले लड़के-लड़कियाँ बच्चा से कपड़े सिलवाने के लिए एक-एक सप्ताह इंतज़ार किया करते थे। जलवा था उनका।

शादी-ब्याह में धोती-कुर्ता ग़रीब दूल्हों का लिबास रह गया था। शेरवानी भी आकर जाने लगी थी। तब सिंथेटिक की अजीब-सी सुनहरी और चमकीली शेरवानी में दूल्हे जँचते थे। पर लंबी क़द-काठी वाले ही। सबकी हैसियत ऐसी नहीं थी कि शेरवानी सिलवा कर पहन सकें। गाँव में मुश्किल से दो-तीन परिवारों के पास शेरवानी हुआ करती थी। मंगन-चन से ही काम चलाया जाता था। आख़िरी मर्तबा मैंने अपने छोटे चाचा को वैसी शेरवानी में देखा था। उन्नीस सौ अस्सी के दशक के आख़िर में जब सूट का पदार्पण हुआ तो उसे शादी-ब्याह में दूल्हे की ऑफ़िशियल पोशाक के तौर पर मान्यता प्राप्त होने में ज़्यादा देर नहीं लगी। वो थ्री पीस का ज़माना था। मई-जून की भयानक गर्मी में भी थ्री पीस में घुस कर दूल्हों ने नायाब पीस के तौर पर शामियानों में अपनी नुमाइश शुरू कर दी थी। पूरे जवार में सूट स्पेश्लिस्ट के तौर पर बच्चा की ख्याति फैलने लगी थी। शादी-ब्याह के मौसम में बच्चा को पानी पीने की फ़ुरसत नहीं मिलती थी। इद्रिस भी थे। उनके हाथ में भी जादू था। इद्रिस अब भी सिलाई करते हैं। गाँव भर के दूल्हों के लिबास तैयार करना उनकी ज़िम्मेदारी बन चुकी थी। कभी इंकार नहीं किया। बाराती भी थे। कमीज़-पैंट तो उनकी भी नयी बनती थी। बच्चा, इद्रिस और सटहु ने मिलकर बारातियों के सजने-सँवरने का बख़ूबी इंतज़ाम किया। लड़कियों की शादी में भी बच्चा की स्थिति ऐसी ही होती थी। एक साथ दर्जनों ब्लाउज़, पेटिकोट और सलवार-कुर्ती। उ.फ़ तो करते थे लेकिन इनकार नहीं। तन्मयता ऐसी होती थी जैसे अपनी बहन-बेटी की शादी हो। आज भी वे इस ज़िम्मेदारी को बातबीयत निभा रहे हैं।

हमारे गाँव-जवार में भी दूल्हों की पोशाक का ज़िम्मा ससुराल वालों का होता था। अब भी होता है। दूल्हे बेरहमी से कपड़े पसंद किया करते थे। बिना ससुरालियों की अंटी का अंदाज़ा लगाए। समूचे तिरहुत प्रमंडल के निवासी शादी-ब्याह में मुज़फ़्फ़रपुर के सरैयागंज, मोतीझील और कल्याणी बाज़ार से ख़रीदारी करते थे। कपड़ों की विशेष

कर। मानी हुई मंडी थी वहाँ। सुतापट्टी वैसे भी देश में सूती कपड़ों का सबसे बड़ा बाज़ार माना जाता था। बनते सूरत और अहमदाबाद में थे लेकिन थोक विक्रेता और वितरक बैठे थे सरैयागंज से लगी गलियों में। कुछ अब भी बैठे हैं। तब तक मुज़फ़्फ़रपुर में पहला ब्रैंडेड शो-रूम खुल चुका था। मोतीझील में रेमंड। जिसे रेमंड अपने विज्ञापनों में प्रमुखता से दिखाया करता था। अपनी चकाचौंध के कारण रेमंड जल्दी ही दूल्हों के आकर्षण का केंद्र बन गया। शादी-ब्याह के सीज़न में रेमंड की रौनक़ बढ़ जाया करती थी। रेमंड या किसी और ब्रैंड का सूट लेंथ लेने के बाद दूल्हे बच्चा या इद्रिस या इन जैसों से सूट सिलवाने में हिचकने लगे। उनके लिए शहर में 'लिबर्टी' और 'डिनोवा' के बाद 'चोला' और 'बाबा टेलर्स एंड ड्रेपर्स' खुल चुके थे। जहाँ सिलाई की दर, एक से ज़्यादा हज़ार में होती थी। बच्चा जैसों के क्लाइंटेल में तेज़ी से बदलाव होने लगा था।

हालाँकि, कमी नहीं थी लेकिन हील-हुज्जत और कपार बथा देने वाला काम था। अतिरिक्त आमद के लिए बच्चा ने सिलाई के साथ-साथ कपड़ों की बिक्री शुरू कर दी। शाम को कपड़ों के कुछ थान के अलावा लुंगी, धोती, अँगौछा वग़ैरह पसार कर वे गाँव के हाट में बैठने लगे। काम चल निकला। थोड़ा और विस्तार दिया। दरवाज़े पर भी रखने लगे कपड़े। छोटे-छोटे बच्चों के कपड़े और डोरी वाली अंडरवीयर को भी अपने गठ्ठर का हिस्सा बनाया। सिलाई के काम में भतीजों ने हाथ बँटाना शुरू कर ही दिया था। कुछ बरस पहले पुरना बाज़ार पर किसी ने एक मार्केट का निर्माण कराया। उस लंबे-चौड़े मार्केट में एक लाइन से कई दुकानें बनीं। एक बच्चा ने ले ली। अब उसमें बच्चा की कपड़े की दुकान है। नियमित रूप से वे वहाँ बैठते हैं। उनके कुछ भतीजे दिल्ली के सीलमपुर में सिलाई का काम करते हैं। जींस बनाने में उस्तादी हासिल कर ली है सबने।

बच्चा की एक बहन हैं। देखने में बला की ख़ूबसूरत। साधारण पहनावा-ओढ़ावा लेकिन बोलने में तेज़। तमीज़दार। किसी वजह से ससुराल से वापस आ गईं। उन्होंने चूड़ियों और श्रृंगार-प्रसाधन का काम शुरू कर दिया। आज तरियानी छपरा की लड़कियों की हर फ़रमाइश वो पूरा कर रही हैं। बच्चा दंपति को अब तक कोई संतान नहीं है। दोनों इस बात को लेकर मायूस रहते हैं। गाहे-बगाहे पटीदारों से निपुत्तर, निर्वंसिया जैसे ताने भी सुनने को मिल जाते हैं। तक़रीबन छह बरस पहले जब बच्चा मिले थे तो उन्होंने सकुचाते हुए बताया था, 'राजू बाबू सीतामढ़ी, मुजफ्फरपुर, सब जगह इलाज करवा लेली, मार पैसा खर्चा हो गेल, लेकिन आई ले कोनो नतीजा न निकलल। मुजफ्फरपुर वाला डागदर साहब कहलथिन दिल्ली जाएला।' फिर 'दिल्ली आ जाऊ एक बेरि, हमरा से जे मदद होएत से होतई' कह कर मैंने उन्हें आश्वस्त करने की कोशिश

की थी।

तरियानी छपरा के हिंदु-मुसलमान में बहुत सारी समानताएँ हैं। हाव-भाव, पहनावा-ओढ़ावा, बोल-बतियान, खान-पान, इत्यादि। कुछ रस्म-ओ-रिवाज को छोड़ दें तो आमतौर पर लोग दोनों में एक ही विषमता देख पाते हैं। एक आकार को पूजता है और दूसरा निराकार की इबादत करता है। पर नज़र धँसाने पर इस मुताल्लिक़ तरियानी छपरा में कुछ और .फ़र्क़ बेपर्दा होते हैं। यहाँ के सब नहीं तो कुछ मुसलमान तो ज़रूर पाँचों वक़्त की नमाज़ अदा करते हैं। जुम्मे की नमाज़ में तो ज़्यादातर शामिल होते हैं। ईद-बक़रीद जैसे त्यौहारों पर तो परिवार का हर सदस्य नमाज़ अदा करता है। तरियानी छपरा में क़ायदे की एक मसजिद नहीं है। उस तरियानी छपरा में जहाँ मुसलमान तभी से रहते आ रहे हैं जब से हिंदु। उस तरियानी छपरा में जहाँ हिंदुओं के चार मंदिर हैं, एक तो अभी दस बारह बरस पहले ही सरकारी ज़मीन पर खड़ा किया गया है। मसजिद की कमी महसूस नहीं होती? पूछने पर, चार साल पहले इद्रिस ने घुमा-फिरा कर बताया था, 'हई एगो, लेकिन ज़रूरत पड़ला पर हम सब दरियापुर चल जाइले।' तरियानी छपरा के मुसलमान डेढ़-दो कोस पैदल या साइकिल चलाकर पहुँचते हैं दरियापुर के मसजिद में। ईद जैसे सुंदर और सौहार्दपूर्ण त्यौहार की रौनक़ से तरियानी छपरा के निवासी महरूम रह जाते हैं। सि.र्फ अपनी वजह से। क़ब्रिस्तान के नाम पर भी कुछ ख़ास नहीं है बच्चा के समुदाय वालों के लिए। किसी राजनैतिक पार्टी या पॉलिटिशयन की भी दिलचस्पी नहीं है इनमें। वजह सा.फ़ है। वोट तो है इनके पास, पर ये वोट बैंक की हैसियत से कोसों दूर हैं।

बच्चा दिन-रात एक कर गाँव वालों का तन ढकते रहे। दूल्हों का लिबास बनाते रहे। लेकिन ग़ैर-मुसलिम घरों से निकलने वाली बारातों में शायद ही वे कभी शरीक हुए। दुल्हनों के जोड़े तैयार करते रहे, उनकी बहन 'स्पेशल बन्नी लहठी' विशेष तौर से लाती रही, लेकिन दरवाज़े पर आने वाली बारात के स्वागत में वे कभी शरीक नहीं हुए और न उनकी बहन कन्यादान या सिंदूर दान का गवाह बन सकीं। छोटे-छोटे बच्चों के लिए झबले और फ्रॉक सिलते रहे लेकिन कभी किसी बच्चे के मुंडन में वे शामिल नहीं हुए। मरनी-हरनी में भी नहीं दिखे। होते भी कैसे! हमारे गाँव में कभी ऐसा रिवाज बना ही नहीं। पिछली बार मैं जब बच्चा के भतीजे के छिपा[1] में छोटकी मछली और मकई की रोटी खाने बैठ गया था तो मेरे कुछ भाइयों को बहुत नागवार लगा था।

बचपन में एक बार टोले में दाहा[2] का जुलूस आया था। कुछ नौजवानों ने ताज़िये को कंधे पर उठाया हुआ था। किशोरों की टोली तरह-तरह से लाठियों का करतब दिखा रहे थे। याद है, कुछ बुजुर्ग महिलाएँ गोदैल बच्चों को दाहा के साथ चल रहे

1. थाली, 2. ताज़िया

उम्रदराज़ मुसलमानों को पकड़ाया था, जिन्हें उन्होंने ताज़िये के नीचे से निकाल कर बूढ़ी माताओं की गोद में वापस कर दिया था। उसी जुलूस में कुछ लोग गीत भी गा रहे थे। पिछली मर्तबा बच्चा को जब उस गीत की याद रह गई पंक्ति सुनाई तो उन्होंने उसे पूरा सुनाया:

हाय-हाय
भोर भिनुसरवा कोइलिया हो घनऽ बोलऽई
उठऽ हे साँवर अंगना बहारऽ हाय
हाय हाय
भोर भिनुसरवा कोइलिया हो घनऽ बोलऽई
उठऽ हे साँवर अंगना बहारऽ हाय
हाय हाय

अंगना बहारते सखी, टुटलऽई बढ़निया
सास ननद गरिआवे हाय
हाय हाय
अंगना बहारते सखी, टुटलऽई बढ़निया
सास ननद गरिआवे हाय
हाय हाय

नहीं तोहऽर टुटलौ हे सासू झाड़ू हे बढ़निया
आनी हो देबौ सोने मुठ बढ़निये हाय
हाय हाय
नहीं तोहऽर टुटलौ हे सासू झाड़ू हे बढ़निया
आनी हो देबौ सोने मुठ बढनिये हाय
हाय हाय

छोड़ऽ-छोड़ऽ आहे सासु हमरो अंचरऽवा
रोइत होतई गोदी के बलकवे हाय
हाय हाय
छोड़ऽ-छोड़ऽ आहे सासु हमरो अंचरऽवा
रोइत होतई गोदी के बलकवे हाय।

पत्ता बुहारने वाली

पूर्णिया के जिस आश्रम में सुधांशु और मैं रहा करते थे, उसके संचालक गुरुजी छुट्टियों के मामले में बहुत कंजूस थे। गुरुजी ये तो सुनाते रहते थे कि कैसे महात्मा गाँधी अनशन पर बैठे थे और कैसे उन्होंने गाँधीजी से कहा था कि 'बापू आप अनशन तोड़ दीजिए, आपको कुछ हो गया तो अंग्रेज़ फिर नहीं जाएँगे...' पर छुट्टी देने में न जाने वे इतने कंजूस क्यों थे। गर्मी छुट्टी के अलावा। हर बार कोई-न-कोई बहाना बनाना पड़ता था।

सबसे लंबी, पंद्रह दिनों की छुट्टी होती थी गर्मी की। ख़ुशी इस बात की होती थी कि पंद्रह दिन ही सही, जमकर आम खाएँगे। गाँव पहुँचते ही हमउम्र दोस्तों और भाई-बहनों के साथ सीधा गाछी भागते थे। दिन-दिन भर गाछी में ही रहती थी बच्चों की टोली। बड़ों की भी। तब बाग़ीचे में पेड़ से टपके आम के पीछे एक साथ बच्चे दौड़ पड़ते थे। कभी-कभी उस पछड़ा-पछड़ी[1] में आंठी[2] पर लिपटे छिलके ही बच जाते थे। उसे ही चूसकर हम ख़ुश हो लिया करते थे। पेड़ से टपके आम उस बानर टोली के लिए कम पड़ते थे। फिर रास्ता निकलता था पेड़ पर चढ़कर। डाल हिलाकर। कई 'तीनफुटिए' पेड़ पर चढ़ने में बड़े माहिर थे। सेकेंडों में बंदर की तरह कूद-फाँद कर ऊँची-ऊँची फुनगियों पर चढ़ जाया करते थे। किसी डाढ़ को दो बार हिला देने से पके आम ज़मीन पर भड़भड़ा कर गिर पड़ते थे। फिर मधु भैया के मचान पर बैठ कर सामूहिक आम-खान होता था। कच्चा खाने के लिए मधु भैया के पेड़ का कृष्णभोग सबसे उपयुक्त माना जाता था। कच्चा कृष्णभोग पके से मीठा होता है। पेड़ों के अलग-अलग नाम थे। जैसे बमई, मालदह, किसनभोग, केरवा, सेनुरिया, बभना, खजवा, घिउअहवा, भदइया, सबजा, कलकतिया, जरदावा, सुक्कुल, सिपिया, और न

1. धक्का-मुक्की, 2. गुठली

याद, क्या-क्या! सबकी अपनी ख़ासियत थी। आकार और रंग से लेकर स्वाद तक। पर 'सबजा' की ख़ासियत यह थी कि, जब भी किसी को आम देना होता था तो ईया सबसे पहले इसके ढेर के पास ही जाती थी। आम-तौर में लेन-देन में सबजा की बड़ी पूछ हुआ करती थी। पके सबजे में कीड़े पैदा हो जाते हैं।

बग़ल वाली गाछी में जामुन का एक पेड़ था। गाछी किसकी थी याद नहीं। लोग कहते थे कि जामुन पर भूत रहता है। हम झुंड में रहते थे, इसलिए डरते नहीं थे। तपती दोपहरी में भी नहीं। जाते थे जामुन खाने। आपस में से ही कोई बच्चा चढ़ता था पेड़ पर और हिलाता था कोई डाढ़। फिर हम चुन-चुन कर जामुन जमा करते थे और खाते थे। जामुन की डाढ़ आम के मुक़ाबले बेहद कमज़ोर होती है। इसलिए, बीच-बीच में नीचे से बच्चे डाल हिला रहे लड़के को आगाह करते रहते थे, 'रे धेयान से, रे आगे न बऽढ़, आगे न नु बऽढ़ रे सार, आगे न नु बऽढ़, बहानचोदे आगे बढ़लऽ कि चल जैबऽ लौरा के दक्खिन *(अरे रे ध्यान से, रे आगे मत बढ़, बे आगे मत न बढ़ साले, बहनचोद आगे बढ़ा तो चला जाएगा लंड के दक्षिण)*।'

आँधी-पानी के दौरान बच्चे घर से टोकरी लेकर भागते थे गाछी की ओर। हर तरफ़ से आती थी आम गिरने की आवाज़ 'धप्प'। समेट-समेट कर आमों को इकट्ठा किया जाता था और फिर माथे पर लाद कर घर ले जाते हुए बच्चे बहुत ख़ुश हुआ करते थे। ईया पके आमों का अमौट यानी आम पापड़ बनाया करती थी। अमौट बनाने के लिए सड़े आमों के ठीक बचे हिस्सों का भी उपयोग किया जाता था। ईया, माई और आँगन की अन्य चाचियाँ बड़े प्यार से चटाई पर साड़ी या धोती बिछाया करतीं और फिर रोज़ आम के रस की परतें बनाती थीं और धूप में सुखाती थीं। बड़ी-बड़ी बदशक्ल मक्खियाँ केवल आम के मौसम में ही दिखती हैं। तब भी दिखती थीं। ज़मीन से अधिकतम चार-पाँच फ़ीट की ऊँचाई पर भिनभनाती उन मक्खियों को देखकर तब कम घिन आती थी। कई बार छोटे-छोटे बच्चे जब आम के रस में सने होते थे तो मक्खियाँ उनके मुँह और नाक के अंदर तक समा जाती थीं या समाने की कोशिश कर रही होती थीं। आम का सीज़न समाप्त होने तक अमौट निर्माण का उद्यम जारी रहता था। आम जब समाप्त हो जाते थे, तब पानी में भिगोकर अमौट को दही-चिउड़ा के साथ खाने में बड़ा आनंद मिलता था।

हमारे खजवा और घिउहवा के पेड़ के नीचे गड्ढ़ा था। जो आम तौर पर बरसात के दिनों में इकट्ठा हुए पानी से भरा रहता था। आम के दिनों में भी बारिश हो जाती थी। यानी गड्ढ़े में पानी रहता था। इसलिए इन दोनों पेड़ों के टपके आम खाने के लिए पानी में उतरना पड़ता था। उस गड्ढ़े का एक बड़ा फ़ायदा ये था कि दीर्घशंका-निबटान के बाद पनछुआ के लिए इधर-उधर भटकना नहीं पड़ता था। बड़ी राहत!

गाछी में आम और जामुन खाने के अलावा और ढेर सारी गतिविधियाँ होती थीं। कभी बोका-बोतू[1] आ जाते थे। कभी साँड। टोली का कोई बड़ा लड़का बोतू पर सवार हो जाता और उसके कान उमेठने[2] लगता था। फिर बोतू घोड़े की तरह उमकने लगता था! बाक़ी बच्चे हो-हो करते उसके पीछे दौड़ पड़ते थे। कई बार इस दौड़ा-दौड़ी में बोतूसवार गिर भी पड़ता था। घुटने छिल जाते थे। कभी दाँत भी झर जाता था। हमारी टोली में अकसर उमाशंकर, जो 'बेला' के नाम से प्रसिद्ध था, बोतूसवारी किया करता था। हम बच्चों को वो 'समझा' देता था कि हम गिर जाएँगे। ऐसे ही साँड के साथ भी जमकर मज़ा लिया जाता था। जैसे बाँस के लंबे डंडे में लत्तों[3] को लपेट कर लुकारी[4] बनायी जाती थी और फिर उसमें आग जलायी जाती थी। बेला या बच्चा बाबा उस जलती लुकारी को साँड की जाँघों के बीच घुसेड़ते थे और हम बच्चे हुले-हुले करते हुए उनके पीछे-पीछे दौड़ पड़ते थे। ऐसा करते हुए हम एक-डेढ़ किलोमीटर तक दौड़ जाते थे।

किसी-न-किसी गाछी में हर दिन शिकार होता था। बच्चे पेड़ों की डालियों का मुआयना करते रहते थे कि किस डाल पर पंडूक[5] का खोंता[6] है और किस खोंते में चूजा या किसमें अंडा। पता लगते ही टोली का कोई बच्चा पेड़ पर चढ़कर घोंसले से चूजे या अंडे उतार लेता था और फिर सामूहिक भोज होता था। कई बार गाछी में ही भून-भान कर खा लिया जाता था। कभी-कभी किसी गाछ पर धामन साँप होने की ख़बर उड़ पड़ती थी। उसके बाद तो बच्चे बाँस के लंबे-लंबे फट्ठे लेकर उसको उतारने की कसरत करने लगते थे। कभी-कभार सफलता भी मिल जाती थी। उसके बाद बच्चों में उसे हाथ से छूने की मारामारी होने लगती थी। फिर घूमते-फिरते ये क़िस्सा आता था कि धामन तो दुधारू पशुओं के पाँव छानकर उसका दूध पी लेता है। अकेली परसौती[7] औरत को देखने पर धामन उसे भी नहीं छोड़ता है। ऐसे क़िस्से ख़ूब चलते थे।

कृपाल बाबा की गाछी में लीची के पेड़ थे। हमारे बीच ऐसी मान्यता थी कि लीची के पत्ते और शीशम के छाल को साथ चबाने से होठों पर पान खाए होठों-सी लाली छा जाती है। मान्यता है कि जिसके होठ जितने ज़्यादा लाल होते हैं, उसे उतना ही प्यार करने वाली पत्नी मिलती है! भावी पत्नी के प्यार/परीक्षण के लिए बच्चे कृपाल बाबा की लीची के पत्तों को सुरुक लिया करते थे। फिर उसे चबाया जाता था और देखा जाता था किसके होंठों पर सबसे ज़्यादा लाली छाई। मेरे होंठ कभी न लाल हुए आज तक! लीची के पत्तों से भी नहीं और न ही पान से।

---

1. वैसा बकरा जिसकी नसबंदी न की गई होती है, 2. ऐंठने, 3. पुराने कपड़े, 4. मशाल, 5. एक चिड़िया, 6. घोसला 7. जच्चा

कई बार गाछी में बड़े बच्चे या कहें कि जवानी की दहलीज़ पर क़दम रखने वाले किशोर 'प्यार-प्यार' भी खेलते थे। सुनसान देख कर ऊँची धूर की ओट में यह खेल खेला जाता था। मुझ जैसे बच्चों को रखवार[1] बना दिया जाता था, समुचित हिदायत के साथ कि 'कोनो एन्ने कारी अबइत होतउ तो जोर से हंकार पार दिहे *(कोई इधर आ रहा होगा तो आवाज़ लगा देना)*।' कई बार यह खेल लड़कियों के साथ होता था। कई बार लड़के आपस में ही खेल लिया करते थे। प्यार के ये खेल अकसर राज़ी-ख़ुशी हुआ करते थे। कई बार इस प्यार के बदले में कुछ आम दिए जाते थे। न मानने पर कुछ लड़के असगरे देखकर पटका-पटकी ही खेल लिया करते थे। गाछी के आसपास की लड़कियाँ और मासूम और कोमल दिखने वाले लड़के पार्टनर बनाए जाते थे। विभिन्न वजहों से उनके नाम का उल्लेख न करने के लिए क्षमा प्रार्थी हूँ, हाँ, उस पार्टनरशीप में जाति भेद नहीं था, पर टॉप अकसर 'दबंग' तबक़े के होते थे। हमारे टोले के साथ-साथ अन्य टोलों के कुछ लड़के सिर्फ़ प्यार बरसाने के लिए ही, पैंट टाइट किए गाछियों के चक्कर लगाया करते थे।

अमूमन दोपहर में हमलोग मचान पर लेटे होते थे। सरसराहट की आवाज़ आती थी कभी-कभी। उठकर देखता था, कुछ औरतों और लड़कियों की टोली पत्तों बुहार रही होती थी। बच्चे झपट पड़ते थे उनकी तरफ़। उनके पत्ते के ढेर को ढहा देते थे। कहते थे, 'देखाब कए गो आम नुकैले हते *(दिखलाओ, कितने आम छुपाए हैं तुमने)*?' तब पता नहीं था कि वो कौन औरतें हैं, क्यों पत्ते-बुहार ही हैं। अपनी टोली के लड़के फिर बताते थे 'जरना ला *(जलावन के लिए)*'। वो ग़रीब लड़किया थीं। ग़रीब औरतें थीं। ज़्यादातर दलित-पिछड़ी जातियों की। पति के दिहाड़ी पर चले जाने के बाद, रोज़ निकल पड़ती थीं, पत्ते बुहारने। वर्ना अगली सुबह रोटी पकाने के लिए जलावन का संकट खड़ा हो जाता।

पिछली मर्तबा जब गाँव गया था तो देखा अब वो गाछी नहीं है। पिछले पंद्रह-बीस सालों में जो बाढ़ आई उसमें ज़्यादातर पेड़ ख़राब हो गए, जो कुछ बचे भी, उसको टोले के लोगों ने जलावन या चिता के लिए काट दिए या फिर बनवा लिए चौखट-किवाड़। पहले मधु भैया की गाछी, फिर हमारे दादा की, केदार बाबा की, टूना बाबा की, पत्ती की, राणा बाबा की, बच्चाजी की, मठवाले की, किरपाल (कृपाल) बाबा की जिसे उन्होंने तभी बेच दी थी। उधर श्रीनारायण सिंह के ख़ानदान की, उसके बाद बिपुलवा की, ... वैसे भी हमारी गाछी तो परबाबा (पिताजी के दादा) या फिर उनके पिताजी ने लगवायी थी। टोले भर की गाछी एक ही जगह पर थी। दूर-दूर तक, बीघे-के-बीघे, गाछी ख़त्म नहीं होती थी, हरा-भरा वो वन अपनी तरह से मोहता था। अब वहाँ गाछी

---

1. चौकीदार, रखवाला

नहीं है। रेत से पटी है वह जगह।

अब वह गाछी नहीं है। गाँव में पत्ता बुहारने वाली अब भी हैं। बहुत दूर जाना पड़ता है उन्हें। हाईस्कूल के आगे। पिछली मर्तबा चचेरे भाइयों ने बताया दो-तीन साल पहले हाईस्कूल के आगे वाली गाछी में पत्ता बुहारने वाली औरतों के साथ ज़ोर-ज़बरदस्ती की थी गाँव के कुछ नवोदित रईसज़ादों ने।

भोट[1]

तरियनी छपरा में गहमागहमी थी। बिहार विधान सभा चुनाव 2000 के लिए अखाड़े में मिट्टी कोड़ी जा चुकी थी। केंद्रीय चुनाव आयोग ने पूर्व सचिव श्री के जे राव को विशेष पर्यवेक्षक नियुक्त किया था। राव की सक्रियता और निष्पक्षता से राजनीतिक दलों का दम फूलने लगा था। घूम-घूम कर वे स्थिति और चुनावी तैयारियों का जायज़ा ले रहे थे। कार-जीप का इंतज़ार नहीं करते थे। मोटर साइकिल और डेंगी पर तय कर लेते थे स.फ़र। गाँव-शहर, टोला-मोहल्ला, गली-नुक्कड़, हर जगह। ठहर कर बतिया लेते थे। सड़क किनारे .फ़ुटपाथ पर खा लेते थे घुघनी-चिउड़ा और पी लेते थे चाय। उनके कामकाज के अंदाज़ को देख कर तब लगा था कि ईमानदारी और कर्मठता केवल नीति-श्लोकों में वर्णित शब्द ही नहीं हैं। पालन करने वाले कुछ लोग हैं अभी ज़माने में। बिहार में चुनावी हिंसा के इतिहास और राव साहब की रिपोर्ट और अनुशंसाओं के आधार पर चार-पाँच चरणों में मतदान जारी था।

दो दिन बाद बेलसंड विधान सभा सीट के लिए मतदान होना था। बेलसंड सीतामढ़ी जिले का एक प्रखंड है। पहले यह मुज़.फ़्फ़रपुर जिले का अंग था। इला.क़े में लहर जैसी बात न दिखाई पड़ रही थी, न सुनाई। स्थानीय अ.ख़बारों से लेकर दिल्ली के .ख़बरिया चैनलों तक ने लालू प्रसाद यादव की अध्यक्षता वाली राष्ट्रीय जनता दल के .क़ब्र का स्थान और उसके द.फ़न की बेला मु.क़र्रर कर दी थी। योगेंद्र यादव जैसे सधे हुए चुनाव विश्लेषक भी मीडिया हाइप के बीच अलबला गए थे। कुछ स्पष्ट नहीं बोल पा रहे थे। टीवी पर उनके विश्लेषण में भी 'ऊँट किस करवट बैठेगा, कहना मुश्किल है' वाली ध्वनि को प्रमुखता और प्रचुरता हासिल थी। सि.र्फ़ लालू यादव ही ताल ठोंक कर कह रहे थे कि 'इ मीडिया-उडिया सब फेल हो जाएगा। मीडिया में सब अपर कास्ट वाला भरा हुआ है। उ सब साजिश कर रहा है कि दलित, पिछड़ा और अक्लियत का राज खत्म हो जाए। लेकिन ऐसा नहीं होगा। बक्सा खुलेगा तब पता चल जाएगा...' साथ में शिवानंद तिवारी साया की तरह रहते थे। वैसे ही, जैसे आजकल नीतीश कुमार की परछाईं बने फिरते हैं। इसी पृष्ठभूमि में हो रहा था बिहार विधान सभा 2000 का चुनाव।

---

1. वोट

तरियानी छपरा में लगभग साढ़े सात हज़ार मतदाता हैं। मतदाताओं की संख्या और उनकी जातीय विविधता और उसके कारण बनने-बिगड़ने वाले समीकरणों के कारण तरियानी छपरा, बेलसंड विधान सभा क्षेत्र के अति महत्त्वपूर्ण गाँवों में शुमार किया जाता है। जातियों के लिहाज़ से गाँव का रणनीतिक महत्त्व है। देश भर में वोट बैंक समझा जाने वाला तबक़ा यहाँ भी वोट बैंक माना जाता है। दलित। चुनाव प्रचार के दौरान प्रत्याशी बस गुज़र जाते हैं उनके दरवाज़ों से। उनके वोट की ठेकेदारी दूसरे लोग करते हैं। गाँव के राजपूत, उसमें भी दबंग। अर्थात् धन, अर्थ और बल से परिपूर्ण। बहुत कम राजपूत ऐसे हैं जो इस पैमाने पर खड़े उतर पाते हैं। वैसे बल पक्ष अत्यधिक मज़बूत होने की अवस्था में पहले वाले दोनों थोड़ा कमज़ोर होने पर भी नेताजी दबंगों के दरवाज़ों का एक से ज़्यादा चक्कर लगाते हैं। गाँव का राउंड लेने में उन्हें जितना समय लगता है, उससे ज़्यादा समय वे या उनके मैनेजर वोट के ठेकेदारों के दरवाज़ों की फेरी लेने में ख़र्च कर देते हैं। संयम, समर्पण और निष्ठाभाव से। ठेकेदार डायरेक्ट काम नहीं करते, जातिवार छोटे-छोटे ठेकेदार खड़ा करते हैं। जो आम तौर पर अपने समाज का दबंग होता है और जिनमें ठेकेदार-इन-चीफ़ अपना दायाँ-बायाँ हाथ होने का बोध भर देता है। बिल्कुल सर्कस के रिंग मास्टर वाले अंदाज़ में।

राजपूत वोटों की ठेकेदारी का न कोई दावा कर सकता है और न किसी ने कोशिश की। एक-आध बार किसी ने दुस्साहस किया तो ऐसी पटखनी पड़ी कि उठ कर धूल भी न झाड़ पाए। 'लंका में सब बावन हाथ का' वाली कहावत यहाँ पूर्णतः चरितार्थ होती है। हर दूसरा व्यक्ति फन्ने और तीसमार ख़ाँ का कोई लगता है।

मतदान में सिर्फ़ दो दिन रह गए थे। जलपानोपरांत दरवाज़े पर बैठा, खदन भैया के साथ बतिया रहा था। सामने से दीपक और उमाशंकर आ रहे थे। दीपक ने बोला, 'हो खदन, मठ पर चलऽ न तनि, माया बाबा बोलऽलथिन हऽ बतियाए ला *(ऐ खदन, थोड़ा मठ पर चलिए ना, माया बाबा ने बतियाने के लिए बुलाया है)*।' संदर्भ उन्हें मालूम था, मुझे नहीं। मैंने पूछा तो खदन भैया ने कहा कि 'चल तुहो देखिहे केन्ना होई छई एलेक्शन आ केऽहन-केऽहन बात होई छई इहाँ। तू चुपचाप रहिए, अप्पन ज्ञान न बघाड़े लगिहे उहाँ *(चलिए आप भी देखिएगा कि किधर इलेक्शन हो रहा है और वहाँ किसकी-किसकी बात हो रही है। आप चुपचाप रहिएगा, वहाँ अपना ज्ञान मत बघारने लगिएगा)*।' जंघी सिंह के मठ पर, बिल्कुल पोखरी के भिंडा के सामने माया बाबा उर्फ़ माया शंकर सिंह बैठे थे। साथ में एक व्यक्ति और थे जिन्हें मैंने पहले नहीं देखा था। गोड़लगाई फिर भी की। बाद में मालूम हुआ कि वे रामजी सिंह के छोटे पुत्र नरेंद्र सिंह हैं।

नरेंद्र सिंह के बड़े भाई शैलेंद्र सिंह लगभग दो दशक तक गाँव के मुखिया रहे थे। मुखिया माने ग्राम-प्रधान। उनके नाम के आगे प्रो. लगा, देखा और सुना है। वे शायद

सीतामढ़ी में ही किसी कॉलेज में प्रो.गिरी करते थे। दरम्याना क़द, श्याम चेहरा और श्वेत-श्याम दाँत। हमेशा झक सफ़ेद धोती-कुर्ता में ही दिखे। मैं जब छोटा था, तब उनकी बेटी की शादी हुई थी। सुना था धनबाद के किसी बड़े राजनीतिक परिवार में। हाल ही में अनुराग कश्यप के 'गैंग्स ऑफ़ वासेपुर' के केंद्र में उस परिवार को दिखाया गया है। जीवन में एक साथ काले रंग के उतने एंबेसडर आज तक दुबारा देखने का अवसर नहीं मिला। सबके नंबर प्लेट पर अंत में 1 दर्ज था। इफ़रात ज़मीन थी उनके परिवार के पास। आज भी काफ़ी है। सुना है कि आधे से ज़्यादा गाँव पर उनका सिक्का चलता था। खंडहर में तब्दील हो चुकी उनकी हवेली आज भी आलीशान अतीत का अहसास करा रही है। दिल्ली, मुंबई या किसी अन्य महानगर में होती तो पुरातत्त्व विभाग उसकी देख-रेख कर रहा होता और फ़िरंगी पर्यटक उसकी दर-ओ-दीवार और मेहराबों की तस्वीरें उतार रहे होते। उनकी पारिवारिक संपत्तियों की देख-रेख और खेती-बाड़ी के लिए दरबान और सिपाही तैनात हैं। परिवार वाले बहुत पहले से ही सीतामढ़ी के स्थायी निवासी हैं।

छोटा था, तब गाँव में एक बारात आई थी। गर्ल्स स्कूल के मैदान में शामियाना क़नात गड़े थे। महफ़िल सजी थी। पान, सिगरेट, और इलाइची के ट्रे घुमाए जा रहे थे। रह-रह कर छोड़े जा रहे गुलाब जल के फुहारों ने माहौल को गमका दिया था। मस्ती तो थी ही। बाईजी का नाच पूरे उफान पर था। कुछ लोग उनकी ख़ूबसूरती पर बिछने के लिए गमछा हिला-हिला कर आहें भर रहे थे। कुछ उनके मनमोहनी ठुमकों के करंट से घायल हुए जा रहे थे। 'ऐ डागदर बाबू बताईं दवाई ...' से लेकर 'आज रहिब कि जइब बतावऽ बालमा ...', 'साढ़े तीन बजे मुन्नी ज़रूर मिलिहऽ साढ़े तीन बजे ...' और 'इन्हीं लोगों ने ले लीना दुपट्टा मोरा ...' जैसी फ़रमाइशें बारातियों की ओर से आने लगी थीं। उसी बीच मुखियाजी अर्थात् शैलेंद्र सिंह कहीं से आ गए। साथ में एक-दो लगुए-भगुए भी थे। औपचारिकतावश दो-तीन मिनट का व्यवधान पैदा हुआ था। आदमियों समेत उपयुक्त स्थान पर विराज चुके मुखियाजी ने बाईजी को इशारे से अपने पास बुलाया। विशेष गीत की फ़रमाइश की। चंद मिनटों बाद बाईजी उनके पास आकर घुटनों के बल बैठ गई थी। मुखियाजी ने पाँच या दस की गड्डी खोल कर उसके ऊपर बरसाना शुरू कर दिया। बाद में सौ के कुछ नोंट बाईजी की ब्लाउज़ में खोंसने के लिए उन्होंने किसी बच्चे को अपने पास बुलाया था। पिछली क़तार में बैठे, मैंने तब थोड़ा असहज महसूस किया था।

नरेंद्र सिंह भी सपरिवार सीतामढ़ी में रहते हैं। वहाँ उनका ट्रांसपोर्ट का कारोबार है/था। शायद बसों का। औपनिवेशिक भारत में इनके पिता श्री रामजी सिंह और उनके पिता श्री यमुना प्रसाद सिंह अंग्रेज़ों के लिए मालगुज़ारी वसूला करते थे। इतिहास बताता

है कि अंग्रेज़ों के हित-कर्म में लिप्त तमाम हिंदुस्तानी फलते-फूलते ही रहे। नरेंद्र सिंह का परिवार भी फलता-फूलता रहा। मायाशंकर सिंह के बारे में बचपन में सुना था कि उनकी अंग्रेज़ी बहुत अच्छी है। स्कूलिया विद्यार्थी बाबा टोला में उनके दरवाज़े पर अंग्रेज़ी का ट्यूशन पढ़ने जाया करते थे। संभवत: बाद में उन्हें पंचायत सेवक की नौकरी मिल गई। देखने-सुनने में स्मार्ट। लंबे समय तक गाँव में एलिजिबल बैचलर का ओहदा घेरे रहे। अर्थात् ग्रामीण दस्तूर के प्रतिकूल विलंब से शादी की। बाद में मुज़फ़्फ़रपुर में उसी मोहल्ले में रहे जिसमें मेरे पापा का घर है। यानी साधुगाछी। मौजूदा स्थिति नहीं मालूम।

मठ पर मायाशंकर सिंह और नरेंद्र सिंह की दीपक, खदन भैया और उमाशंकर सिंह के साथ शिखर वार्ता आरंभ होने वाली थी। एक पक्ष का नेतृत्व कर रहे थे माया शंकर सिंह और दूसरे की कमान दीपक सिंह के कंधों पर थी। चुनावी दंगल में कूदे प्रत्याशियों में से एक का नाम राणा रणधीर सिंह था। मूलत: कोशी प्रमंडल के निवासी। लंबे समय तक रघुनाथ झा के साथ रहे थे। उनके नाम के आगे भी प्रो. लगा है। बचपन से देखता आ रहा हूँ कि एम.ए. पास कर जो भी कॉलेज में पढ़ाने लगता है, वह अपने नाम के आगे प्रो. उपसर्ग जोड़ लेता है। हर शहर और क़स्बे में कोई न कोई कॉलेज है। नहीं है जहाँ, वहाँ खुल जाता है। ऐसे में यदा-कदा वास्तविक प्रो. की पहचान भी संदिग्ध हो जाती है। माया बाबू ने राणा रणधीर के पक्ष में मतदान और भारी मतों से उनको विजयी बनाए जाने की ज़रूरत तथा इसके नफ़ा-नुक़सान का सिलसिलेवार ब्यौरा दूसरे पक्ष के समक्ष रखा। सदलील। उसमें से जितनी मेरी स्मृति में रह गई, उसका सार आपसे साझा कर रहा हूँ:

'राणा रणधीर यहीं सीतामढ़ी में रहता है। पड़ोसिये हुआ। घर के सवांग जइसन। रणधीर दबंग है। कलक्टर-एसपी, सबके हेंकड़ी गुम हो जाता है उसके सामने। रणधीर जीत गया तो क्षेत्र के बिकास होगा से अलग, छपरा के एक्को काम नहीं रुकेगा। रुपइया-पइसा के कमी नहीं है रणधीर के पास। हजार-दु-हजार से तो कभियो केकरो मदद कर सकता है उ। देखे नहीं रमसोगरथा के ज़माना में कइसे राजपूत के लड़िका सऽ के चउक-चउराहा छूट गया था। रणधीर जीतेगा त फेर चौड़ा हो के चलेगा हमर लड़िका सऽ आ ठरो-ठीकदारी करेगा। रणधीर बोला-बोला के देगा काम। आपलोग रणधीर के बारे में बिचार कीजिए। हम जानते हैं दीपक बाबू, आप कहिएगा त अठघरबा के लोग आपका बात नहीं काटेगा।'

इससे पहले कि सिर पर फर वाली टोपी धारण किए नरेंद्र सिंह द्वारा माया बाबू की बातों में जोड़े गए कुछ बेहद वज़नी तथ्यों को आपसे साझा करूँ, 'रमसोगरथा' को जान लेते हैं। 'रमसोगरथा' यानी रामस्वार्थ राय तरियानी छपरा हाईस्कूल में साइंस टीचरी

कर चुके हैं। बाद में वे बेलसंड विधान सभा क्षेत्र से एक दफ़ा निर्दलीय विधायक चुने गए थे। लालू प्रसाद यादव के समर्थन से। विधायकी के दौरान या छूटने के कुछ ही समय बाद तरियानी चौक के नज़दीक उनकी जमकर पिटाई हुई थी। तब ऐसा सुना था कि पीटने वालों ने उन्हें अपनी तरफ़ से समाप्त जान कर सड़क किनारे गड्ढे में फेंक दिया था। ये वे अगड़े लड़के थे, जो अपने समाज पर रुतबा क़ायम करना चाह रहे थे। हालाँकि, उनमें से ज़्यादातर को जेल की सैर करनी पड़ी थी।

हाँ, तो नरेंद्र बाबू के उद्‌गार पर एक नज़र डाल लिया जाए :

'हो बउआ, राणा रणधीर के बहुत दिन से जनऽई छिअऽई। निम्मन अदमी हई। ओकरा घरे के हम्मर साली के दुनतबा है। हे हर दिन हमारा घरे फ़ोन अबऽई छई ओकर। कहऽई छई कि मेहमान छपरा आहाँ के गाँव है, आ आहाँ सऽ के पुरना ठाठ-बाट है। तनि संभार दिऽऊ अपना गाँव में। हे, कि बतइयो कि हमऽर कि हाल भेल है। बूझ लऽ कि इ अपना परतिस्ठा पर पड़ रहऽल हौ। इ सउँसे गाँव के परतिष्ठा के सवाल बन गेल हौ। बउआ सऽ, अब देखई जा तु सब कि इज्जत रहतऽई कि जतई *(हे बाबू लोग, राणा रणधीर को मैं बहुत दिनों से जानता हूँ। अच्छा आदमी है। उसकी पत्नी और मेरी साली आपस में रिश्तेदार है। हर दिन उसका फ़ोन आता है मेरे घर। कहती है कि मेहमान छपरा आपका गाँव है और आप लोगों का पुराना ठाट-बाट है। ज़रा अपने गाँव में संभाल दीजिए। क्या बताऊँ क्या हाल बना पड़ा है। समझ लीजिए की अपनी प्रतिष्ठा पर आन पड़ी है। समूचे गाँव की प्रतिष्ठा का सवाल बन गया है ये। बाबू लोग, अब आपलोग देखिए कि इज़्ज़त रहेगी कि जाएगी)*।'

धैर्यपूर्वक उनकी बातें सुनने के बाद दीपक ने कुछ यूँ कहा था, 'आहाँ स ठीके कहई छि। लेकिन हम कुच्छो न कर सकईछि। सब जेनउइन पोल के मन बनैले है अठघरवा में। ओइसन में हम्मर बात के मानतई। आ हम के होई छिअई कहे वाला ये *(ये ठीक ही कह रहे हैं। लेकिन हम कुछ नहीं कर सकते। अठघरवा में सबने जेनुइन पोल का मन बनाया है। ऐसे में हमारी बात कौन मानेगा! और हम कौन होते हैं कहने वाले)*! ' दीपक के बाद उमाशंकर ने भी कुछ ऐसा ही कहा। इस पर माया बाबू और नरेंद्र बाबू ने एक बार फिर पिछली ही बातों को नए अंदाज़ में दोहराया। थोड़ा आक्रामक होकर। इधर से दीपक, उमा शंकर और खदन भैया ने पुराना जवाब ही दोहराया। तीसरी मर्तबा माया सिंह और नरेंद्र सिंह ने इस बात को ऊँचे स्वर में समझाने की कोशिश की, 'राजपूत कैंडिडेट इस बार नहीं जीतेगा त राजपूत के लड़िका सऽ के बाहर-भीतर निकलना बंद हो जाएगा। राजपूत लोग के भविष्य खतरा में पड़ जाएगा। रणधीर जीतने वाला कैंडिडेट है ...।' जिस पर फिर दीपक ने पुरानी दलीलें दोहरा कर पानी फेर दिया। आजिज़ आकर माया बाबू ने कहा, 'अब आओर कथि कहिऔ। बोलऽ न, अब गाँड़ ले के मानबऽ।

नऽ, चहिअऔ तऽ ले अऽ, लेकिन जिताबऽ रणधीरे के। हे काम नऽ करथिन न रणधीर, त मठ पर हति सबकोने, भगवान जी के सामने कहई छिऔ कि केहऽन निम्मन लुकारी छाप हईन हुनकर, उहे लुकारी हुनकरा गाँड़ में पेल दिह सब कोने मिल के। देखलहु न, जाले ले रघुवंश निम्मन काम कलथिन, केना छपरा के लोग सऽ हुनका माथा पर बैठा के रखई गेलइन, आ जेनाइहे एन्ने-ओन्ने करे लगलन तऽ केन्ना पटकनिया खैलन *(अब और क्या कहें! बोलिए न, अब गाँड़ लेकर मानिएगा! न, चाहिए तो ले लीजिए लेकिन जिताइए रणधीर को ही। अगर रणधीर काम नहीं करेंगे न, तो हमलोग मठ पर हैं, भगवानजी के सामने कह रहे हैं, कितना अच्छा मशाल छाप है उनका, वही मशाल उनकी गाँड़ में पेल देंगे। देखे नहीं, जब तक रघुवंश अच्छा काम किए, तब तक छपरा के लोगों ने उनको कंधा पर बिठाए रखा और जैसे ही इधर-उधर करना शुरू किया तो कैसे लोगों ने पटक दिया)*!' बात नहीं बनी। दोनों पक्ष अपना-अपना पक्ष लेकर अपने-अपने रास्ते हो लिए।

अगले दिन मतदान हुआ। लोकतंत्र के अपने गँवई मेले में शामिल होने की उत्सुकता थी। नौ बजते-बजते पहुँच गया हाई स्कूल। मेरा पोलिंग बूथ वहीं था। एजेंट से पर्ची लेकर, अंदर लाइन की ओर बढ़ गया। दूर से शंकर मंडल ने मुझे आते देख लिया था। नज़दीक पहुँचने पर पूछा, 'घिरस कौना छाप पर गिराऊ भोट *(गृहस्थ किस छाप पर वोट डालूँ)*?' मैंने कहा, 'आहाँ के जेकरा मन है ओकरे दिऊ *(आपको जिसको देने का मन हो उसको दें)*।' कहने लगे कि नहीं जानते हैं, कौन-कौन हैं। ज़िद करने लगे कि मैं ही बता दूँ कि किस पर मोहर लगाना है। फिर मैंने उन्हें अपनी पसंद 'हँसुआ और गेहूँ की बाली' बता दी। मालूम नहीं, उन्हें पसंद आया कि नहीं। मैं मतदान कर के बाहर आया। उस पार के कुछ लोग मिले। उनकी शिकायत थी कि वे भोट गिराने आए हैं काम-धंधा छोड़ कर, और यहाँ उनसे कहा जा रहा है कि उनका भोट गिर गया। वे दुखी थे और आक्रोशित भी। स्कूल के बाहर पोलिंग एजेंटों में वाद-विवाद जारी था। वैसे लड़कों ने पोलिंग एजेंटी थामी हुई थी जिनका एक पैर किशोरपन में था और दूसरा नौजवानी की ओर। रह-रह कर झोंका-झोंकी[1] भी हो रही थी उनके बीच। अफ़वाहों का बाज़ार गर्म था। जैसे कि लालटेन वाला रात में घरे-घरे जा कर पैसा बाँटा है। फलाँ बूथ पर पोलिंग बंद हो गई। चिलाँ पर झगड़ा हो गया। गुप्ता को डोरा पर दनादन वोट पड़ रहा है। वग़ैरह-वग़ैरह।

मैं चल पड़ा आगे। डेरे की ओर। सामदेव पहलवान के डेरे तक पहुँचा था कि नदी की ओर से किसी ने इशारा किया कि उधर जाना मना है। नज़र पड़ी तो देखा वो तीर-धनुष से लैस, एक्शन के लिए तैयार था। गर्दन दायें-बायें मोड़ी कई तीरंदाज़ दीखे नदी में। जो उस पार से इस पार और इस पार से उस पार आने वालों को रोक रहे थे।

1. वाद-विवाद, धक्का-मुक्की, गरमा-गरमी

मैंने ये कह कर कि 'भाई मैंने अपना वोट डाल लिया और अब मुझे उस पार अपने डेरे पर जाना है। वैसे भी मैं गाँव में रहता नहीं हूँ, न किसी को जानता हूँ। मुझसे कोई नुक़सान नहीं होगा आपको।' आगे जाने की गुहार लगाई। उन्होंने मेरी बात पर यक़ीन कर मुझे उस पार जाने की इजाज़त दे दी। बिना किसी नुक़सान के मैं आगे बढ़ गया। उस पार पहुँचा तो देवेंद्र राम के टोला में कुछ नौजवान वोटर-लिस्ट में माथा गड़ाए मिले। नज़दीक गया तो बोले, 'राजू घिरस, देखू हमर सबके नाम है अइमें। भोट गिरावे जाइत रहलि ह, त तीर-कमान वाला सब नदी पर से फेर देलक ह। कहलक कि ओन्ने जाए के कोनो ज़रूरत न हई। हमरा स के अप्पन भोट गिराबे के है। ओमरियो अलेक्शन में हमरा टोला वाला स के जौरे एनाहिए भेल रहे। हमरा स के जौरे काहे एन्ना करई जाई छई लोग स? हम स कि करूँ *(राजू गृहस्थ, देखिए न हम सबका नाम है इसमें। वोट डालने जा रहे थे तो तीर-कमान वालों ने नदी से वापस भेज दिया। बोला उधर जाने की कोई ज़रूरत नहीं है। हम लोगों को अपना मतदान करना है। उस इलेक्शन में भी हमलोगों के साथ ऐसे ही हुआ था। हम लोगों के साथ ऐसा व्यवहार क्यों किया जाता हैं? हम क्या करें)* ?'

अपने ही गाँव में लोगों को मतदान करने से रोका जा रहा था। रोकने वाले भी गाँव के ही थे। जिन्हें रोका गया, वे थोड़े से लोग नहीं थे। नौ बजे के बाद इस पार के जिस किसी मतदाता ने वोट डालने की कोशिश की, उसके साथ ऐसा ही हुआ। सारे के सारे दलित रोके गए थे। जिसके लिए राणा रणधीर कैंप ने तीर-धनुष धारी 'सौतारों' की विशेष व्यवस्था की थी। किराया-ख़र्चा देकर बुलवाया था कोशी प्रमंडल से। रणधीर समर्थकों को डर था कि उस पार वाले लालटेन के वोटर हैं। जो एकमुश्त लालटेन पर मोहर लगाएँगे। सच है कि तीर-धनुष का भय दिखा कर दलितों को मतदान से रोकने की वह पहली घटना थी। लेकिन दलितों को मतदान से रोकना तरियानी छपरा की पुरानी रवायत है। तरियानी छपरा क्या, बिहार के सैकड़ों ऐसे गाँव हैं जहाँ दलितों को मतदान से रोका जाता रहा है। लोकतंत्र का यह पर्व दलितों के लिए लंबे समय से बेमानी रहा है। पहले यह सिर्फ़ बात से या आँख दिखा कर हो जाता था। लेकिन लालू प्रसाद यादव के बाद दलित-पिछड़े वैसे ही नहीं रहे जैसे पहले थे। अब उन्होंने हक़ पहचानना और हक़दारी जतानी शुरू कर दी है। हालाँकि गाँव से बाहर मेहनत-मज़दूरी के बूते उनकी माली हालत अच्छी हुई है, पर इतनी नहीं कि वे गाँव की आर्थिक संरचना में मुकम्मल स्थान हासिल कर सकें। ब्राह्मणवादी सामाजिक संरचना तो अब भी उनके लिए अभेद्य है। इस विपरीत परिस्थिति में अगर कोई दलित या पिछड़ा राजनीतिक दावेदारी की बात करता है, तो सवर्ण उसमें मतलब तलाशना शुरू कर देते हैं। फिर पूरा-का-पूरा समुदाय माओवादी और पूरा-का-पूरा टोला माओवाद का गढ़ नज़र आने लगता है। वैसे में, मतदान के दिन तरियानी छपरा में, देवेंद्र राम के टोले के नौजवानों का सवाल हिंदुस्तानी

जम्हूरियत को आईना दिखाता नज़र आया।

दोपहर के आसपास मिडल स्कूल गया तो मालूम हुआ कि मतदान रुका हुआ है। कानाफूसी चल रही थी कि 'हाथ और मशाल में समझौता हो गया था लेकिन इक़बाल डॉक्टर अड़ गया कि हमरा सत्तर वोट चाहि।' पोलिंग बूथ पर नरेंद्र सिंह और उनके परिवार के लोग सक्रिय थे। गहमागहमी दूर चाय की बंद दुकानों के आसपास थी। लोग मंडरा रहे थे। वहीं सुना कि 'एकबलवा पगला गया है। जेनुइन भोट गिरेगा त चार गो से बेसी भोट नहीं मिलेगा उसको। उहो अपना परिवार के। समझौता में सत्तर गो माँग रहा है ...।' लौट कर आ रहा था गर्ल्स स्कूल की ओर। इतने में किसी ने बताया कि मिडल स्कूल पर मतदान चालू हो गया, इक़बाल तीस वोट पर मान गया, बाक़ी आधा-आधा बाँट लिया है मसाल और हाथ ने। इक़बाल यानी राम इक़बाल गाँव और आसपास के इलाक़े में डॉक्टर कहलाते हैं। दवा देते हैं और सुई लगाते हैं इसलिए। वे सीपीआई समर्थक अकेले परिवार हैं गाँव में। शाम को भाइयों से पता चला कि राम इक़बाल साइकिल पर लाल झंडा टाँग कर पूरे चुनाव घूमते रहे। पिछली मर्तबा जब तरियानी छपरा गया था तो पता चला कि उसके बेटे को माओवादी मान कर पुलिस वालों ने घंटों थाने में बिठाए रखा था।

बहरहाल, पिछले कुछ चुनावों से तरियानी छपरा के मतदान केंद्रों को अतिसंवेदनशील घोषित किया जाने लगा है। जो वहाँ की हाँफती राजपूती वर्चस्व के लिए वेंटिलेटर का काम करती है। मतदान केंद्रों की ये अति संवेदनशीलता, हर चुनाव के वक़्त दो-दो, तीन-तीन हफ़्तों के लिए गाँव के हाईस्कूल को सीआरपीएफ़ और पंजाब पुलिस की छावनी में तब्दील कर देती है। वोट के ठेकेदार मुर्गा और शीशी के दम पर उन 'मेहमानों' से दोस्ती गाँठ लेते हैं। बेचारे निष्पक्ष और शांतिपूर्ण मतदान निबटाने के अपने असली लक्ष्य से भटक जाते हैं। गाँव के ग़रीब किसानों की सब्ज़ियों और दूध का मनमाफ़िक़ भोग करते हैं। कभी-कभार निर्जन में किसी औरत के साथ ज़बरदस्ती और बदसलूकी भी। इधर जातीय वर्चस्व के मद में चूर 'दबंग' आँख पर पट्टी बाँधे ख़ामोशी में डूब जाते हैं। एक और चुनाव 'शांतिपूर्वक' संपन्न हो जाता है।

सत्यनारायण कथा

'जवार क्या पूरे जिले में तरियानी छपरा राजपूतों का बहुत बड़ा गढ़ है' बचपन में सुना करता था। दरभंगा, समस्तीपुर, वैशाली, पूर्वी और पश्चिमी चंपारण, मुज़फ़्फ़रपुर, मधुबनी, सीतामढ़ी और जिला बन जाने के बाद शिवहर के विभिन्न गाँवों के साथ इसका बेटी-रोटी का संबंध चलता आ रहा है। सीतामढ़ी से सटे नेपाल के सीमावर्ती गाँवों के साथ भी। अपने बेटे-बेटी की शादी करने वाला हर राजपूत, हुलस कर कुछ ऐसी बातें कहता है, 'बहुत बड़का घर में बियाह भेलई है। बड़ा खनदानी घर है। पुरना रहिस है। फलना बाबू न पड़तियहिन बीच में तऽ न होतिअऽई बियाह ... *(बहुत बड़े घर में ब्याह हुआ है। बड़ा खानदानी घर है। पुराना रईस है। फ़लाना बाबू बीच में नहीं पड़ते तो नहीं होता ब्याह...)*' साथ में ये भी बताते हैं कि 'उ त तीन लाख के लड़िका रहई लेकिन हमरा सस्ता में हो गेलक *(वो तो तीन लाख का लड़का था, लेकिन हमें सस्ते में हो गया)*।' लाख से पहले तीन की जगह चार, पाँच, छह या सात भी बताई जा सकती है।

नहीं मालूम कि तरियानी छपरा को राजपूतों का गढ़ क्यों सुना-सुनाया जाता था। इस गाँव में बहुजन समाज की आबादी कभी भी राजपूतों से ज़्यादा रही है। चमार जाति के लोगों की तादाद तो राजपूतों के बराबर रही है। 2005 की मतदाता सूची के आधार पर तरियानी छपरा में चमार और राजपूत मतदाताओं की संख्या ढाई-ढाई हज़ार के आसपास थी। फिर भी गढ़ राजपूतों का माना गया। बताने वाले राजपूतों के वर्चस्व और उनकी दबंगई को इसकी वजह बताते हैं। कोई-कोई संपन्नता को भी इसका श्रेय देता है। हालाँकि, तरियानी छपरा के संदर्भ में संपन्नता की एक ही परिभाषा मुझे समझ आती है। दाल, भात और तरकारी। कई राजपूत ऐसे हैं जिनको ये भी मयस्सर नहीं है। पर दलितों के बारे में उनकी भी राय पंडे-पंडितों से कम नहीं है। आग ही मूतते हैं। इस गढ़-कथा के प्रसार में पड़ोस गाँव के पुरोहितों का भी हाथ रहा होगा। मेरी नज़र में इस 'राजपूती गढ़' की सबसे बड़ी वजह समाज की गंदी, ज़िद्दी, अड़ियल और अप्राकृतिक जातीय संरचना रही है। जिनके दम पर एक अत्याचारी समाज व्यवस्था का वजूद आज भी क़ायम है।

ज़मीन की हक़दारी के मामले में औसत निकाला जाए तो आज भी तरियानी छपरा के दलितों के पास ज़्यादा-से-ज़्यादा घरारी भर ज़मीन होगी। इससे ज़्यादा नहीं। छपरा के दलित कभी किसान या काश्तकार नहीं रहे। खेतों में काम करते रहे। जन-मज़दूर की हैसियत से। उनके बच्चे और उनकी औरतें किसानों के घर-आँगन से लेकर खेत-खलिहान तक, उनकी समग्र सुख-सुविधा का ख़याल रखते रहे। किसी भी मौसम में। किसी भी समय। किसी भी पहर। किसी भी परिस्थिति में। बदले में मिला महज़ पाँच सेर बन! पाँच सेर यानी ढाई किलो! उससे ज़्यादा अक्षत दिया कभी किसी ने तो पहाड़ भर एहसान जता कर। ख़ालिस एहसान! जिसकी भरपाई वे करवा लिया करते थे, बेगारी खटा कर। कभी जलावन चिड़वा कर। कभी अनाज का पथार लगवा कर। कभी बारी[1] तमवा[2] कर। कभी किसी और तरीक़े से।

तरियानी छपरा के दलितों को इस 'शास्त्र सम्मत' ज्ञान का बोध करवा दिया गया था कि शिक्षण-उक्षण उनका कर्म नहीं है। जिसे उन्होंने अपनी नियति मान ली थी। कारण-वारण के फेर में पड़े बग़ैर। अन्य कोई उपाय था भी नहीं। शिक्षा के महत्त्व का अहसास होने के बावजूद घसवासी-चरवाही से बच्चों को निकाल कर स्कूल भेजने के बारे में सोचना उन्हें लंबे समय तक मुश्किल लगता रहा। बेमानी भी। हालाँकि, आगे चल कर उनके परिवारों के बच्चों ने भी स्कूल की ओर रुख किया। काँख में बोरा दबाकर। माहौल अनुकूल नहीं मिला। ज़्यादातर मास्साब ब्राह्मण और राजपूत थे। अपवाद स्वरूप एक-आध यादव भी। आस-पड़ोस के गाँवों के। सब के सब जाति-व्यवस्था के कट्टर प्रैक्टिशनर। होश संभालते ही उन्हें उस परंपरा का ज्ञान हो गया था जो दलितों को शिक्षा के लिए कुपात्र मानता आज भी बहुतों की सोच में राई भर बदलाव नहीं आया है। उन्हें हैरत हुई, 'एहन जमाना आ गेलई कि अब इहो सब पढ़िहन *(ऐसा ज़माना आ गया कि अब ये लोग भी पढ़ेंगे)*!' उन्होंने हिक़ारत की नज़र से देखा। कक्षा में जिन्हें सहपाठी बनना था, वे घिरस बने रहने की ज़िद छोड़ नहीं पाए। घिरस और मज़दूर का संबंध स्कूल पहुँच गया। पहचान यहाँ भी जाति रही। दलित बच्चे कक्षाओं में सबसे पीछे बोरा बिछाने को विवश हुए। बेंच वाले स्कूल में दलित बच्चों के लिए पिछली बेंच पर बैठना एक अनकहा परंतु अकाट्य नियम बन गया। शिक्षण से लेकर खेल-कूद और कार्यानुभव जैसी गतिविधियों में ये बच्चे भागीदार कम, मूक दर्शक ज़्यादा रहे। ज़्यादा दिन स्कूल में टिक नहीं पाए। मास्साहब ने कभी उनसे लोटे में पानी लाने के लिए नहीं कहा। मालूम नहीं किसी बच्चे या अभिभावक को इसकी वजह समझ आई कि नहीं। आई तो कभी उनकी तरफ़ से कोई प्रतिक्रिया नहीं आई। दलित बच्चे अरसे तक स्कूल-प्रणाली से बाहर रहे। प्रेतनाक ख़ौफ़ से।

---

1. बाग़ीचा, घर के आगे-पीछे की ख़ाली जगह, 2. कोड़वाना, कुरेदवाना

तरियानी छपरा में दसवीं पास दलितों को बड़ी आसानी से उँगलियों पर गिना जा सकता है। ये स्थिति भी नयी पीढ़ी के बदौलत ही बन पाई। उनके रोज़-ब-रोज़ के संघर्ष के चलते। ऐसे में तरियानी छपरा के दलितों के लिए जाति प्रमाण पत्र और आरक्षण की व्यवस्था अरसे तक अर्थहीन बनी रही। नवंबर 2011 तक तरियानी छपरा में जाति प्रमाण पत्र का उपयोग करने वालों की संख्या हद-से-हद दो अंकों में होगी। किसी को दफ़्तर में क्लर्की मिल गई होगी, कहना मुश्किल है। अफ़सरी कोसों दूर ठहरी। भला हो शिक्षा मित्र और पंचायत शिक्षक योजना का, कुछ दलित अध्यापकी हासिल करने में कामयाब रहे। इस प्रकार की नियुक्तियों में मुखियाओं की भूमिका निर्णायक रही।

बीते बीस बरसों में तरियानी छपरा में दलितों की आर्थिक स्थिति तुलनात्मक रूप से बेहतर हुई है। पहली बार सन् 1980 के दशक की शुरुआत में सौ के आसपास दलित एक साथ गाँव से बाहर निकले। मज़दूरी के लिए। अरुणाचल प्रदेश गए। कुछ रमे। कुछ जल्दी लौट आए। वहाँ उन्होंने कंस्ट्रशन लेबर का काम किया। बंधुआ मज़दूरी के बाद स्किल्ड लेबर का कॉन्सेप्ट चरितार्थ हुआ। कुछ दलित राज मिस्त्री बने। बाद में कुछ लोगों ने गाँव और कुछ ने शहरों में भवन-निर्माण का काम करना शुरू कर दिया। मज़दूरी में पहली मर्तबा अनाज की जगह नक़दी मिली। नक़दी का स्वाद यह अहसास करा पाने में कामयाब रहा कि खेत-मज़दूरी में कुछ रखा नहीं है। हाड़-तोड़ मेहनत के बाद भी माड़-भात, खेसारी की दाल या फिर नून-मिरचाई के साथ मकई की रोटी से ज़्यादा मुमकिन नहीं है। नक़द मज़दूरी में चमत्कारी आकर्षण था। तरियानी छपरा के दलित तेज़ी से प्रवासी मज़दूर में तब्दील होने लगे। पंजाब में खेत-मज़दूरी से लेकर दिल्ली, कलकत्ता, पटना, गोहाटी, डिमापुर, जैसे शहरों में निर्माण और फ़ैक्ट्री मज़दूरी, बेलदारी, रिक्शा-ठेला इत्यादि कामों से जुड़े। भेजे गए पैसों से गाँव में उनके परिवारों में दोनों वक़्त चूल्हे जलने शुरू हुए। ज़्यादातर घरों में दाल, भात और तरकारी सिझाई जाने लगी। बच्चों को माताएँ कपड़े पहनाने लगीं। उनके टोलों में भी फेरीवाले रुकने लगे। हालाँकि, चप्पल अब भी किसी-किसी के पाँव में ही दिखते हैं। बिजली का कनेक्शन शायद ही किसी के घर में हो!

शहरीकरण की बयार में तरियानी छपरा के बहुत सारे राजपूत मुज़फ़्फ़रपुर, सीतामढ़ी, पटना, कलकत्ता जैसे शहरों में बसने लगे। विशेषकर, बच्चों की पढ़ाई के नाम पर। गाँव में जो रह गए उनमें से कुछ ने अकर्मण्यता की वजह से खेती छोड़ दी। 'इज़ी मनी' के स्रोतों पर चिंतन और जुगाड़ में जोत दिया उन्होंने अपने दिमाग़ को। दलितों को अवसर मिला। भारी संख्या में बटाइदार बने। गिने-चुने दलितों ने बीते पंद्रह-बीस सालों में कुछ ज़मीनें ख़रीदीं। मिला-जुलाकर खेती का बड़ा काम अब दलितों के कंधों

पर आया। अधिया पर की जाने वाली खेती ने दलितों की आर्थिक समृद्धि को संबल प्रदान किया। समुदाय के कुछ पढ़े-लिखे नौजवानों ने सरकारी योजनाओं और अपनी मेहनत-मज़दूरी से जोड़े गए पैसों के सहारे छोटा-मोटा व्यवसाय शुरू किया। ख़रीद-बिक्री या माल-ढुलाई के लिए बैलगाड़ी। पंप सेट। कुछ कम लागत वाली दुकानें भी। हाल के वर्षों में तरियानी छपरा में कुछ दलित नौजवान ठेकेदारी के क्षेत्र में भी दाख़िल हुए। हालाँकि, दलितों का आगमन, ग़ैर-दलित लड़कों को नहीं सुहाया। इस चक्कर में कई हिंसक वारदातें हुईं। जिसने तरियानी छपरा के लगभग दर्जन भर दलित और ग़ैर-दलित नौजवानों को लील लिया।

इस बार ज़माना बुद्धिजीवियों की उस खोखली दलील के तरियानी छपरा में तार-तार होने का गवाह बना कि 'शिक्षा और आर्थिक समृद्धि आने से जाति-व्यवस्था कमज़ोर पड़ जाती है और दलितों को सामाजिक सम्मान मिलने लगता है। चूँकि भारत के दलित आर्थिक रूप से समृद्ध हुए हैं, इसलिए अब दलितों के साथ भेदभाव होने का सवाल ही पैदा नहीं होता।' पहली बात तो यह कि मैं इस दलील को सिरे से ख़ारिज करता हूँ, जो आर्थिक समृद्धि को सामाजिक सम्मान की पूर्व शर्त बताती है। यानी विपन्नता इज़्ज़त का हक़दार नहीं! वाह! क्षण भर के लिए इस दलील को मान भी लें तब भी सन् 2011 के तरियानी छपरा में छूआछूत एक प्रामाणिक सत्य है। निर्मम। अप्राकृतिक। अमानुषिक। असंवैधानिक।

दलितों और ग़ैर-दलितों में यारी-दोस्ती बनी है। घर के बाहर ही। उसे आँगन में प्रवेश की इजाज़त नहीं है। खान-पान और भंसा-रसोई तक क़तई नहीं। चूल्हे पर सिझाया गया भोजन दलित मित्रों को उसी बर्तन में परोसना रिवाज का हिस्सा नहीं बना है, जिसमें परिवार वालों को परोसा जाता है। शादी-ब्याह या अन्य किसी यज्ञ में दलितों और ग़ैर-दलितों का पाँत में साथ बैठ कर खाना-खिलाना परंपरा का अंग नहीं बन पाया है। कहीं-कहीं चाय पिलाई जाती है। उसके लिए कुछ कप ख़रीद लिए गए हैं परिवारों में। ख़रीदे क्या हैं, ज़्यादातर वैसे हैं जो उनके स्वयं के इस्तेमाल से बाहर हो चुके हैं! जिनकी जगह निर्धारित होती है। जो परिवार में आमतौर पर उपयोग होने वाले बरतनों के साथ नहीं रखे जाते। देखकर अहसास होता है कि ये दोस्ती भावनात्मक कम रणनीतिक ज़्यादा है। सर्वाइवल की ज़रूरत!

दरवाज़ों पर दलितों को कुर्सियाँ ऑफ़र नहीं की जाती हैं। अव्वल तो खड़े ही रहते हैं या बैठते हैं तो भुइँया[1] ही। किसी-किसी ने अपने दरवाज़ों पर पुरानी चौकी रख ली है इस काम के लिए। जातिसूचक संबोधनों का इस्तेमाल जारी है। जाति के नाम पर ज़लालत भी। मिसाल के तौर पर, 'सार छपरा के चमार-दुसाध सऽ के मन बऽढ़ गेऽल हई, कथी चोर-चमार लेखऽन चानी पर तेल चौथ लेले हऽ रे हे, सार सर-सोलकन सब

बड़ा मनबढु हो गेल हई एन्ने आके, कथि डोम लेखा चभरिऽएले हते, रे डोमबा एन्ने केन्ने चलऽल अबऽइछे, ... *(साला! छपरा के चमार-दुसाध का मन बढ़ गया है। अबे ये क्या चोर-चमार की तरह सिर पर तेल टपका लिया है, इधर आकर साले छोटे लोगों का मन बढ़ गया है। क्या डोम की तरह चपड़-चपड़ कर रहे हो, रे डोम इधर कहाँ चला आ रहा है....)* '

सत्यनारायाण राम उर्फ़ सतन राम उर्फ़ सतना। इनके पिता का घर उसी टोले में है, जिसमें असर्फी, रामबिरिछ, हरवर, जनक, गंगा राम, कमला वग़ैरह का घर है। तरियानी छपरा में उसे चमरटोली बोला जाता है। सतन राम अर्थात् तरियानी छपरा के पहले दलित ग्रेजुएट। हमउम्र थे। सत्यनारायण ने सन् 1992 में तरियानी चौक कॉलेज से इंटर की परीक्षा पास की थी। पूर्णरूपेण भूमिहीन। पिता देवेंद्र राम, देवेंद्र सिंह के परिवार के लिए मज़दूरी करते थे। जब तक शरीर ने साथ दिया, वे अपने घिरस का काम करते रहे। खेती-गृहस्थी संभालते रहे। माल-मवेशियों की देखभाल में भी कभी कोताही नहीं की। सतन भी बचपन से पिता के कामों में हाथ बँटाते रहे। पढ़ाई के प्रति ललक थी उनमें। जब भी समय मिलता, वे किताब के पन्ने पलटने लगते। तंगहाली के बीच गुज़र-बसर करने वाले सतन जैसों के परिवारों पर विपदाएँ मंडराती रहती थीं। देवेंद्र राम को भी कम आफ़त नहीं झेलनी पड़ती थी। उन्हें हर जून की रोटी की फ़िक्र रहती थी। बच्चों की हारी-बीमारी की चिंता अलग। इन सबके बीच, सतन ने पुरज़ोर कोशिश कर पढ़ाई-लिखाई जारी रखी। मैट्रिक, इंटर और ग्रेजुएशन; एक के बाद एक तीनों परीक्षाओं में उत्तीर्ण हुए। उन्होंने ये साबित कर दिया कि विपरीत परिस्थितियों में सार्थक परिणाम लाना बड़ी चुनौती ज़रूर है, पर उनके समुदाय के नौजवान इस चुनौती को जीत में बदल डालने का माद्दा रखते हैं। एक बार उन्होंने साझा किया था, 'राजू बाबू, तनिका कोई हमऽर पैरवी कऽ देथीन न, हे तनका सपोर्ट मिल जतई तऽ हमरा नोकरी हो जाएत *(कोई मेरी ज़रा-सी पैरवी कर दे न, बस थोड़ा-सा सपोर्ट मिल जाएगा न, तो मेरी नौकरी हो जाएगी)*।' लाख घिरी-काटने[2] के बाद भी सतन को वो सहयोग नहीं मिल पाया। अकेले दौड़-भाग करते रहे। सीतामढ़ी, मुज़फ़्फ़रपुर, शिवहर। नहीं मिली नौकरी। डिग्री वाली पढ़ाई से उन्होंने ख़ुद को काट लिया। स्वाध्याय करते रहे। विचारधाराओं का अध्ययन। हालाँकि, खेत-मज़दूरी में पहले की अपेक्षा, अपने पिता की ज़्यादा मदद करने लगे।

सत्यनारायण अपने समाज को लेकर बहुत सजग थे। कम उम्र में ही, उन्होंने अपने टोले के लोगों की मदद के लिए छोटे-छोटे प्रयास आरंभ कर दिए थे। शुरुआत उन्होंने अपने टोले के बच्चों को पढ़ाने से की। उन्हें नौजवानों को पढ़ाई का महत्त्व समझाते कई मर्तबा मैंने ख़ुद देखा है। गणित, अंग्रेज़ी या अन्य विषयों में आने वाली कठिनाइयों को हल करने में भी वे अपने आसपास के विद्यार्थियों की हर संभव मदद करते थे।

---

1. ज़मीन, 2. चक्कर काटना

पढ़े-लिखे दलित नौजवानों को सरकारी लोन या योजनाओं का लाभ दिलवाने के लिए वे ब्लॉक और ज़िले तक दौड़-भाग भी करते थे।

सतन एक जागरूक सामाजिक कार्यकर्ता थे। राजनीति भी अच्छी तरह समझते थे। उनकी राजनीतिक समझ, राजनीति विज्ञान की किताबों से कम, दैनंदिन अनुभवों से ज़्यादा पगी थी। घर-परिवार से लेकर गाँव-समाज तक, बचपन से वे जो कुछ भी भोगते चले आ रहे थे, उसी तजुर्बे ने गढ़ी उनकी राजनीति और तय किया पक्षधरता। अवसर मिलने पर उन्होंने बाबा साहब डॉक्टर भीमराव अंबेडकर के विचारों का भी अध्ययन किया। वे निरंतर चिंतनशील रहते। कुछ-न-कुछ सोचते रहते। काफ़ी सोच-विचार के बाद उन्होंने चुनावी राजनीति में सक्रिय हिस्सेदारी का मन बनाया। असल में, जो उनके लिए हक़दारी थी। पार्टी-पॉलिटिक्स में दिलचस्पी लेने लगे। कुछ छपरियों ने उन्हें बहुजन समाज पार्टी का कार्यकर्ता बताया। गाँव का एक तबक़ा अब भी उन्हें तरियानी छपरा का पहला माओवादी बताता है। दस-बारह साल पहले, इसी बात को लेकर, एक बार तरियाना थाना में, पुलिसवालों ने उनके साथ बहुत ज़्यादती की थी। दो बार वे ग्राम पंचायत का चुनाव लड़े। ख़ूब जमकर प्रचार किया था। मुँह पर सबने वोट देने का वायदा किया, पर ऐन वक़्त पर लोग अपनी ज़बान पर क़ायम नहीं रह पाए। सतन राम दोनों बार असफल रहे।

पिता देवेंद्र राम की तबीयत तक़रीबन दस-पंद्रह सालों से ठीक नहीं रहती। उनके एक पैर में ऐसा ज़ख़्म हो गया है, जो भरता ही नहीं। उस ज़ख़्म के कारण उनका वो पैर सुन्न रहता है। पिछली मर्तबा जब मिले थे तब देवेंद्र बहुत परेशान थे। अपने पुराने घर के सामने, मचान के बग़ल में, हाथ से चलाने वाली साइकिल पर बैठे-बैठे उन्होंने बताया था, 'कि कहई छी राजू बाबू, कतेक इलाज-बात करा लेली, लेकिन कोनो सुनवाइए न होईऽ ... *(क्या कहते हैं राजू बाबू, कितना इलाज करवा लिए, कोई सुनवाई ही नहीं हो रही है...)*।' सांत्वना के दो-चार शब्द भी मुश्किल से निकल पाए थे तब मेरी मुँह से।

कुछ बरस पहले उन्हें पड़ोस के गाँव, मधकौल में शिक्षक की नौकरी मिल गई थी। रोज़ साइकिल से पढ़ाने जाने लगे। उन्होंने गाँव में अपने लिए मकान बनवाना भी शुरू किया। बहुत पहले उनकी शादी हो गई थी। पत्नी मैट्रिक पास हैं, सुंदर भी। जो आज भी तरियानी छपरा के बहुत से राजपूत लड़कों का सपना होता है। उन्होंने अपने घर पर एक छोटी-सी दुकान भी शुरू कर ली। एक बार उन्होंने बताया था, 'कि कहई छी राजू बाबू, तीन-तीन महीना वेतन न मिलऽई छई। जाले मिलऽई छई, ताले मार कर्जा हो जाई छई। ओनाइहियो वेतन हइऽए कतेऽक हई। अहिला इ दोकान क लेलिऽई ह। घर में हई त धियो-पुतो संभार लऽई छऽई *(क्या कहते हैं राजू बाबू, तीन-तीन महीने वेतन नहीं मिलता*

है। जब तक मिलता है तब तक काफ़ी क़र्ज़ चढ़ चुका होता है। वैसे भी वेतन है ही कितना? इसीलिए ये दुकान शुरू कर ली है। घर पर है तो बीबी-बच्चे भी संभाल लेते हैं)।' तक़रीबन तीन साल पहले। एक शाम स्कूल से लौटते हुए वे रोज़ की तरह गाँव के बाज़ार पर चाय पीने के लिए रुक गए। चाय ख़त्म भी नहीं हुई थी कि किसी ने बहुत क़रीब से उन्हें गोली मार दी। सत्यनारायण नहीं रहे। कहीं से ये अफ़वाह उठी कि सत्यनारण की हत्या मिथलेश सिंह की हत्या के बदले की भावना से प्रेरित है। उनकी मौत के बाद पहली बार तरियानी छपरा में खुलकर हिंसा हुई। कुछ-कुछ दंगा जैसा। मौत के वक़्त उनकी उम्र शर्तिया तौर पर 35 वर्ष से कम थी।

सत्यनारायण मृदुभाषी थे, मिलनसार थे, सामाजिक थे। उन्होंने कभी ऐसा कुछ नहीं किया कि कोई उसकी जान का दुश्मन बन जाए। अब जबकि सत्यनारायण नहीं हैं यही समझ आता है कि उन्होंने जो राह चुनी थी, दरअसल उससे कुछ लोगों को दिक़्क़त होने लगी थी। उनके प्रयासों से तरियानी छपरा में जिन छोटे-छोटे बदलावों ने आकार ग्रहण करना शुरू किया था, वे मानीख़ेज़ थे। व्यापक सामाजिक परिवर्तन में उन्हें परिणत होना था। गोली नलकटुआ से निकली या जर्मन पिस्टल से या राइफ़ल से, इस ग्रुप ने मारा या उस ग्रुप ने या दोनों ने मिलकर टार्गेट किया; सवाल ये नहीं है। यह तो सरकारी विवेचनों में होता है। या फिर कुछ 'अतिजागरूक' लोग यही जानने के लिए बेचैन रहते हैं। निर्मम सत्य ये है कि सत्यनारायण नहीं रहे। सत्यनारायण नहीं रहे, परंतु उनके न रहने के पीछे के कारक तरियानी छपरा 2012 में भी विद्यमान हैं। ये वही कारक हैं जिन्होंने सत्यनारायण को चेतन बनाया, जिनके कारण उनकी एक प्रतिबद्धता बनी।

अपने समाज के प्रति सत्यनारायण के समर्पण से तरियानी छपरा के राजपूतों के एक तबक़े को अपने गढ़ में दरार नज़र आने लगी थी और ज़मीन में भुरभुरापन। उनके न रहने के बावजूद उनके छोटे-छोटे प्रयासों के नतीजे उभर कर सामने आने लगे हैं। उनके टोले के बच्चे हर साँझ डिबिया और लालटेन की रोशनी में बैठते हैं। टोले के नौजवान ही उन बच्चों को गिनती, पहाड़ा, ककहरा से लेकर विज्ञान और समाजशास्त्र सिखाते हैं। तरियानी छपरा में पढ़े-लिखे दलितों की गिनती, धीमी ही सही, बढ़ने लगी है। रोज़ी-रोज़गार के क्षेत्र में सतन के समुदाय का दखल धीरे-धीरे बढ़ रहा है। सत्यनारायण की मौत ने उनके समाज के नौजवानों को आत्मविश्वासी और प्रतिबद्ध बना दिया है। मौजूदा तरियानी छपरा में कुछ लोग खुलकर और कुछ छिप-छिपाकर सत्यनारायण को शहीद बताते हैं। वैसे, तरियानी छपरा से चंद किलोमीटर दूर गिद्धा में एक भव्य शहीद स्मारक का निर्माण हुआ है। स्मारक प्रबंधन की ओर से हर साल शहीदों की याद में दो-तीन दिवसीय मेले का आयोजन किया जाता है। कुछ अन्य लोगों के साथ सत्यनारायण राम का नाम भी, उस शहीद स्मारक की शीला-पट्ट पर दर्ज है।

हिंसा युग

तरियानी छपरा में तब चाकुओं की तादाद दो–तीन सैकड़े में रही होगी। मुमकिन है और भी ज़्यादा। ज़्यादातर बुज़ुर्ग रखते थे। खैनी कतरने के लिए। कुछ नौजवानों के पास भी थे। प्रयोजन खैनी कटाई ही। या फिर हद–से–हद डेरा पर खाना खाते वक़्त काग़ज़ी नींबू काटने तक सीमित था। राजाडीह में कोई मिस्त्री थे। चाकू बनाया करते थे। छोटी। बमुश्किल ढाई–तीन इंच की। देखने में बला की ख़ूबसूरत। ललचाऊ। पीतल और लाल, हरी, नीली, काली नग जड़ी। धारदार। मूल काम में परफ़ेक्ट। इतनी लोकप्रिय हुई कि हर कोई व्यक्ति राजाडीह वाली चाकू अपने साथ रखना चाहता था। उसके सौंदर्य के फेर में मैंने भी गिरफ़्तारी दी थी। किसी से कहकर एक चाकू का इंतज़ाम किया था। साथ ले गया था हॉस्टल। नींबू और प्याज काटता था। सलाद। कभी–कभी सेव और अमरूद भी। छुटपन में एक बार दशहरा के मेले में मैंने चाकू की चोरी की थी। जो पकड़ ली गई। क़ीमत चुकानी पड़ी थी। बाद में सुना, राजाडीह में नलकटुआ भी बनता है। सच या झूठ, न मालूम।

छपरावासी चाकू का उपयोग दातून काटने के लिए भी करते थे। तब छपरा में महज़ चार–छह घरों में पक्के शौचालय थे। ज़्यादातर में कच्चे शौचालय हुआ करते थे। ज़मीन में गड्ढ़ा खोदा जाता था। उसके चारों ओर खंभे गाड़कर चौकोर मचान जैसा बना दिया जाता था। जिसके बीचों–बीच आठ गुना दस या बारह इंच खुला छोड़ दिया जाता था। ज़मीन से तक़रीबन तीन फ़ीट ऊँची उस मचान के तीन ओर से बाँस की टाटी बाँधी होती थी। सामने की तरफ़ पुरानी, भारी बेड शीट या चट्टी का पर्दा टाँग दिया जाता था। बन जाता था शौचालय। हर कुछ महीने पर शौचालय का स्थान बदलता रहता था। पुराने गड्ढ़े को भर दिया जाता था। नया खोद लिया जाता था। ऐसे शौचालय महिलाओं के उपयोग में आते थे। घर, आँगन, दुरा, बारी, कहीं भी, कभी भी निबट लेने के लिए आज़ाद होते थे बच्चे। आवश्यकता और मात्रानुसार खुर्पी या कुदाली से काट कर फेंक दिया जाता था। आसपास के गड्ढ़ों में।

इसी काम के लिए भोरे-भोरे मर्द हाथ में फुलहा[1] या पितरिया[2] लोटा थामे निकल पड़ते थे। गाछी, बँसबारी या फिर वैसे खेतों की ओर जिधर लोगों का आना-जाना कम होता था। कई बार अकेले। कई बार टोली में। किशोर लड़के अकसर टोलियों में निकलते थे। तरियानी छपरा के ज़्यादातर मर्दों का झाड़ा आज भी बिना होंठ में खैनी दबाए नहीं उतरता है। अवतरण के कुछ समय बाद ही 'तिरंगा' और 'शिखर' ने झाड़ा-उतरान में उपयुक्त भूमिका निभानी शुरू कर दी थी। विशेषकर किशोरावस्था से नौजवानी में उतरने वाले, लोटा में पाटी भरने से पहले ऐसी एक पुड़िया फाड़कर कल्ला में दबा लिया करते थे। अब भी यह चलन चालू है।

दिसा-मैदान के नाम से प्रचलित उस शौच-कर्म के दौरान दिन भर के कार्यक्रमों का नियोजन किया जाता था। जैसे कि 'आई केकर खीरा चोराबे के है', 'केना ओई छौंरा के मारे के है जे सार हमरा भाई के गारी देले रहे', 'आई ओई छौंरी के कहिये देबई *(आज किसका खीरा चुराना है, जिस लड़के ने हमार भाई की पिटाई की थी, उसे कैसे मारना है आज, आज उस लड़की को बोल ही देंगे)'*, इत्यादि। इसी नित्य कर्म के साथ तरियानी छपरा के विशेष हलचलों का जायज़ा भी लिया जाता था। 'ओक्कर बेटी के लेके बड़ा बमाहा बाजऽल हई। बुझाई छई कुछो हऽई जरूर', 'गनेसी के बैल कोन दोनी खोल के ले गेलई, अभी ले कोनो पता न चललऽई, अन्हेर हो रहऽल हई गाँव में", 'उ हंसौर वाली छौंरी त घमंड में अतेक चूर रहऽई छई कि बार बुझाउक ओकरा के कतेक छौंरा पगलाएल हई ओकरा पिछारी', 'बहानचोद बियहकटवा स ओकर बियाह एमकियो न होए देतऽई, बुझाईऽ सार के गाँड़ में हर्दिए-चूना लगतई *(उसकी बेटी को लेकर बड़े क़िस्से चल रहे हैं, लगता है कुछ है ज़रूर। गनेसी का बैल कोई खोल कर ले गया, अभी तक कोई पता नहीं चला, गाँव में अंधेरगर्दी मची हुई है, वो हसौर वाली लड़की घमंड में इतनी चूर रहती है कि उसको झाँट पता चलेगा कितने लड़के उसके पीछे पागल हुए पड़े हैं! बहनचोद! शादी काटने वाले इस बार भी उसकी शादी नहीं होने देंगे। लगता है साले की गाँड़ में हल्दी-चूना ही लगेगा)'*, वग़ैरह-वग़ैरह। इस आदान-प्रदान को 'गँड़सटऊल गप' कहने-सुनने का रिवाज था। कई बार इस चक्कर में उत्सर्जन द्वार सूख जाया करते थे।

दिसा-मैदान से फ़ारिग़ होने के बाद टोली का कोई सदस्य बाँस की दो-चार कंरची[3] काट लेता था चाकू से। चाकू की अनुपस्थिति में, लोटे की पेंदी से तोड़ लिया जाता था। फिर उन्हें अच्छी तरह सजा जाता था। फुनगी वाली छोर से आधा से थोड़ा ज़्यादा चीर दिया जाता था जिभिया के लिए। दातून तैयार हो जाती थी। चौह[4] से जड़ वाले हिस्से को चबाकर कुच्ची बनाई जाती थी। अमूमन कल तक आते-आते दाँत-सफ़ाई अभियान का समापन हो जाता था। हालाँकि, दाँत के प्रति अति सतर्कता बरतने

---

1. कांस्य, 2. पीतल, 3. डंठल, 4. दाढ़

वाले कुछ लोग दूरा पर आकर मिट्टी ले लिया करते थे। जिसके चूर्ण को दातून पर सटाकर दाँत को चमकाने का उपक्रम चलता रहता था देर तक। तरियानी छपरा में चाकू का इस्तेमाल यहाँ तक आते-आते समाप्त हो जाता था। वहाँ फल-वल भी ज़्यादातर बिना काटे खाने का रिवाज था। मेहमानों के आने पर कभी-कभार फल काट कर छिपली में प्रस्तुत करना अपवाद था।

माँसाहार के प्रति आजकल छपरावासियों का लगाव निःसंदेह अति सकारात्मक है। उन दिनों भी कम नहीं था। पर तब ऐसा कोई जीव नहीं खाया जाता था जिसको हलाल करने के लिए चाकू की ज़रूरत पड़े। खस्सी हलाल करने के लिए नूर मोहम्मद के अतिरिक्त उनके एक-दो ग्रामीण और थे ही। लिहाज़ा, निजी चाकू को ख़ून में सनने का मौक़ा नहीं मिला कभी। आसपास के शहरों में तब तक इंसानों की हत्या में चाकू का प्रयोग किया जाने लगा था। बेशक थोड़ी बड़ी चाकू। जिसे लडके़ डायगर कहा करते थे। वैसी चाकुओं की मुज़फ़्फ़रपुर में कई दुकानें थीं। कटही पुल से आगे। रेलवे जंक्शन के बाहर। कतारबद्ध।

तरियानी छपरा ऐसा गाँव है जहाँ कभी चाकू को असलहे में गिने का जाने का अवसर नहीं मिला। लोगों ने इसकी ज़रूरत महसूस नहीं की। असलहे के नाम पर लगभग दर्जन भर लाइसेंसी बंदूकें थीं। एकनाली। एक-आध दुनाली भी। स्वरक्षा हेतु। लोग बंदूक को वैसी अलमारी में रखते थे जो कभी-कभी खुलती थी। जिसकी चाभी बंदूक-स्वामी के जनेऊ में बँधी होती थी। या फिर किसी बाकस[1] में रखी होती थी। बंदूक वाले परिवार और व्यक्ति को आम छपरियों से थोड़ा संभ्रांत और शक्तिशाली माना जाता था। जिसका प्रदर्शन वे बारातों में किया करते थे। स्वयं अपने कंधे पर टाँगकर या किसी से टँगवा कर। कोई-कोई बंदूक वाले लड़की वालों के दरवाज़े पर पहुँचकर आसमान की ओर एक-दो फ़ायर कर देते थे। ऐसा करते वक़्त वे गर्दन थोड़ा बायाँ या दायाँ मोड़ लेते थे। फ़ायरिंग के तुरंत बाद वे वहीं नली खोल कर मुँह से फूँक-फाँक करने लगते थे। मानो, उसमें कुछ फँसा रह गया हो। इस कार्य के बाद बंदूक को दोनों जाँघों के बीच खड़ा कर, वे नाश्ते के प्लेट को निबटाने में लग जाते थे। साल में एक-आध बार सफ़ाई-उफाई के लिए भी बंदूकें निकाली जाती थीं। धूप-उप दिखाकर, फिर वापस यथास्थान रख दिया जाता था।

हालाँकि बंदूक रहते लोगों के घरों में चोरियाँ हो जाती थीं। तरियानी छपरा में तो नहीं, लेकिन अनिता दीदी के ससुराल में ऐसा एक बार हुआ था। चोर आए। नक़दी और ज़ेवरात ले गए और साथ में बंदूक भी। सुना, बाद में काफ़ी दौड़-भाग के बाद उनके ससुर ने पता लगा लिया था बंदूक का। पता लगने के बाद उसकी वापसी हुई कि नहीं,

1. लकड़ी से बना बड़ा बक्सा

नामालूम। ऐसा ही एक बार हमारे एक 'दबंग' फुफेरे भैया के साथ हुआ था। मधुबन बाज़ार के समीप खैरवाँ में। उनके घर बंदूक रहते डकैती हुई थी।

सन् 1990 के दशक में बिहार कई अनूठे राजनीतिक उठापटक का गवाह बना। 'हाथ' की दशकों पुरानी सत्ता को 'चक्र' ने ध्वस्त कर दिया था। लालू प्रसाद यादव सत्तासीन हो चुके थे। सालों से ठंडे बस्ते में पड़ी, मंडल आयोग की सिफ़ारिशों को विश्वनाथ प्रताप सिंह ने लागू कर दिया था। पक्ष और विपक्ष में लहरें हिलकोरे लेने लगी थीं। बिहार में सवर्णों और पिछड़ों की ज़बरदस्त खेमाबंदी शुरू हो गई थी। सन् 1992-93 तक आते-आते मंडल समर्थक और मंडल विरोधियों का ध्रुवीकरण 'जातीय जंग' का रूप ले चुका था। पप्पू यादव और आनंद मोहन, दो नौजवान राजनीतिज्ञों का पदार्पण हो चुका था। 'यदुवंशी' और 'रघुवंशी' खेमे का तारण करने। 'अगड़ों' और 'पिछड़ों' को गोलबंद कर उन्मादी बनाने की कोशिशें रफ़्तार पकड़ने लगी थीं। तात्कालिक तौर पर जो काफ़ी हद तक सफल रही।

सन् 1996 का लोक सभा चुनाव आया। आनंद मोहन का मधेपुरा 'गोप' का था। सुरक्षित सीट की खोज में 'राजपूतों के गढ़' शिवहर आ धमके। तब तक वे एक दबंग राजपूत नेता की छवि को प्राप्त हो चुके थे। उनके आगमन के साथ शिवहर में संगठित दबंगई का उदय हुआ। नलकटुओं समेत नाना-प्रकार के देसी कट्टों की भारी मात्रा में आपूर्ति की गई। तरियानी में भी कुछ खेप पहुँचाई गई। नौजवानों को सीतामढ़ी, मुज़फ़्फ़रपुर और शिवहर बुलाकर भी थमाए गए। 'राजपूत हृदय सम्राट' आनंद मोहन चुनाव जीतने में सफल रहे। लोक सभा पहुँचे। ख़बर उड़ी थी कि एक बार वे स्वयं संसद में पिस्टल लेकर दाख़िल होने की कोशिश कर रहे थे। कमर में कट्टा खोंसकर चलना नौजवानों का प्रिय फ़ैशन बना और 'गाँड़े में गोली मार देंगे' मुखरतम् अभिव्यक्ति। उस अभिव्यक्ति को एक-न-एक दिन कोरे अलफ़ाज़ों से आगे बढ़ना था। सो, शुरू हो गया बात-बात पर फ़ायरिंग का सिलसिला। चौराहे पर किसी पान वाले ने पान देने में देर कर दी, तो एक 'पितरिया' उसी के नाम कर दी। किसी ठेकेदार ने रंगदारी टैक्स देने में आनाकानी की, या थोड़ा कम कर देने की विनती, तो पचसटकिया का एक छर्रा उसी के नाम। 'दाने-दाने पर लिखा है खाने वाले का नाम' की तर्ज़ पर छर्रों पर लोगों के नाम लिखे जाने लगे। भाईबंदी और पटीदारी के झगड़ों में नलकटुए निकाले जाने लगे। ये तरियनी छपरा में हिंसा-युग का सूत्रपात था। कुंजी अगड़े नौजवानों के पास थी।

नलकटुओं का रख-रखाव यानी मेन्टेन्स एक बड़ी ज़िम्मेदारी थी। जिसके चलते असलहा-स्वामियों का ख़र्च बढ़ गया। हर 'वीर' ठेकेदार से वसूली नहीं कर सकता था। जब भी ऐसा करने की कोशिश हुई, गैंगवार हुआ। दो-दो, चार-चार नलकटुआ वाले

गैंग बहुत पहले अस्तित्व में आ गए थे। रोड की ठेकेदारी भी हर नलकटुआधारी नहीं हासिल कर सकता था। पुराने उस्ताद पहले से जमे थे उस फ़ील्ड में। जिन्हें असलहों की ज़्यादा प्रजातियों का प्राचीन-ज्ञान था। उपयोग-कला में भी वे माहिर थे। मजबूरन नया धंधा इजाद करना ज़रूरी हो गया। प्रदेश के अन्य हिस्सों में, विशेषकर शहरों में तब तक अपहरण, फिरौती और 'हीरो-हुन्डा' की छिनाई लाभदायक उद्यम बनकर उभर चुके थे। प्रतियोगिता ज़्यादा थी। उस लिहाज़ से तरियानी के देहात में संभावनाएँ अच्छी थीं। नौजवानों ने वक़्त की नज़ाकत को समझा। ख़ुद को उसके हवाले कर दिया। देहातों में लोगों के घरों में चिट्ठियाँ पहुँचने लगी। चिट्ठियों के मज़मूनों का सार होता था, 'जितना रकम माँगा गया है, अगर नियत समय और स्थान पर नहीं पहुँच पाया तो बेटा से हाथ धो लोगे', या ये कि 'बेटा परसो का सूरज नहीं देख पाएगा।' कुछ चिट्ठियाँ तत्काल असर पैदा कर देती थीं। ज़्यादातर को फ़ॉलो करने के लिए रिमाइंडरों की ज़रूरत पड़ती थी। गाड़ी छिनाई और अपहरण की घटनाओं को अंजाम देने में नौजवानों ने महारत हासिल कर ली थी। सुना, बाद में अपहृतों को बेच देने का रिवाज तरियानी में भी क़ायम हुआ। समय पर वांछित फिरौती न मिलने और पुलिस की धड़-पकड़ से निबटने के लिए अपहर्ताओं ने अपने शिकार दूसरे गैंगों को सप्लाई करना शुरू कर दिए।

इधर राजपूत नौजवानों की हरकतों और प्रदेश में हो रहे जातीय ध्रुवीकरण से दमित-शोषित तबकों में असुरक्षा बोध गहराने लगा। ये तबक़ा सामाजिकी और आर्थिकी की दहलीज़ से भी बाहर था। श्रम और जाति के आधार पर इनका शोषण चलता आ रहा था। अगड़े-पिछड़े की लड़ाई में इनकी कोई आवाज़ नहीं थी। मध्य बिहार में 'सामंतों' के ख़िलाफ़ मज़दूरों की लड़ाइयाँ जारी थीं। सशस्त्र जनसंघर्ष। भूमिगत संगठनों के नेतृत्व में। जनसुनवाइयों से लेकर सामूहिक कार्रवाइयों के द्वारा सामंतों को दंड दिया जा रहा था। अपनी सत्ता और जातीय वर्चस्व की हिफ़ाज़त के लिए उच्च वर्णीय सामंतों ने मध्य बिहार में कुँअर सेना, लोरिक सेना, भूमि सेना, ब्रह्मर्षि सेना, डायमंड सेना, किसान संघ, किसान मोर्चा, सनलाइट सेना, सवर्ण लिबरेशन आर्मी, गंगा सेना जैसी मिलिशिया खड़ी कर ली थी। इन सेनाओं की अगुआई में नरसंहारों को अंजाम देने का सिलसिला जारी था। निशाना बनती थी भूमिहीन ग़रीब, शोषित, पीड़ित, दलित आबादी। प्रदेश सरकार असहाय दिख रही थी। सितंबर 1994 में सनलाइट सेना और सवर्ण लिबरेशन आर्मी का विलय हुआ। नयी, रणवीर सेना का गठन हुआ। पुरानी सेनाओं के आतंकी रिकॉर्ड को ध्वस्त करते हुए रणवीर सेना ने एक के बाद एक बड़े नरसंहारों को अंजाम दिया। गोदैल[1] बच्चों और गर्भवती महिलाओं को भी नहीं बख़्शा। रणवीर सेना

1. गोद के

ने पहली दिसंबर 1997 को लक्ष्मणपुर बाथे में 16 बच्चों तथा 27 महिलाओं समेत 61 लोगों को मौत के घाट उतार दिया और कम-से-कम 20 लोगों को बुरी तरह ज़ख़्मी कर दिया। उसी रात रणवीर सेना के लोगों ने कम-से-कम पाँच किशोरियों का पहले बलात्कार किया और फिर सबकी गला रेत कर हत्या दी। जिसके बाद रणवीर सेना ने एक वक्तव्य जारी कर कहा, 'बच्चों को इसलिए मारा कि वे बड़े होकर नक्सलाइट बनते और महिलाओं को इसलिए कि वे नक्सलाइट पैदा करतीं।' उसी साल, भगत सिंह की शहादत के दिन, 23 मार्च को रणवीर सेना ने हिसाबपुर गाँव में 10 मज़दूरों की हत्या की। आरोप लगाकर कि वे 'पार्टी-युनिटी' के सहयोगी हैं। जाते-जाते उनके लोग गाँव के कुएँ पर ख़ून से लिख गए 'रणवीर सेना'। 1999 में गणतंत्र दिवस की पूर्व संध्या पर जहानाबद के शंकरबिगहा में रणवीर सेना ने एक और नरसंहार को अंजाम दिया। जिसमें महिलाओं और बच्चों समेत 22 लोगों को गोलियों से भून दिया गया। तक़रीबन दो हफ़्ते बाद पास के नारायणपुर में रणवीर सेना ने 12 लोगों की सामूहिक हत्या की। रणवीर सेना की आतंकी कार्रवाइयाँ 1990 की दहाई के अंत तक चलती रही। मध्य बिहार के जिस क्षेत्र में रणवीर सेना का यह ख़ूनी खेल चल रहा था, वह तरियानी से छह-सात घंटे की दूरी पर स्थित है।

1990 की दहाई तक आते-आते मज़दूरों के शस्त्र संघर्ष का स्वर मद्धम पड़ने लगा। कुछ संगठन ओवरग्राउंड हो कर नैशनल पॉलिटिकल पार्टी बनने की राह अख़्तियार कर चुके थे। हिंसा और प्रतिहिंसा का दौर जारी था। जिसकी चर्चा अख़बारों और रेडियो से छनकर तरियानी की दलित और मलिन बस्तियों में, युवा-कानों तक पहुँचने लगी। कुछ ने ज़रा ग़ौर से सुनना शुरू कर दिया। मध्य बिहार से निकलकर कुछ संगठन बिहार के इस हिस्से में भी आने लगे। धीरे-धीरे दलित और ग़रीब बस्तियों के नौजवानों का विचारधाराओं और आंदोलनकारियों से संपर्क हुआ। अधिकार और आत्म सम्मान को लेकर उनमें जागरुकता पैदा होने लगी थी। संगठित नहीं हो पाए थे। एक नए क़िस्म के एक्शन का दौर आरंभ हुआ। ग़रीबों के पक्ष में। इसका सबसे नकारात्मक प्रभाव निर्धनतम् परिवारों के नौजवानों पर पड़ना शुरू हुआ। पुलिसिया जुल्म के शिकार बने। जेलों में ठूँसे गए। आज भी रह-रहकर ऐसा होता रहता है। इसी दौर में ये बातें भी सुनने को मिली कि, 'न कोनो काम हऊ त माओबादी बन जो, राइफल आ दस हजार रुपइया महीना मिलतऊ *(कोई काम नहीं है तो माओवादी बन जाओ, राइफल और 10 हज़ार रुपया महीना मिलेगा)*।' बहरहाल, दिसंबर 2011 में पश्चिमोत्तर बिहार के शिवहर, सीतामढ़ी, मुज़फ़्फ़रपुर, दरभंगा समेत कई ज़िलों को माओवाद प्रभावित क्षेत्र बताया जा रहा है।

साल 2000 के आसपास, लगभग ढाई दशक बाद, बिहार के गाँवों में पंचायत के माध्यम से लोकतंत्र को साकार करने का पुनर्प्रयास हुआ। चुनाव हुए। फटेहाल पंचायतों

के पास रातोंरात जवाहर रोजगार योजना से लेकर इंदिरा आवास जैसी योजनाओं के मद में ख़ूब सारे पैसे आए। गाँवों में खड़ंजे और पुलियों के काम शुरू हुए। चापाकल[1] हलवाए जाने लगे। कुँओं के चबूतरों का पक्काकरण आरंभ हुआ। कमर में कट्टा खोंसकर घूमने वालों से लेकर चिलम बोझने[2] वालों तक ठेकेदार बनने लगे। गाँव-गाँव में। दलित नौजवानों में भी ठेकेदारों की नयी जमात में शामिल होने की उत्सुकता जगी। स्थानीय राजनीति की रणनीतिक ज़रूरतों को देखते हुए कुछ पंचायतों में मुखियाजी ने गिने-चुने दलितों पर 'उपकार' किया। कुछ स्वाभिमानी नौजवान इसके लिए तैयार न हुए। वे हक़ के रूप में इसमें शरीक होना चाहते थे। दस्तक भी दी। 'दबंगों' के लिए ये नाक़ाबिल-ए-बर्दाश्त थी। वाद-विवाद की ज़ुबानी भाषा पीछे छूट गई थी। 'पितरिया' नयी भाषा बन चुकी थी। बोलती थी, बोलने लगी।

समूचे तरियानी में हत्याओं का सिलसिला शुरू हुआ। किसी को उसके दरवाज़े पर चढ़कर मार दिया गया। किसी को घर से खींचकर। कहीं घर पर हँसेरियाव[3] करके। किसी को सोते में मारा गया। किसी को मारकर सुला दिया गया। किसी की हत्या चाय की दुकान पर की गई। किसी की दवा दुकान पर। किसी की राह चलते। किसी की नदी किनारे। किसी को मोटरसाइकिल की सवारी करते वक़्त। किसी को कहीं मार कर, कहीं फेंक दिया गया। कोई सिर्फ़ इसलिए मारा गया कि वह बीच-बचाव करने की कोशिश कर रहा था। किसी की इस आशंका में कि वो सार्वजनिक पैसों का हिसाब माँग सकता है। किसी की इसलिए जान ली गई कि वह धंधे में प्रतिद्वंद्वी बनकर रोड़ा खड़ा कर सकता है। किसी को व्यक्तिगत रंजिश की भेंट चढ़ा दिया गया। कोई पारिवारिक विवाद की वजह से हत्या का शिकार बना। किसी की जान राजनीतिक वर्चस्व क़ायम करने के लिए ली गई। कोई इसलिए जान गँवा बैठा, क्योंकि वो हक़दारी जता रहा था। कोई महज़ ग़लत पहचान का शिकार बन गया।

कुछेक अपवादों के सिवाय, अमूमन हर हत्या के बाद ये सुनने में आया कि, 'हत्यारे बेर-डूबने[4] के बाद आए थे। आधी रात को आए थे। झुंड में आए थे। लुंगी-गंजी में थे। चादर के अंदर हथियार छुपाए हुए थे सबने। बहाने से घर से बुलाया। बहुत देर तक लाठी-डंडों से पीटा। अंत में गोली मार दी।' ज़्यादातर हत्याकांडों के बाद ये भी सुना गया कि हत्या-स्थल से कुछ पर्चे मिले, जिसमें संबंधित व्यक्ति पर पुलिस के लिए मुख़बिरी करने का आरोप लगाया गया था। या पर्चे में ये लिखा बताया गया, 'हमने फलाँ जगह, फलाँ साथी की हत्या का बदला ले लिया।' कुछेक अपवादों को छोड़कर ये समझना वाक़ई दुश्कर है कि तक़रीबन हर हत्या के बाद पर्चे मिलने की बात क्यों और कैसे उठ जाती है! मान लिया जाए कि जिन राजपूतों की हत्या हुई, वे शोषक थे, दलाल

---

1. हैंडपंप, 2. गाँजा तैयार करना, 3. चढ़ाई करके, 4. शाम-ढलना

थे, बुर्जुआ थे, सामंती थे या ऐसा कुछ और थे। लेकिन जिन दलितों की हत्या के बाद पर्चे मिलने की बात बताई गई, वे न तो शोषक थे, न दलाल थे, न बुर्जुआ थे, न सामंती थे। न ही ऐसा कुछ और थे। हत्याओं के बाद इस तरह का सामंजस्य बिठाये जाने की कोशिशें चौंकाने वाली हैं। दिलचस्प थे कि कुछ लोग जो ख़ुद को राजपूतों का हिमायती बताते हैं, अगले ही पल उनके बारे में यह कहा-सुना जाता है 'एक्कर सबसे बड़का सपोर्टर माओबादी स हई, या माओबादी सऽ के जौरे एक्कर निम्मन उठ-बईठ है।'

बीते दस बरस में तरियानी में जिसकी भी हत्या हुई, उनमें से कोई ज़ालिम या दबंग था, कहना मुश्किल है। पुलिस मुख़बिर था, यह कहना भी नामुमकिन है। ज़्यादातर लोग मोटे तौर पर ईमानदार थे। मेहनत की रोटी खाते थे। मिथलेश सिंह और राणा सिंह उन्हीं में से थे। कुछ अपने समाज को आगे ले जाना चाहते थे। स्थानीय सामाजिक, राजनीतिक और आर्थिक व्यवस्था में अपनी भागीदारी चाहते थे। शिवजी राम और सत्यनारायण राम उसी का शिकार बने। सत्यनारायण की हत्या के बाद तरियानी छपरा में दंगे जैसी नौबत गैदा हुई थी। कुछ डेरों को फूँक दिया गया। कुछ लोगों की निजी संपत्ति को नुक़सान पहुँचाया गया। महीनों तक तरियानी छपरा दहशत का शिकार रहा। लोगों ने डेरा आना-जाना छोड़ दिया था। हालात 'सामान्य' होने में वक़्त लगा था। आज का तरियानी छपरा संदेह और ख़ौफ़ में जी रहा है। सभ्यता और रिवाज ने पलटी मार दी है। भाईबंधी के भोज-भात या यज्ञ-जाप में शामिल होने के लिए भी कुछ नौजवान डाँड़ में नलकटुआ खोंस कर निकलते हैं। कुछ सरेआम कंधे पर बंदूक टाँगकर। ग्रुप में। ये वे हैं जिन्हें स्वजातीय गुटों से डर लगता है या जो अन्य गुटों पर अपना ख़ौफ़ क़ायम करना चाहते हैं। जातीय भिन्नता और दावेदारी के कारण अविश्वास पैदा हुआ है। दोनों प्रमुख जातियाँ एक-दूसरे को शंका की नज़र से देखने लगी हैं। शेष जातियों के लोग भय और शंका में जीने को विवश हैं। कोई पहले जैसे खुलकर नहीं बोलना-चलना चाहता है। न कोई बेर डूबने के बाद घर से निकलना चाहता है। दिसा-मैदान के लिए भी नहीं। अंहार[1] होते गीदड़-गान आरंभ हो जाता है।

1. अँधेरा

अपने घर के बाहर अनुपिया

चुनमुन की शादी में पंडाल के पीछे एक मल्लिक

इन दिनों रामप्रवेश

'हमरो फोटो छापऽब!'- असर्फी

'हो बुढ़ा, बहुत भाव बढ़ऽल है!'

'जल्दी कऽरू, हमऽर मबेसी भाग जाएत'– बिजूरी मल्लिक

डेरे पर से जलावन की ढुलाई

किरिसिन बाबा का बेटा

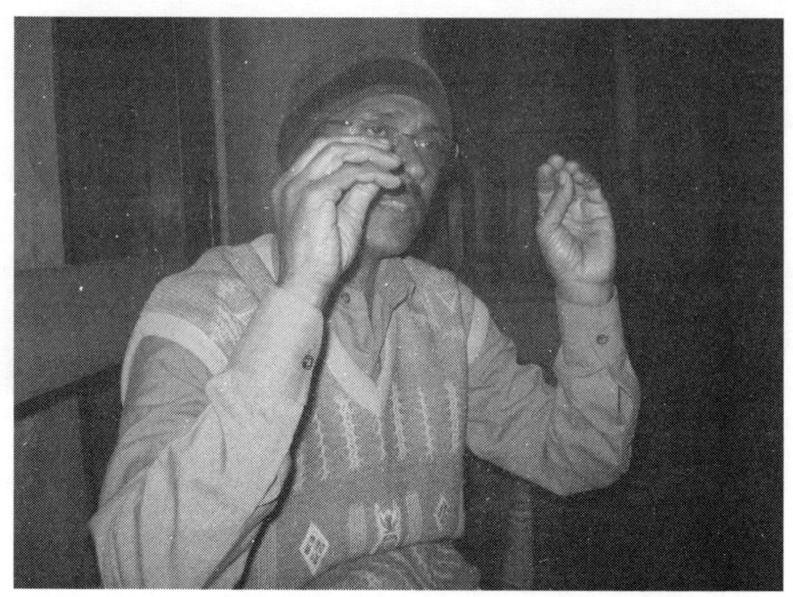

स्वतंत्रता सेनानी स्व. रूददेव सिंह के पुत्र

बाकस

शिवचर्चा करती महिलाएँ

'हाली सानी खींच लिऊ'– गगन सहनी

अपनी झोपड़ी में धनबीर

चचरी के नीचे मछली–पकड़ाई

'आहाँ काहे कस्ट कइली हऽ'- हुसैनी राय

'फोटो लेइले, कौनो दिक्कत नऽ नु होतऽई ?'- इद्रिस

हमारे कहानीकार गिरजानंदन सिंह

एक विद्यालय ये भी

तीसरे नंबर पर दर्ज़ हैं सतन राम

सपाटू वाली दाई

सामुदायिक भवन

इहाँ नेटबर्क ठीक पकड़ऽई छई

अब नऽ रही दइया

मोबाइल चार्जिंग उपक्रम

सीधे चले जाइए हाई स्कूल

मछली पकड़ने का उपकरण